小説は、わかってくればおもしろい

文学研究の基本15講

小平麻衣子

慶應義塾大学出版会

小説は、わかってくればおもしろい＊目　次

第二部　研究にするための資料と態度（方法編）

はじめに

レポートに必要な〈客観性〉って何？

はじめに、初歩的な質問で申し訳ないのですが、文学に関するレポートに必要な条件とは何でしょうか。わかりやすくするために、たとえば課題の作品が決まっているとして、感想文との違いはありますか？　ある、でも、ない、でもいいので、その理由を挙げてください。

大学の授業で聞くと、多くの人が、違いはある、**感想文**は自分の思ったことでよいが、レポートは客観的でなければならない、と答えます。レポートは、根拠が必要、あるいは、作者についての情報や、論文など、資料の参照が必要、と書く人もいます。当然、まったくそのとおりです。簡単なことを聞いて、すみません。けれども……では、小説分析における根拠や、「**客観的**」とは具体的にどういうことか、もう少し考えてみたことがありますか？　資料とは具体的に何のことでしょうか？　客観的、とは、だれでも納得する、立場や解釈によって揺れることのないような事実の提示のことでしょうか？　レポートを書くとすれば、みなさんは、まず図書館に調べに行きますね。解釈によって揺れがない事柄、例えば同時代に起こった事件や、当時の物価や、その本が売れた冊数などのデータを探すことはできますが、それらと、作品内容が、直接つながっている実感は持てません。

それでは、論文を参照すればどうでしょうか。それは、客観的な資料になりますか？　どこかの教授や評論家が、作者の人生や、作品をどう解釈できるのかについて書いた論文です。作者の人生についてはわかりますが、文学作品の内容は、すべて作者の体験を写したものとは限りませんから、なんだか作品がわかったような気はしません。作者が悩んだであろうと思われることや、作品自体の解釈が書いてある本ならどうでしょうか。それはその道のプロが書いたという意味では出来はよいはずですが、その人個人の解釈という意味では、主観に過ぎないのではないでしょうか？　それを参照したら、客観的ということになるのでしょうか？

主観的な解釈を排除するなら、解釈には、誰もが納得する、最大公約数的な範囲があるのでしょうか？　正解かそうでないかがわかれる入試問題が成り立つぐらいですから、そうした意味の範囲もあるのでしょう。しかしながら、大学に入ると、**レポートにはオリジナリティが必要**だ、などと言われ、何を求められているのか、ますますわからなくなってしまいます。

文学研究は、案外難しい

実は、文学作品のレポートは、案外難しいのです。第一に、文学作品は、人間に関係するあらゆる現象や事柄をテーマにできるので、対象範囲がはっきりしません。第二に、文学作品は、想像力を働かせて自由に読んでいいと思うことに慣れているので、その過程について十分な検討がなされず、読み解きは、センスによると思われがちです。研究には欠かせない、**何かを明らかにするという目的**が意識されることが希薄なので、レポートといってもいきなり自分の生き方のもやもやをぶつけた自己語りみたいなものになりやすく、何かが上達した実感が得にくいです。でも、**文学を読むには、確実に技術が必要**です。技術というと入試のテクニックのようなものを思い浮かべがちで、こんどは自分の感じ方や生き方とどうつながっているのかわからなくなりますが、意外なことに、自由に読むためにこそ、練習が必要なものです。本書は、そうした練習を行ってみようとするものです。

仮に「客観」が先ほど考えたようなものだとすれば、文学作品についてのレポートは、「主観」でしか書けないものです。人は、文学作品を、自分を脱した観点から解釈することはできませんし、誰ひとり異論を唱えない意味や意義など、ありえません。けれども、人文も科学である以上、客観的でなければならないのも事実です。文学研究では、考え方や結論は、他の人が全員同意するものでなくてよい、しかし、どうしてそうなったのか、その**過程が、誰にでも再検証可能なように明示されていること**、この後者の部分を**客観性**と呼んでいる——と、大変大雑把ではありますが、この「はじめに」ではいったん述べておきます。

その具体例を、これから順を追って見ていくわけですが、作品の周囲を調べて、あまりつながらないけれどわかった気になるのを一度やめてみるために、まずは図書館に行かず、とにかく自分と作品だけがある状態から始めてみましょう。先ほどのように何かの資料を参照するという意味での客観性はなくなりますが、それではレポートにならないのでしょうか？　まず自分とテクストの向き合いを真摯にやってみると、明示しなければならない根拠は、何よりも、**作品の引用**であるということと、**自分の解釈を規定している文化の枠組み**だと見えてくるはずです。引用することは当たり前、と思うかもしれませんが、レポートが作品の分析ではなく、作品をきっかけにした空想になっていることは案外多いのです。

本書の構成と使い方

こうした意図から、本書の構成は、具体的な小説を対象に読む練習をした上で、作品の外の調査がなぜ大事なのか、徐々に見ていくようになっています。

第一部は、具体的な小説を使いますが、自分と作品だけがある状態でどこまで読み込めるのか、試してみます。第一部の記述は、だいぶくだしく、問いに答える形式も、誘導尋問的な感じがすると思いますが、**基本的な分析概念の説明**をしながら、**分析の例を追体験**していただくためです。さまざまな理論は踏まえていますが、新規な用語を覚えていただくより、日常的な読み方のコツとして掴んでいただくようにしています。読む対象は自分で選ぶのだから、用語や理論の概説だけがあればよい、と考える方もおいででしょうが、用語や理論がわかっても、それにぴったりな小説はないので、応用の範囲は限られてしまいます。本書では逆に、実際に読む場面から積み上げていきます。

文学の勉強って、時間がかかります。第一部で、小説本文を巻末に収録しているものについては、**最低限、最初に**

小説本文を読んでください（第5講、第8講は、本文が長いなどの理由で収録していません。それほど珍しい本ではありませんので、図書館などで探すことも勉強の一つと思ってご自身で見つけてください）。それから、各講の始めにまとめてある「ガイド」をワークシートのように使って、実際に書いてみる（どうしても時間がなければ頭の中でやってみる）。そのあとに、「ガイド」が何を意図したものだったか、解説を読んで確認するのがおすすめです。

第二部は、**小説の外側の事柄を調査するとはどのようなことか**、作品例とヒントのいくつかを簡単に挙げています。第二部では、小説本文は収録していないので、比較的読み物的になっています。どの講から読んでも構いません。ここで取り上げている小説は、それぞれおもしろいとはいえ、それ自体について何かをみなさんに覚えていただきたいというよりは、それを事例として、調査の方法を学んでいただくためのものです。徐々に解説していきますが、小説を分析する立場は、人それぞれです。恋愛の描かれ方が気になる人もいるでしょうし、何らかの非日常性が好きな人もあるでしょうし、歴史的事件との関係や、表現方法を分析したい人もいるでしょう。そうした立場は自分で選んでよいものですが、どんな立場だとしても、資料を的確に使えば、説得力が上がることは間違いありません。第二部では、立場の紹介というよりは、**具体的な調査作業に必要なツール**を伝授するようにしています。

また、作品自体を読むことが少し楽しくなってきた方に、その技術がマニアックな趣味にとどまるだけのものなのか、文学研究のその先の問題も考えます。

それでは、第1講から、はじめましょう。

＊本書では引用にあたって、ふりがなは適宜省略、または加筆をしています。テクストには、今日では不適切な用語がある場合がありますが、歴史的な用語として、そのまま掲載しています。

第一部　テクストを読むとはどういうことか（実践編）

第1講
作者が偉く見える小説の作法
志賀直哉『小僧の神様』（一九二〇年）

ガイド1　各自の観点を自由に設定し、『小僧の神様』を分析してみてください。どこから読みとったのか、本文からの引用はきちんと示してください。

ガイド2　仙吉に焦点化されている部分と、Aに焦点化されている部分を分け、人物の呼び名を整理してみましょう。

ガイド3　Aの名前が記されていないことの意味について、考えてみましょう。

最初に、〈小説の神様〉志賀直哉の名作を読んでみましょう。小説として刺激のあるものは後回しになりますが、名作はどのような構成になっているのか、というより、名作だと思わせるにはどのようなしかけがあるのか、見てみましょう。この第1講で学ぶのは、〈作者〉概念の捉え直しと、小説分析のためのもっとも基本的なツールです。

小僧の仙吉は、先輩の番頭たちが鮨屋の噂をするのを聞き、一度は食べてみたいものだと思っていた。一方、貴族院議員のAは、議員仲間のBから、鮨は握るそばから手づかみで食べる屋台が一番、と通を説かれ、ある日その店に行く。そこで、小僧が入ってきて、勢いよく鮨に手を出しながら、店主に値段を告げられて諦め、店を後にするのを目撃する。Aは、いくらでもご馳走してやりたいと思いながら、その場で実行する勇気を持たなかった。後日、買い物をした店で、偶然その小僧が働いているのを見つけ、商品の配達にかこつけて誘い出し、鮨屋に一人おいてたらふくご馳走してやる。仙吉は、幸運を喜び、なぜか自分のことを知っている彼を「神様」だったのではないかと思う――というのがストーリーです。ストーリーもよくできていますが、「脂で黄がかった鮪の鮨」がいかにもおいしそうな、食通文学の代表作でもあります。

●「変に淋しい、いやな気持」を考える

ガイド1　**各自の観点を自由に設定し、『小僧の神様』を分析してみてください。どこから読みとったのか、本文からの引用はきちんと示してください。**

「はじめに」で述べましたが、**レポートの根拠は、まず何よりも本文の引用です**。これからの「ガイド」には、**引用するように、引用ページや行**を示すように、しつこく書いてありますが、基本作業を身体で覚えるためですので、略さず行ってください。

さて、教室で書いてもらうと、一番多いのが、Aの「変に淋しい、いやな気持ち」を分析する観点です。Aは、最初に小僧を目撃したときは、どうかしてやりたかったが勇気がなかった。二度目に偶然出会ったとき、ようやくその思いをご馳走する行為として実現できたのですが、なぜか「淋しい感じ」を起こしています。

自分は当然、ある喜びを感じていいわけだ。ところが、どうだろう、この変に淋しい、いやな気持は。何故だろ

う。何から来るのだろう。丁度それは人知れず悪い事をした後《あと》の気持に似通っている。もしかしたら、自分のした事が善事だという変な意識があって、それを本統の心から批判され、裏切られ、嘲《あざけ》られているのが、こうした淋しい感じで感ぜられるのかしら？

この部分を中心に、なぜこのような感情を抱くのか、〈偽善〉という考え方などを絡め、考えるわけです。これは、日常的な体験としてもわかります。例えば電車で、お年寄りに席を譲る。「ところが、どうだろう、この変に淋しい、いやな気持は」。格好つけたみたいで恥ずかしい。しかも、その程度のことを恥ずかしいなどと考えている時点でなんだか小さい。だけれども、席を譲ったが最後、どうしてもそういうことを考えてしまうにちがいない。面倒なのでいっそのこと寝たふりをしてしまおうか。というよりは、こんなふうに、これが自意識の問題であるかのごとく、高尚ぶって考えているのこそが自己欺瞞で、単に座っていたいだけのエゴなのか。……といった具合に考えるあなたは、既に志賀直哉です。

するとこの作品は、誰にでも起こりうる感情をめぐる普遍的な話題になります。このような分析をしている人の多くが、「作者は……と思ったのではないか」という言い方をする傾向があります（これについてはまた後で述べます）。こうした観点は、もちろん王道なのですが、私たちは中学や高校までで、このように作者の感じ方と自分を重ね合わせていることに慣れているので、これからは、あえて違った視点を考えてみることにしましょう。

●階級格差の物語

右のように、Ａの気分を人間の普遍的な感情と言ってしまうのには抵抗があります。なぜなら、私たちの全員が貴族院議員のような裕福な地位にいるわけでもないのに、感情を媒介に、それぞれの人が理不尽に階級差を負わされているという問題を忘れさせてしまうからです。

これを読んだときの釈然としない感じが、社会階層の違いに起因していることも明らかです。小僧は、先輩の番頭たちがいろいろな鮨屋の噂をしている時、「少し退《さが》った然《しか》るべき位置」で聞いているだけです。番頭たちのように自由になる時間もお金もないのです。当時の小僧の職業事情をよく知らなくても、作品は、小僧が店の用事に際して、往復の電車賃をもらい、帰りは歩いてその分を浮かせることで、ようやく鮨一つ分の金を捻出している、ということを教えてくれます。

　だから、次の観点として、この階級差について考えることができます。たった一回おごってあげただけで、小僧の境遇が変わるわけではない。一度鮨の味を知り、以前よりも食べたくなってしまったとしても、また都合よく誰かが金を出してくれることも、小僧が思い通りに出世できる保証もない。Ａが自分の財産を貧しい人に分配することも、当然ながら、ない。だとすればＡの行為は、思いつきの一時的な〈憐れみ〉であり、自己満足にすぎないのではないか、といった感じです。ここまでは、自分の心情や倫理観寄りの話題になっていましたね。それ自体が悪いわけではありません。けれども、これは人物たちの相対的な位置の話題ですので、俯瞰的に構造から整理してみましょう。ここからの方が、本書が目指すレポートに近づいていきます。そして、こうした整理に、二項対立という概念が役に立ちます。

●二項対立を整理する

二項対立というのは、光／闇、生／死、聖／俗、美／醜、善／悪、といったように、対をなす対立概念のことで、たいていの場合、一方が他方よりも優れているという価値づけを含んだものです。脱構築批評においてよく使われる用語で、脱構築批評では、厳密な分析操作によって、二項の境界があいまいであることを示し、その価値づけを転覆させることを目的としていました。そうした深遠な目的は後回しにして、今回は、**〈二項対立〉が、物事の初期的な整理に便利**であるということだけを確認しましょう。なんのことはない、いつもやってきたように、作中人物の属性を表にまとめてみればよいのです。

例えばAと仙吉は、社会的身分が高い／低い、裕福／貧しい、大人／子ども、……といった対照的な設定になっているのがわかります。もちろん、一般的には前者が、良い価値とされています。ただ、分析の際のポイントは、当初の設定を確認することというよりは、**この静的な図式が物語の中で動くポイントを見いだす**ことです。そのためには、別の対立軸を作ってみることも有効です。例えば、AとB。議員仲間ですから、先ほどのような対立はないのですが、通／野暮という点が対立します。Aは、Bから、〈通〉の食べ方を伝授してもらっていたからです。

Aが屋台の鮨屋に行ったとき、「彼はちょっと躊躇《ちゅうちょ》した」。なぜでしょうか。言うまでもなく、この場に慣れていなかったからです。屋台の鮨屋は、貴族院議員の彼らにとって、B級以下のグルメです。Aの妻が、Aから小僧の話を聞いて、電話で鮨を家に取り寄せるよう催促しているように、Aの周囲は簡単に鮨を食べられるのですから、屋台の体験は、魚が悪くなっているかもしれないような屋台で、わざわざ、酔狂にも食べてみることに他なりません。

一般的に、鮨を食べるとき、メニューも値段も貼り出していないような高級店に入り、注文するのは勇気がいります。小僧は「こんな事は初めてじゃないというように」勢いよく鮨に手を伸ばします。背伸びするこの気持ちは、よくわかります。しかし逆に、たとえそれが手ごろな回転寿司でも、行ったことのない人にとっては、緊張する場になるでしょう。どういうタイミングで手を伸ばすか、なぜ皿を下げてくれないのか、お茶はどうすれば飲めるのか……。回転寿司は、かなりシステム化された場です。要するに、何かのルールが共有されている場に、それを知らない人がひとりだけ入っていくのは恐怖なのです。

事情はだいぶ異なりますが、しかし、この〈通〉に関する二項対立では、先ほどの整理では対立していたAと小僧が、〈通〉の約束事から疎外されているという点で、共通の項に並びます。「何故《なぜ》か小僧は勢よく伸ばした割にその手をひく時、妙に躊躇した」と、Aと同じ「躊躇」の語が使われています。もちろん、二人にとっての理由は異なります。金銭的な不安と、ふるまい的な気おくれだからです。そうではありますが、この瞬間だけ、普段は全く接点のない二人は接近します。偶然的に同じ場面に居合わせるという意味だけでなく、心的位置においてです。

だからこそ、「勇気」を持っているかいないかが、再び二人を分かつ決定的な差異となります。小僧は、食べかけた鮨を諦めた時、「ある勇気を振るい起して」暖簾の外へ出ました。それに対し、後日のAとBの対話で明らかになるのは、Aはその時、どうかしてやりたかったが、その場でご馳走するのは冷や汗もの＝「勇気がない」ことです。Aと小僧の社会的身分における上下関係は、「勇気」においては逆転します。まして、その後Aがやっと勇気を出してご馳走できたとしても、それは金銭を出すこととイコールなので、本当の勇気という感じがしません。「躊躇」や「勇気」、**何回も出てくるキーワードには、当然注目**すべきでしょう。

●見ているのは／語っているのは誰か？

さらに、こうした小僧とAの非対称性は、Aの行きつ戻りつする意識と、小僧のシンプルな感情の双方が描かれていることで、さらに際立っています。その点に注目すると、実は、仙吉の視点と、Aの視点が、ほぼ交互に採用されていることがわかります。これについて分析するのも一つの観点です。ただ、**視点**といいましたが、二人の心中は、Aや小僧自身が描写したものではありません。その主体はだれでしょうか。作者なのでしょうか。

まず、先に知識を言えば、近年の近代文学の研究においては、このような**地の文にあたるものの主体を〈語り手〉と呼びます**。これは、われわれが地の文の主体を指すのに、高校まで慣れ親しんできた**〈作者〉と対立する概念**です。実は『小僧の神様』には、メインの部分と、異質な最後の数行の二つの部分があり、わかりやすいので、これで説明しましょう。

最後の数行は、それまでの部分と位相が変わり、「作者は此処《ここ》で筆を擱《お》く事にする。」と始まり、その「作者」が結末について、次のように述べるのです。小僧がご馳走してくれた客の本体を確かめたい気持から、客の住所を訪ねていくと（Aは店で、でたらめを書いてきました）、そこには稲荷《いなり》の祠《ほこら》があった……、と書こうと思ったが、小僧に対し惨酷な気がするのでやめた――と。ここは「作者」自身が自分の感情を説明しているのに対し、これ以前のメインの部分には「作者」は登場しません。できごとが小説内の世界で起こっていて、それが中継されているイメージです。

近代小説は、最後の数行で作者という統一された人格が物語を創作していくような形式ではなく、メインの部分のように、物語世界のできごとがそこに生起しているかのような文体を目指してきたと、大雑把には言えるでしょう。また、「僕」や「吾輩」とあっても、夏目漱石『吾輩は猫である』のように、それは作者本人のことではなく、仮構された世界に存在する人物です。このように主体が仮構されているなら、分析するにも、**生身の作者から距離をとり、ある言語の様態として分析する**方法が必要です。作者については、地の文を〈書いている〉と言えますが、抽象化された物語の主体については、書いているとは言えないので、〈語り手〉が適しています（書簡体などでは作中人物についても「書いている」と言えますが）。

また、このような発想の転換の背景には、**〈作者〉重視の文学研究に対して批判的な考え方**があります。伝統的な研究において作者の意図について議論できるのは、譬えて言えば、作者が箱の中に何かを入れたようなもので、読者は、箱の中に手を入れさえすれば、作者が入れたそのままのものが取り出せる、と思われていたからです。ところが、確かに作者は何らかの意図を持って創作したとしても、それがそのまま読者に伝わっているとは限りません。読者は、自らの背負っている文化的文脈に従って、いろいろに解釈し、それは半ば創作的とも言える行為です。そもそも**文章とは、それがあるだけでは意味は生れて来ず、読者が解釈して初めて意味が生じる**のではないか。自称・作家を「作家」にできるのは、読者です。そう考えると、従来のような、作品については作者に権限があるから〈作者〉の御説を拝聴する、という研究のスタイルを、もう少し読者が責任を持つものに変えてもいい、ということになります。こうした考え方が、一九六〇年代ごろから、さまざまな研究者によって練り上げられてきました。

変えた先のやり方は、さまざまあるわけですが、今回はとりあえず、地の文の主体を、作者ではなく、言葉上の主体として捉え、〈語り手〉と呼んで、その機能を分析してみることにします。近代文学の研究では、〈語り手〉がどのような性質を持ち、どのような位置に立って語っているのかを分析することは、もはや必須です。

◉語り手・テクスト・焦点化

例えば、**物語世界内の語り手**なのか、**物語世界外の語り手**なのか。前者の場合はおおむね**一人称**の語りとなります。報告する語り手が、物語世界の中に身体や人格を持って存在し、（しようと思えば）他の人物と会話したりできる場合です。後者は、行為している人物とは別次元にいて接点を持てません。例えば、「ぼくドラえもんです。」とドラえもんが次週の予告をするのは、物語世界内的語り手、『ちびまる子ちゃん』で「後半に続く」などと言っているのは、物語世界外的語り手です。

文章の場合は、後者の物語世界外的語り手は、多くの場合、**三人称**で語り、神のような存在で、自身は存在せず、作中人物をすべて見渡せ、彼らについて何でも知っています。ただ、「三人称の語り」については、「一人称の語り」が語っている側を指すのに対し、「三人称の語り」は語られている対象のことを指していて紛らわしいので、この、三人称を使って語る、どこにもいない語り手のことを、特に「**非人称の語り手**」と呼んだりします。これらを名づけるのが終点ではなく、これらを入口に、どのように情報がコントロールされていくかを分析するわけです。

そして、この『小僧の神様』という文のかたまりを、これ以降は〈テクスト〉と呼んでいくことにします。今までなんとなくあいまいにしてきたことを整理してしまいましょう。大学の授業で、先生が何の説明もなく〈テクスト〉などと言い、教科書のことを指しているのかと思いきや、なんとなく違うようである……という経験をされた方もいるのではないでしょうか。**〈テクスト〉は、分析や解釈の対象となる文章のことで、〈作品〉とは対立する概念です。**〈作品〉だと、〈作者〉のもの、という伝統的なイメージと切り離しにくいので、作者の意図を超えたさまざまな意味が織り込まれていることを重視する立場として、わざわざ耳慣れない〈テクスト〉を使うのです。もともと〈text〉は〈織物〉のことを指す、とは、どんな文学理論の概説書にも書いてあります。教科書＝text とは同じ単語なので紛らわしいですが、まずはこうした文学理論を背景にしています。

とにかく、〈作者〉と〈作品〉はセット、〈語り手〉と〈テクスト〉はセット、というような感じです（テクストの分析方法は、〈語り手〉という観点以外にもあります）。これらは、論じる際の立場の違いです。〈作者〉や〈作品〉について論じるのは、古いから有効でない、とばかりは言えませんが、それぞれの立場では、参照しなければならない資料も、自ずから違い、混同できません。〈作者〉や〈作品〉では、〈作者〉の意図を裏づけるために、日記や下書きや書簡、それまでに彼／彼女が読んだ作品や、前後に書いた作品などを参照することになるでしょう。〈テクスト〉の場合には、作者が意識しなくても流れ込んでいるとみなして、同時代の言説なども調べていくことになります。

話をもとに戻しますが、**視点**の問題でした。視点については、語り論では、**〈焦点化〉**という言葉を使う場合もあります。見ている作中人物と、さらにそれを描写している語り手を区別して、その関係性をはっきりさせるためです。『小僧の神様』のメインの部分では、Aと仙吉の双方に焦点化されています。

●名前（呼ばれ方）に注目する

ガイド2　仙吉に焦点化されている部分と、Aに焦点化されている部分を分け、人物の呼び名を整理してみましょう。

厳密に一章ずつにはなっていませんが、Aの心内に重きが置かれている部分と、仙吉の場合があることがわかります。そして、それに従って、相手の呼び名にも変化があることがわかります。Aの心内を中心化している時、仙吉は「小僧」と呼ばれています。われわれ読者は仙吉の名前を知っていますが、Aは仙吉の個人情報を知らないので、社会的身分にしたがって「小僧」と見立てています。逆に、仙吉の心内が中心化されている時、Aは貴族院議員であることもわからず、仙吉が接する場面での役割で「客」と呼ばれています。このように、**人物がどのように呼ばれているかに注目する**ことは、近代小説を読むときの一つのコツです。**どのように呼ばれているかは、語り手の位置を知る重要な指標**になるからです。

さて、このような手続きを経て、もう一つの大きな話題、最後の数行をどう捉えるか、という点に移りましょう。構想していた結末が厭になったのなら、他の終わり方の物語を書けばいいのに、〈……と書くのはやめた〉という余計な数行がなぜあるのかは、多くの人の注目するところです。これを、〈作品〉や〈作家〉という観点から論じるなら、志賀自身の「創作余談」等をふまえ、彼がモデルにした実際の事件がいかなるものであったか、虚構化するにあたってどのような気持ちであったのだろうか、などを考えていくことになるでしょう。一方、〈語り手〉や〈テクスト〉を論じる立場からは、最後の「作者」すら、「作者」と書かれていても、やはり文章の主語として、生身の〈作者〉とは区別されるということになりますから、こうした二段階の構造によって、どのような言語上の効果が発生しているのかを、まずは取り調べることになります。

●作者が〈神〉になるのは、テクストの指示による

ガイド3　Aの名前が記されていないことの意味について、考えてみましょう。

ところで、先ほどの焦点化ですが、均等とは言えないまでも、仙吉とAは、ほぼ交互に焦点化されており、仙吉の心中も書き込まれています。にもかかわらず、なぜ私たちはAの気持ちばかり論じたくなるのでしょうか。仙吉も作者が作り出した点では同じなのに、なぜそこには作者の意見を見ないのでしょうか。Aの気持ちを書いた部分が、仙吉の気持ちの部分より分量的に多い、という以上に、この二人が非対称に書かれているからではないでしょうか。呼び名に注目してみましょう。

さきほど、焦点化について述べた際、語り手が直接指示する時と、作中人物の視点を通したときでは、同一人物でも呼ばれ方が異なることを指摘しました。仙吉＝小僧であり、A＝客でした。とはいえ、Aとは、名前でなく、アル

ファベットです。この図式を対称にするなら、Aのところに固有名が入るはずですが、そうなっていません。もしAにモデルがあるなどの事情で憚りがあるのなら、小説なのですから、虚構の名前を使うことも可能でしょう。また、作中人物は相手の名前を知らない、ということがあるにしても、仙吉については、Aのあずかり知らない仙吉の名前がわれわれに示されているのですから、同様に、読者にだけはAの名前を開示することもできるわけです。逆に言えば、Aの名前は、仙吉が知らないというよりは、読者に伏せられていると言ってよいでしょう。

つまり、「A」は、だれかを代入できる余地を持っているということです。もし、『小僧の神様』がメインの部分だけで終わっていたら、これは虚構の物語なのですから、だれを想像的に入れてもいいことになります。ただ、気になるのは、結末の数行、「作者」が登場するくだりです。「作者」は、その子どものことを、「小僧」と呼んでいるからです。彼を「小僧」とみなす視点が誰のものであるか、すでにわれわれは知っています。私たちは一般的に、作中人物を作者と結びつけて考える慣習を刷り込まれてきていますが、それを差し引いても、Aを「作者」と読むように、という指示が、テクスト自体に埋め込まれているのです。

そして、問題なのは、「作者」がある種の登場人物になっているこのテクスト自体に、『小僧の神様』というタイトルがつけられているということです。名前に注目した後で、**タイトルを今一度眺めてみましょう**。メインの内容と、微細なずれがあることがわかります。というのは、仙吉は、教えてもいない自分の事情をなぜか察したAを、「人間業ではない」と考えだしましたが、彼が思い描いたのは、伯母が信仰していた「お稲荷様」で、これについてはかなり具体的に説明されているのです。「お稲荷様」と「神様」。「仙吉のお稲荷様」というタイトルでないことは、何を指し示しているのでしょうか。

既に述べてきた過程を見れば、Aは仙吉と同じ地平にはいません。社会的身分が違うという意味だけではありません。Aだけが、物語世界の外の「作者」に通じ、仙吉のいる世界をいかようにも変えられる権力を持っています。つまり、A—作者は、仙吉の世界での具体的な信仰の対象としてのお稲荷様と名指されることを超えて、以上の意味で「神様」のような存在なのだと言えます。純粋な仙吉に対し、それを煙に巻くような結末を書くことが「残酷」というよりは、書くことも書かないこともできる「作者」の圧倒的な権力を見せつけることの方が「残酷」だと言えるでしょう。また、タイトル脇の「志賀直哉」という署名から、読者は「志賀直哉」を作者だと考えるでしょう。志賀直哉が、このテクストから〈小説の神様〉と呼ばれるようになったのも、故なしとしません。この小説は、「作者」についてどう考えるべきかという、メタレベルのメッセージを含んでいるのです。

ちょっとした呼び名の違いに注目してきましたが、考えてみれば、このテクストは、冒頭から名前に注目することを示唆するものでした。番頭たちが鮨屋の噂をする中で、「何でも、与兵衛の息子が松屋の近所に店を出したという事だが、幸さん、お前は知らないかい」「へえ存じませんな。松屋というと何処のです」「私もよくは聞かなかったが、いずれ今川橋の松屋だろうよ」（中略）「やはり与兵衛ですか」「いや、何とかいった。何屋とかいったよ。聴いたが忘れた」というような会話をしていました。今川橋は、現在の千代田区にあり、松屋とは、現在の松屋百貨店の前身にあたる呉服店です。ですが、そうした事実はともかく、名前に、どの指示対象を宛てるべきかが話題になっているのです。

テクスト冒頭は、このテクストを方向づける情報が置かれている大事な部分です。それに、「タイトル」も、ゆるがせにできません。**冒頭とタイトルに注目する。**当たり前すぎますが、小説を読む際には、注目すべきポイントのようです。

どうでしょうか。ここまで解説してきたことは、作者の経歴も、時代背景も調べていませんが、論理的であれば、もはやレポート風、ではないでしょうか？

〈作家と時代〉

志賀直哉（一八八三〜一九七一年）は、学習院中等科・高等科時代から文学に興味を持ち始めるとともに、内村鑑三に傾倒し、師事。東京帝国大学在学中に小説を書き、武者小路実篤、有島武郎らと雑誌『白樺』を創刊。足尾鉱毒事件に関心を持ったことや、女中との恋愛から、父親との不仲が続いた。そうした自身の体験が色濃い作品『和解』(一九一七年)や長編『暗夜行路』(一九二一~一九三七年)のほか、市井の人のなにげない心理を描いた『網走まで』(一九一〇年)、『清兵衛と瓢箪』(一九一三年)などが有名。透徹したリアリズムが特徴とされ、〈心境小説〉などと呼ばれる。

大正期は、自然主義の流れを汲む私小説や心境小説と、芥川龍之介のような理知的で構成的な小説、通俗小説などが併存している。大正後期からは、民衆や労働者に注目する社会運動も高まり、昭和初期のプロレタリア文学運動の隆盛につながっていく。

主要参考文献

紅野謙介「格差をめぐるファルス――志賀直哉の短編を読む」『月刊国語教育』一九九〇年八月
山口直孝「『小僧の神様』論――Aと仙吉との関係をめぐって」『日本文藝研究』一九九五年九月
高口智史「〈貧〉への凝視――「小僧の神様」論」『近代文学研究』二〇〇三年一月
高橋博史「志賀直哉「小僧の神様」に描かれた鮨」久保田淳・白百合女子大学言語・文化研究センター編『文学と食』芸林書房、二〇〇四年

第2講

自由に読むには、修業がいる

夢野久作『瓶詰地獄』（一九二八年）

ガイド1

「第一の瓶の内容」だけを読んだ段階で、疑問に思うことは何ですか？

ガイド2

「第二の瓶の内容」まで読み進めた段階で、ガイド1で出した疑問はどのように解決されましたか？　さらに疑問が出た場合は、それもメモしておきましょう。

ガイド3

日付のない三通の手紙を、書かれた順番に並べてください。その根拠を示しながら（引用、ページ数、行数など）、物語の中で起こったできごとを、時間に注意して整理してください。

ガイド4

太郎とアヤ子の父母は迎えに来たのでしょうか？

・来たと考えた場合、どのような経緯を推測しますか？

・来なかったと考えた場合、「第一の瓶の内容」での父母とは、何を意味していますか？

ガイド5

ガイド3で書いた以外の順番の可能性を、根拠を具体的に示しながら、考えてください。一応考えられるけれども矛盾が出てしまう、という場合も、その過程を書いてください。

あるいは、順番以外に異なった解釈ができる部分はありますか？

ガイド6　**このテクストで描かれているような関係は、聖書で禁止されているのか、聖書のどこに、どのような文言で書かれているのか、キリスト教関連の事典や、聖書を調べてみましょう。**

ガイド7　**『瓶詰地獄』というタイトルは何を意味すると考えますか?**

今回もまた、テクストと自分だけがいる空間で、レポートは成り立つか? に挑戦します。と同時に、**研究において自由に読むとはどのようなことか**、考えます。

テクストの冒頭は、いきなり拝呈と書きだされる手紙形式で始まっています。いかめしい候文、宛先(海洋研究所)や、送り主の署名(××島役場)、書かれた年月日があることから、かなり正式な手紙であるとわかります。内容は、この島に流れ着いた三本のビール瓶についてです。かねて海洋研究所から、潮流研究用に流した瓶を拾ったら送るよう通達されていたので、その通り送る、という送り状です。書き手である××島役場の人は、研究用の瓶には官製端書を入れて流すと言われていたのに、ここで拾われた瓶の内容がいささか異なることを特記しています。続いて「第一の瓶の内容」として、この瓶に封じられていたと思しき文章が開示されるのですが、それを読んでいくと、確かに、研究とは似つかぬ奇妙な文章だとわかります。

この後、全部で三つの瓶の内容が並べられています。今回は、私たちの解釈が、読み進める過程でいかに形成されるのかを意識しながら読む、という目的もあって、少し読んでは立ち止まるようにしてみましょう。まず「第一の瓶の内容」だけを読んでみます。

◉テクストの空白を意識する

ガイド1　「第一の瓶の内容」だけを読んだ段階で、疑問に思うことは何ですか？

この文章も手紙であるように見受けられますが、特に最初の手紙と比べると、一般的に手紙に必要な事項のいくつかが空白になっていることがわかります。署名は「哀しき二人」とあり、これでは誰なのかわかりません。また、いつ書かれたのかも不明ですし、何より内容が謎です。どうやら離れ島にいる二人が、助けが来たのを見て自殺しようとしている遺書らしいことはわかりますが、二人がそのために死ぬと書いている、犯した罪とは何なのかは、空白になっています。

探偵小説雑誌『新青年』は、江戸川乱歩の活躍などで人気がありましたが、夢野久作も、この雑誌に作品を発表しています。私たちは、推理小説のように、この空白＝謎を解決すべく、読み進めていくことになるでしょう。さて、それでは「第二の瓶の内容」に進み、どこで空白が埋められるのか、確認してゆきましょう。

ガイド2　「第二の瓶の内容」まで読み進めた段階で、ガイド1で出した疑問はどのように解決されましたか？　さらに疑問が出た場合は、それもメモしておきましょう。

「第二の瓶の内容」では、「私」と「アヤ子」が、「この小さな島」に流れ着いてからの経緯が語られます。「第一の瓶の内容」と比べると、だいぶ長いものです。ガイド1で書いた疑問に対する答えを書き入れていってください。例えば、手紙の書き手は誰なのか、という疑問に対しては、最後に「太郎記す」とありますから、「私」つまり書き手は「太郎」でしょう（ここで既に「市川太郎」とか書いてしまった人は、「第二の瓶」までの段階で、という指示を聞いていない人です！その要領のよさを、ちょっとだけやめていただきたいわけは、読んでいけばわかります……）。

二人は、子どものころ、船の難破により無人島に流れ着き、以来約一〇年間、サバイバルしてきたのですが、やがて二人の間に恋愛感情が芽生えてしまったらしいのです。太郎が一一歳、アヤ子が七歳で島に流れ着き、「十年ぐらい」が経っているとすると、心も体も、恋にまことにふさわしい年齢になっているのがわかりますが、「私」はそれを「患難《なやみ》」「罪悪《つみ》」と言っています。というのも、アヤ子が「私」に「お兄様」と呼びかけることからわかるように、この二人は兄妹らしいからです。

兄妹が結ばれることは、一般的なイメージとしてもタブーと感じられますが、この二人が漂着したときに持っていたものに注意してみましょう。彼らは、「新約聖書《バイブル》」を持っており、これで「学校ゴッコ」を行っていた、つまり人間社会としての規律を反復、身体化していたのです。

悩んだ「私」は、神に閃電《いなずま》をもって殺してくれるよう願いますが、何も起こらず、神の御心にかなわなかったと自棄になり、船が通りかかったときの目印にと立てておいた木も、聖書までも、燃やしてしまいます。アヤ子も同じ気持らしく、それからは、二人が異性として意識せずには暮らせない、しかし一線を越えるのも憚られる、長い苦しみの日々を過ごしていると綴られています。ガイド1での疑問、〈犯した罪〉については、兄妹の恋愛を挙げる方も、聖書を焼いたことや、自殺を挙げる方もいるでしょうが、それぞれでかまいません。

続けて、「第三の瓶の内容」も読みましょう。最初の疑問点の中で、さらに確定したことはあるでしょうか。「市川太郎」「イチカワアヤコ」と署名が変わりましたね。また、助けを求める内容になっていますが、大変短いものです。今までとはうって変わったカタカナの文章であることにもお気づきでしょう。三本の瓶の中の文章が、長さも、文体も、署名などの形式もまちまちであることは、たいへん特徴的です。

テクストのだいたいの特徴がつかめましたか。新たな疑問もあったかもしれません。無人島で育ったにしては、なぜ「第二の瓶の内容」にあるような、難しい文章が書けるのか？　など。そもそもフィクションのお約束を、ある程度受け入れなくては読めないテクストですが、説明はされています。先ほども確認したように、二人は「聖書」で「字の書き方」も学んだのでした。そう考えれば、「足発《あしだい》」「沈淪《ほろび》」といった通常あまりお目にかからない言葉が出てくるのも、それなりに納得できます。ともあれ、三つの文章は、相互に関連した物語として読むことができるようです。

●本文中から根拠を示す

ガイド3　日付のない三通の手紙を、書かれた順番に並べてください。その根拠を示しながら（引用、ページ数、行数など）、物語の中で起こったできごとを、時間に注意して整理してください。

順番を書くだけなら勘でもできるので、具体的な証拠、つまりテクストからの引用をしながら、推理の根拠を記す方が重要です。研究・レポートを書く際の根拠とは、まず何よりも**テクストからの引用**です。ここでは、一連のできごとを、それが起こった順番や時間に注意しながら、年表風に整理してみます。書き手が書いている時期と、書かれたできごとの時間のずれを意識しながらやってみましょう。あるいは、推理の根拠を箇条書きにしてまとめるのでもかまいません。書き方はそれぞれでかまいませんが、可能な限り詳しく証拠固めをしてください。

この島は、外界とは隔絶した閉じられた空間です。食物や木材は無尽蔵にありますが、文明の文物は、漂着したときに二人が持っていたもの、「一本のエンピツと、ナイフと、一冊のノートブックと、一個のムシメガネと、水を入れた三本のビール瓶と、小さな新約聖書《バイブル》が一冊」のみです。例えばこれらがどんなふうに使われたか、または、登場人物の行動・心理の変化、署名や文章表現の変化など、さまざまな角度から検証してください。もし、新たな疑問が出た場合は、それも書きとめておきましょう。

第一の瓶と第二の瓶にはそれぞれ、「私たちが一番はじめに出した、ビール瓶の手紙」とか「お父様とお母様にお手紙を書いて大切なビール瓶の中の一本に入れて（中略）海の中に投げ込みました」などとあり、瓶は三本しかないと仮定すれば、少なくともどちらも最初に書かれたものではないと推測できます。

さらに内容について、助けを求めるものと、罪を感じて自殺しようとするものがあり、罪を境にした前後関係が考えられます。第二の瓶では、「二人の肉体だけでも清浄《きよらか》で居りますうちに……。」と、まだ清い関係なので、おのずと「第三の瓶」、「第二の瓶」、「第一の瓶」の順番になるでしょうか。そうだとすれば、第三の瓶の文章がカタカナで短い、しかも「市川太郎」「イチカワアヤコ」という兄妹の署名に差があるのは、二人の漂着時の年齢によるものだと解釈できます。

ただし、このテクストには少し奇妙な点がありますので、視点を変えてみましょう。

●目立つものには罠がある

ガイド4 **太郎とアヤ子の父母は迎えに来たのでしょうか？**
・来たと考えた場合、どのような経緯を推測しますか？
・来なかったと考えた場合、「第一の瓶の内容」での父母とは、何を意味していますか？

どちらになりましたか。どちらでもかまいませんが、おさえたいのは、これらの瓶の内容が、彼らの父と母の手に渡ったのか、ということです。もちろん、宛名が固有名ではなく、住所も記していなければ、常識的に考えて届くわけもありません。

が、もう一つ足を止めたいのは、**人は何かに集中すると、他の事を忘れがちになる**、ということです。文学テクストでは、テーマが際立つ部分以外にも注意すると、異なる角度からの気づきがあることが多いのです。三本の瓶に集中している間に、もう一通の手紙があったことを忘れていませんか？

冒頭の、役場からの手紙です。見直すと、瓶は、役場の人によって、「三個とも封瓶のまま」海洋研究所に届けられた、とあります。つまり、冒頭の手紙が書かれた時点では、誰も内容を読んでいません。第一の瓶には、「私たちが一番はじめに出した、ビール瓶の手紙」を見て両親が迎えに来てくれたのだ、と書かれていますが、どの手紙も父母には届いておらず、読まれてもいないわけです。まして偶然に父母が来たとは考えにくい。では彼らが目にしたものはなんだったというのでしょうか。

もちろん、精神に異常をきたした二人が幻をみたと考えることは容易なので、なぜそれほど追いつめられるのか、という理由の方面から、幻の内実をさらに考えましょう。二人にとって「父母」のイメージと重なるのは何だったか、テクスト中の言葉を注意深く探してみると、「二人とも、聖書を、神様とも、お父様とも、お母様とも（中略）思って」とあります。どんな幻だと考えるか、自分の考えをまとめておきましょう。

◉整合的な解釈は、何かをなかったことにしている

さて、この事態一つをとっても、『瓶詰地獄』は、いったん整合的に読解しても、何か解決できない剰余のようなものが現れ、われわれに次なる読解を誘うということがわかります。最初に予告しておきましたね、これは推理をしていただくテクストなのです。

では、さきほど皆さんが推理した、手紙の順番はどうでしょうか？　実は、これにも、疑問を持っていただかなくてはなりません。

例えば、「第二の瓶」の終わりの方に、「鉛筆が無くなりかけていますから、もうあまり長く書かれません。」とあります。その後に「第一の瓶」ほど長く書けるでしょうか？　さて、鉛筆が残り少ないとき、最大限効率よく書こうと思ったらどうしますか？　そう、短く、簡単に書くことです。先ほどは、「第三の瓶」の、短くてカタカナで書かれているという特徴的な表現を、書き手が子どもだから、と推理したのですが、同じ手がかりが、違う意味にも読み解けることがわかります。

そして、もしこのように「第二の瓶」の後に「第三の瓶」が書かれたとすると、「第三の瓶」にある「ボクタチ兄ダイワ、ナカヨク、タッシャニ、コノシマニ、クラシテイマス。」の意味は、どんなふうに仲よくしているのかについて、

前とは別の興味を生むことになるでしょう。

そもそも、どの瓶にも、一切日付はないのですから、内容が整合するなら、どのように並べてもよかったはずなのです。はじめから「第三の瓶」、「第二の瓶」、「第一の瓶」という順番一つしか考えなかった方は、**だいぶ頭を柔らかくしていただかなくてはなりません。**

ガイド5 **ガイド3で書いた以外の順番の可能性を、根拠を具体的に示しながら、考えてください。一応考えられるけれども矛盾が出てしまう、という場合も、その過程を書いてください。あるいは、順番以外に異なった解釈ができる部分はありますか?**

小説では、**できごとは起こった順には語られていません**。それを整理するのも、語り論の基本です。また、それぞれの部分を誰が書いたのかも、名前や文章の特徴から、もう一度検討してみてください。先ほど署名を確認した、と思われるかも知れませんが、実際の書き手が誰か考えましたか。二人の署名が並んでいたとしても、二人が同時に一本の鉛筆で書いているはずはありません。例えば「第三の瓶」は、署名している「市川太郎」と「イチカワアヤコ」のうち、常識的には太郎が書いたと考えられます。「ボクタチ」と男性の自称詞が使われているからです。

小説を読む際、**作中人物の名前や、なんと呼ばれているかに注目**するのは、一つのコツです。誰が、どんな位置から発言しているか、**呼んだ人と呼ばれた人の関係性が端的に現れている**からです。

では、「第一の瓶」は、男性と女性のどちらが書いたと考えますか? 主語が「私」に変わっているから女性でしょうか。いや、太郎が書いていることが明確な「第二の瓶」の主語は、「私」です。どちらとも考えられます。主語以外の手がかりはあるでしょうか。「哀しき二人」とは誰なのでしょうか。……など、検討のポイントはいくつもあります。

もちろん、違う順番を考えると、何かの点で矛盾が出てしまうこともあると思いますが、「第三の瓶」、「第二の瓶」、「第一の瓶」と並べても矛盾はあるのですから、かまいません。新たな矛盾も書き留めつつ、多くの解読の可能性を考えてみてください。

実際に教室で講義していると、ユニークな答えがたくさん出てきます。例えば、

①鉛筆が無くなりかけている点から、「第二の瓶」、「第一の瓶」、「第三の瓶」の順。「第三の瓶」で助けを求めたり、幸せに暮らしているとあるのは、「第二の瓶」の時点で聖書を焼いてしまったので罪の意識が消えている（流した瓶の数に矛盾がでるが）。

②「第三の瓶」、「第一の瓶」、「第二の瓶」の順。「第一の瓶」は、「第二の瓶」の途中で、「キチガイのように暴れ狂い泣き喚ぶアヤ子」と記述されていたので、そのときのアヤ子が書いた遺書と考える。

③まず「第三の瓶」、次に「第二の瓶」、その途中で「第一の瓶」が書かれ、「第二の瓶」の後半が書かれた。「第二の瓶」では、同じ語彙について漢字などの表記が異なっているところがあって、相当長い時間にわたって書かれたと考える。

④「第一の瓶」、「第二の瓶」、「第三の瓶」の順で、「第一の瓶」で来たと言われている迎えの人たちの中に太郎とアヤ子がいて難破した、遭難者は二組いた、と考える。

など、いろいろです。

●〈妄想〉と〈研究〉の違い

順番だけではありません。順番は「第三の瓶」、「第二の瓶」、「第一の瓶」でも、異なる解釈をすることもできます。試みに、「第二の瓶」で、太郎が狂乱してしまった場面を見ます。恋心はずっと持っていたはずの太郎が、あからさまな行動を起こすきっかけとなったのは、アヤ子の、「ネエ。お兄様。あたし達二人のうち一人が、もし病気になって死んだら、あとは、どうしたらいいでしょうネエ」というセリフです。無人島に残されたものとしてはごくまっとう

な孤独の恐怖を表現しただけのこのセリフが、なぜ太郎を惑乱させたのでしょうか。どちらか一人が死んでも寂しくないようにするには？　もちろん他にも人がいればいいわけです。では、この島でどうすれば？　つまり、太郎は、アヤ子が、子どもをつくろうと誘ったのだと思い込んだわけです。

念のため述べておけば、「第二の瓶」は一人称の文章です。つまり、**ある作中人物の視点から見た事実の一面、つまり一つの解釈**に過ぎません。その人には見えないことや感知されない死角もある、限定された情報であり、他の人の立場からは、同じことが別様に解釈できるかもしれないのです。太郎は、「二人の心をハッキリと知り合って」いたと書いていますが、同時に、お互い口には出していない、とも書いているので、太郎の恋心のフィルターを取り除いてみたら、案外アヤ子は恋心などなく、孤独を恐れていただけかもしれません。

少しわき道になりましたが、太郎惑乱のシーンに戻れば、この罪を考える場合、子どもという結果と結びつけることとは自然です（医療的環境の不備はありますが）。さて、「第一の瓶」の書き手については、先ほどアヤ子説を紹介しましたが、署名は「哀しき二人」ですから、必ず太郎とアヤ子のカップルであるとは限りませんし、日付がないのですから、「第二の瓶」との間にどんなに長い年月が経っていてもかまいません。

刺激的ですが、「哀しき二人」は別様にも解釈できるでしょう。太郎とアヤ子の子ども同士、でもいいでしょう。また、まず一人子どもが生まれた後、アヤ子を一人残す心配のなくなった太郎が自殺した、と仮定してはどうでしょう。二人きりの空間で何が考えられますか。むろん、子どもは、男の子が生まれる場合も、女の子が生まれる場合もあると仮定して、です。同様に、子どもが生まれた後、太郎ではなく、アヤ子が病死でもしたと考えれば、どうでしょうか。親と子、もしかすると同性同士が「哀しき二人」である可能性も出てきます。「第一の瓶」の罪には、「第二の瓶」の内容とは異なった、しかしやはり越えてはならない一線を越えてしまった罪を考えてみることができるでしょう。

少し極端な読み込みに思えるかもしれませんが、あえてそうして考えていただきたいのは、このテクストに限らず、一般に小説を読むときの、**〈妄想〉と〈研究〉の違い**です。

例えば、授業ではいろいろな順番を試みる中で、「漂着カップルは二組いる。「哀しき二人」は先住者で、彼らが自殺してから太郎たちが流れ着いた」とか、「瓶は三本しかないとあるが、通りかかった船を襲って奪ったので、四本以上流された」などの意見が出ることがあります。確かにおもしろいのですが、これらはテクストに書いていないことを推測しています。

対して、二人に子どもができてどちらかが死ぬ、という説は、奇抜には見えても、罪による自殺願望も、病気になって死ぬことへの恐れも書かれていますから、少なくともテクスト内の情報を使って組み立てられています。

前者は、空想するのはたいへん楽しいのですが、誰にでも検証できるわけではないので、意見を交換し合っても、どちらがより適切か、なぜなら〜、といった議論をすることはしにくいでしょう。「ふーん、そういう考え方もあるのか〜」とお互い放置するだけになってしまいます。対して後者は、テクスト内の情報によっている点では、相手を説得する材料をより多く含んでいます。一人で読む楽しみとしては、前者もありでしょう。ただ、研究・レポートは、それについて議論ができる、ということが条件です。妄想と研究の違いが、なんとなくイメージしていただけたでしょうか。

◉一般的な教養も必要

もちろん、この閉じられた空間でのルールは、概ね聖書に拠っているというのがポイントです。ここでもう一つ言えることは、小説を読むには**一般的な教養も大切**、ということです。もし聖書で、性的な関係が、どのような関係であるときに禁止されているのか知っていれば、あるいは、聖書が、同性愛も禁じていると知っていれば、先ほどの説のような解釈を思いつきやすかったはずです（現在では、聖書の記述を同性愛禁止の根拠とすることに対し、批判的な意見があります。本書も、同性愛をタブーとする考え方は、とりません。歴史的なテクストにおいて、聖書が規範を設ける装置として使われているという点を分析しています）。多くの人は、小説を自由に読みたいと思っています。自由は、なんだかアナーキーな感じがして、〈教養〉とは相いれないイメージがありますが、**一般的な教養は、自由な読解を妨げるだけとも限りません。**

ガイド6　このテクストで描かれているような関係は、聖書で禁止されているのか、聖書のどこに、どのような文言で書かれているのか、キリスト教関連の事典や、聖書を調べてみましょう。

さて、いかがでしたか。実際に聖書にありましたね。ただし、先ほど自信ありげに講釈しましたが、隠していたことがあるのを白状しなければなりません。例えば、キリスト教関連の事典で調べると、近親相姦の禁止は、主に「レビ記」「申命記」の記述が根拠になっているようです。

ところで、「レビ記」は、「旧約聖書」の中にあります。太郎とアヤ子が持っていたのは何でしたか？　実は他にも、「第二の瓶」で太郎が聖書を燃やしたとき、「詩篇の処を開いてあった」などと書かれています。「詩篇」は旧約聖書に含まれているものです。これでは物語自体が大きな矛盾をはらみ、成り立たなくなってしまいます。これだけのしかけをつくった作者にして、何か勘違いをしたのでしょうか。これもしかけなのでしょうか。ますますわからなくなってしまいました。

ちなみに、テクスト中で「新約聖書」のふりがなは、それを示す「ニューテスタメント」ではなく、「旧約聖書＝オールドテスタメント」と合わせての総称である「バイブル」となっていますね。夢野久作が執筆したときに入手できた、聖書の日本語訳の種類について調べると、また違う側面も出てくるのですが、それは興味のある方が調べてみてください。

このように、調査を足していくとさらに興味深いことがわかってくるので、その方法は確保しておきたいのですが、とりあえず今回の目的は、テクストと自分だけでどのくらい楽しく読めるか、でしたので、ひとまずまとめましょう。

●タイトルを改めて考えよう

ガイド7 『瓶詰地獄』というタイトルは何を意味すると考えますか？

最後に、文学テクストを読むときは、**タイトルにも注目**、でしたね。こうして読んできたあとでは、かなり複雑な意味を読み込むことができるでしょう。

実際に瓶詰になっているのは手紙ですが、『瓶詰地獄』とは、手紙で語られている閉鎖的な空間についても触れるものでしょう。外界と隔離されていればこそ、そこにいる人物の悩みも生じ、またそれが連鎖していくのです。

一方、手紙をどのような順番に並べるかについて、いくつかの仮説を立てられるようなしかけが施されており、われわれ読者は、いくつもの仮説を考えなければなりませんでした。というより、考えなければ、おもしろみの半分しか味わえないテクストでした（この講では、いろいろな説のどれか一つを選ぶことを目的としていません）。その結果、どの説も、ある程度の蓋然性はあっても決め手はなく、われわれの頭の中も混乱してしまいました。読解にあたって、主観的な三通の手紙だけが手がかりで、それ以外の俯瞰的視点を手にすることができない、特殊な読書空間によるものですが、この閉塞感、われわれ自身が一種の地獄にはめられているようです。タイトルには、テクストと読書行為の重層的な構造を読み込むことができますね。

そして、これはミステリー仕立てなので、特にこうした推理が意図されているわけですが、別にミステリーでなくても、書かれていることに立ち止まり、発想を柔軟にしながら読み解いていくという姿勢は有効です。ここでいくつか挙げたポイントは頭に入れて、次のテクストに向かってみましょう。

〈作家と時代〉

夢野久作（一八八九〜一九三六年）。農園経営や僧侶、新聞記者などを転々としたのち、小説に専念。都会的な探偵小説雑誌『新青年』などを舞台に活躍した。一人称や書簡体などを用い、閉じられた場の狂気を描くものが多い。物語の時間や水準を攪乱する長編『ドグラ・マグラ』（一九三五年）が有名。

『新青年』では、江戸川乱歩、横溝正史などが活躍した。昭和初期のモダン都市の発達は、見知らぬ犯罪者と隣り合うことにリアリティを与え、科学の発達は複雑なトリックを可能にした。昭和戦前期は、プロレタリア文学と、表現にこだわるモダニズム、そしてこの『新青年』のような大衆文学が大きな流れを作っている。

主要参考文献

由良君美「自然状態と脳髄地獄——夢野久作ノオト」『現代詩手帖』一九七〇年五月
押野武志「瓶詰の地獄」東郷克美・高橋広満編『近代小説〈異界〉を読む』双文社出版、一九九九年

第3講

語り手は葛藤する

太宰治『葉桜と魔笛』（一九三九年）

ガイド1 語りの現在はいつか、歴史上の日本海大海戦や海軍記念日などを調べて、推測しましょう。また、起こったできごとを時系列順に整理してみましょう。これ以降すべて、ページ数、行数を記し、引用しながら整理してください。

ガイド2 姉は、妹が隠していた手紙を読んで、どのように思いましたか。また焼いたのはなぜですか？それは、「私」がどのような生き方をよいと考え、実行しているからでしょうか。

ガイド3 姉が言う「まだそのころは二十になったばかりで、若い女としての口には言えぬ苦しみも、いろいろあった」「あのような苦しみは、年ごろの女のひとでなければ、わからない、生地獄」とはどのようなことだと考えますか。

ガイド4 妹が隠していた手紙は、自分でM・Tを創作して書いたとのことですが、それを読者は確かめられません。どのような理由が考えられますか？仮に、M・Tが実在し、手紙を書いていたと推測した場合、妹はどのような意図で嘘をついたことになるでしょうか。

ガイド5　**姉がM・Tのふりをして書いた手紙は、妹の恋愛観と合致するものだったでしょうか。具体的にどこが異なるのか、二人の恋愛観を対比して整理してください。**

ガイド6　**姉は妹に対して、どんな気持ちを持っているでしょうか？　特に、姉の現在の語りに聞き手がいるのか、いる場合、人は話す内容をどのようにコントロールするのかと、併せて考えてください。**

ガイド7　**結末で、〈信仰が薄らいだ〉とはどういうことでしょうか。タイトル『葉桜と魔笛』はどのような意味を含んでいると読み解けますか？**

今回は、『瓶詰地獄』のような推理小説では、まったくありません。しかし、前講で行ったような注意深い読み方は、どんな小説でも有効です。このテクストへの感想はいかがですか。病気で死にゆく妹に対して、姉が精いっぱいの希望を与えようとする、たいへんせつない物語ですね。けれども、それだけでしょうか。

◉回想を意識する

ガイド1　**語りの現在はいつか、歴史上の日本海大海戦や海軍記念日などを調べて、推測しましょう。また、起こったできごとを時系列順に整理してみましょう。これ以降すべて、ページ数、行数を記し、引用しながら整理してください。**

前の二講で、**語り**に注意するようになってきたと思います。今回は明らかに、作中人物の**一人称の回想**ですね。「私」は、「三十五年前」のできごとを語ると述べています。何歳、とか、何年目という情報が細かく書かれていますから、歴史的な時間の中に、この物語のできごとを定位してみてください。「私」は現在五五歳くらいです。寿命が長くなった現在では違和感がありますが、当時としてはその年齢は十分に「老夫人」でした。さらに、調べると、日露戦争中、日本の連合艦隊とロシアのバルチック艦隊が戦った日本海海戦は、一九〇五年五月二七日から二八日にかけて起こりました。葉桜が印象深く語られる時期です。**物語内のできごとを時系列順に整理**しなおすことは、それを別の順番で語っている語りの介在を意識することになりますので、書き出さないまでも、どのテクストに対しても行うのがおすすめです。「私」は、「考えること、考えること、みんな苦しいことばかり」で、大砲の音に脅威を感じるのですが、彼女が何に悩んでいたのか、もう少し後で考えます。

さて、妹の枕もとの手紙をきっかけに、「五、六日まえ」のことが語られます。「知らないことがあるものか」という現在形の語りは、その直後に「ちゃんと知っていた」と過去形に言い直されています。大部分が、その当時の「私」の意識に即していることがわかります。

語りを分析する場合には、**語る〈私〉と語られる〈私〉**を分けて考えるのも方法の一つです。両者は人格としてはひとつですが、語られる〈私〉は、語る〈私〉が語っている物語の作中人物であり、水準が異なります。また、特に今回のような回想の場合、語る現在の〈私〉は、語られる過去の〈私〉よりも、その後に積み重ねた体験や考えを持っています。**過去の「私」の情報量と、現在の「私」の情報量には落差**があります。「私」がその後知りえたことは伏せて、過去の「私」の情報量に合わせて語ることで、できごとが現在起こっているような語りになります。逆に、現在の「私」の情報量に合わせて、「その時は気づかなかったが、〇〇である」とか、「今では反省している」などのように語っていくテクストもあります。このテクストはほぼ前者です。元に戻れば、三五年前の「私」に即して語られており、それがさらに五、六日前に遡るような一部分があるのだといったんは整理できます。

ともかく、「私」は、妹が隠している「M・T」からの手紙を読みました。封筒では、女の人の名前で送られていたようです。「あの厳格な父に知れたら、どんなことになるだろう、と身震いするほどおそろしく」とありますから、当時は娘が、自分の意志で男性と交際するなどはふしだらとされていたのでしょう。「私」はその手紙を楽しんで読みますが、焼いてしまいます。妹とM・Tとの関係が、肉体の関係にまで進んでいた、それは、厳格な父の下では許されるはずのないことです。「私」は肉体の関係を、「醜くすすんでいた」と表現しています。「私さえ黙って一生ひとに語らなければ、妹は、きれいな少女のままで死んでゆける。誰も、ごぞんじ無いのだ」と証拠を隠滅したのです。

●姉の妹への思い

ガイド2　姉は、妹が隠していた手紙を読んで、どのように思いましたか。また焼いたのはなぜですか？　それは、「私」がどのような生き方をよいと考え、実行しているからでしょうか。

そんな「私」は、どんな暮らしをしていたのでしょうか。「私が結婚致しましたのは、松江に来てからのことで、二十四の秋でございますから、当時としてはずいぶん遅い結婚でございました。早くから母に死なれ、父は頑固一徹の学者気質で、世俗のことには、とんと、うとく、私がいなくなれば、一家の切りまわしが、まるで駄目になることが、わかっていましたので、私も、それまでにいくらも話があったのでございますが、家を捨ててまで、よそへお嫁に行く気が起らなかったのでございます。」とあります。母の亡くなった一三歳のときから、「私」は母の不在を補うように、家事をし、父に仕え、病気の妹の面倒をみていたのでしょう。「私」の結婚が遅かったのは、こうした事情です。妹の男性との交際が、好奇心の対象になり、またショックでもあるのは、妹の行為が、自分とあまりにも違うからにほかなりません。

しかし、それは、疎ましく思っただけでもありません。「私まで、なんだか楽しく浮き浮きして来て、ときどきは、あまりの他愛なさに、ひとりでくすくす笑ってしまって、おしまいには自分自身にさえ、広い大きな世界がひらけて来るような気がいたしました」とあります。手紙は、「あなた」に向けて書かれているものですから、この姉は、妹になったような立場で、男性からの手紙を読み、その体験を分かち持ったわけです。そのうえで、姉が持った「苦しみ」とはどんなことであるか、考えていきましょう。

ガイド3 **姉が言う「まだそのころは二十になったばかりで、若い女としての口には言えぬ苦しみも、いろいろあった」「あのような苦しみは、年ごろの女のひとでなければ、わからない、生地獄」とはどのようなことだと考えますか。**

さて、手紙を読み、M・Tが病気を理由に妹を捨てるのだと知った「私」は、自分がM・Tに成りすまして妹に手紙を書き、妹にそのことを見破られてしまいます。ただ、ちょっと不思議なところがあります。「私」が妹に言われて、偽M・Tの手紙を読みあげるところは、「ひらいて読むまでもなく、私は、この手紙の文句を知っております。けれども私は、何くわぬ顔してそれを読まなければいけません。手紙には、こう書かれてあるのです。私は、手紙をろくろく見ずに、声立てて読みました。」とあって、その後の手紙は、それなりの長さがあります。このできごとが現在起こっているように読んでいくと気づきませんが、これは、ことが起こってから三五年後に語られているものです。この手紙、今語っている「私」は、目の前に持っているのでしょうか？

本文から確定することはできませんが、「ろくろく見ずに」読みあげられるほど、当時の「私」は、きっと心の中で何回も練り直し、何回も読み返し、覚えてしまったくらいなのです。だとすれば、三五年後にも、手紙が手元にあるわけではないのかもしれません。「私」がまだ覚えているとすれば、やはりその後も心で何回も繰り返した、思い入れのある文言だったということです。ただし、三五年も経って、それが元の文面のままという保証もありません。もしかすると繰り返しているうちに、実物とは少し変わってしまったかもしれない。このあたりで、実は、一人称語りは、それを信じるしかなく、語られていることが事実かどうかを、私たち読者は客観的な事実として確認することができないということに気づいてきます。意図的に嘘をついているとも限らないのですが、**一人称というのは、人間の限定された視野、ある意味では偏った解釈**なのです。そして、そうだとすると、妹が語っている部分にも同じことは言えます。M・Tからの手紙、妹は自分で書いたと述べていますが、これについてテクスト中で確かめることができるでしょうか？

◉だれが嘘をついているのか

ガイド4　**妹が隠していた手紙は、自分でM・Tを創作して書いたとのことですが、それを読者は確かめられません。どのような理由が考えられますか？　仮に、M・Tが実在し、手紙を書いていたと推測した場合、妹はどのような意図で嘘をついたことになるでしょうか。**

例えばこれが現実であれば、本人の申告以外に、確かめる手立てもありそうです。例えば、筆跡はどうでしょうか。妹の筆跡と、手紙を比べてみるとか。しかし、このテクストにおいて、それはできません。物語内容のレベルでは、「私」が手紙を焼いてしまったからです。作中人物だとしても、見ることができないのです。もちろん、私たち読者のレベルで言えば、手紙の筆跡を見ることができないのは言うまでもありません。手紙は、『葉桜と魔笛』というテクストの活字を通じて、イメージとして再現されるだけだからです。手紙は、このテクストにおける空白だと言えるでしょう。すると、この手紙についても、第2講でのように、他の可能性を代入できる余地があることになります。

仮に、M・Tは実在したとしたらどうでしょうか。突飛でしょうか？　M・Tは、その城下町に住んでいるとのことですが、妹が寝たきりになる前に出会う機会を想定できますか？　妹の余命があと百日と言われ、それがだいたい経ってしまった、でも、この城下町に来てから二年目、手紙は「おととしの秋」からです。妹の病気は発見した時にはひどくなっていたということですから、気づかない間は、出歩けた時期もありそうです。話を戻して、仮に実在したとすると、妹が書いた、ということは嘘になるわけですが、そういう嘘をついてしかるべき理由もあるとは言えます。未婚の娘の男性との交際が、この家族の間ではタブーだということは確認済みですから。

そして、そう考えた場合、この嘘は、自己保身のためだけでしょうか。

姉さん、ばかにしないでね。青春というものは、ずいぶん大事なものなのよ。（中略）あたしは、ほんとうに男のかたと、大胆に遊べば、よかった。あたしのからだを、しっかり抱いてもらいたかった。姉さん、あたしは今までいちども、恋人どころか、よその男のかたと話してみたこともなかった。姉さんだって、そうなのね。姉さん、あたしたち間違っていた。お悧巧《りこう》すぎた。ああ、死ぬなんて、いやだ。あたしの手が、指先が、髪が、可哀そう。死ぬなんて、いやだ。いやだ。

妹は、手紙が本当か嘘かはともかく、身体の関係も含めて、恋愛を大事なものと思っています。「汚い。あさましい」が、一人で手紙だけ書くことに向けられていて、姉が肉体関係を醜いとしたのとは、反対の価値観になっていることに注意してください。姉が品行方正な、禁欲的な生き方をしていることも、妹は認識しています。そうした中で、もしもM・Tと本当に交際していたとすると、恋愛の機会を、半分は自分を世話するせいで失ってきた姉に向かって、そのことを誇れるでしょうか。妹が、手紙は自分で書いたというのは、恋愛の喜びを知ってしまった者から、そこへ踏み出せない者への思いやりということになるかもしれません。

ただし、姉が恋愛に踏み出せないのは、家族の世話をしなければならないからだけなのでしょうか。さりげなく書かれているのですが、「妹は、私に似ないで、たいへん美しく、髪も長く、とてもよくできる、可愛い子」だったのです。妹宛の手紙を読む疑似体験を楽しんだことを先ほど確認したように、姉だって、恋愛にはあこがれています。そうなら、世間的なモテる女性の基準に照らして自信が持てないとか、妹に嫉妬することもあったかもしれません。

◉姉妹のひそやかな対決

ガイド5　姉がM・Tのふりをして書いた手紙は、妹の恋愛観と合致するものだったでしょうか。具体的にどこが異なるのか、二人の恋愛観を対比して整理してください。

姉の妹への嫉妬、などと考えるのは、この一連のやりとりのきっかけとなっているのが、姉がM・Tのふりをして書いた手紙だからです。姉妹の恋愛に関する価値観の違いを、単純にはなりますが、精神的／肉体的という**二項対立**で整理しておきましょう。姉＝偽M・Tの手紙に表された「愛」は、それが手紙であることが象徴するように、「言葉」による「愛の証明」、「歌」という、精神的なものです。妹の恋愛は、先ほどから述べているように、肉体も含めた恋愛ですから、悲しいことに、姉の親切は、妹の願望を満たしてはくれないことになります。偽M・Tが「結婚」に導いていることも大事です。男女の性的な関係を含む睦ましさは、婚姻という関係の中でなら、途端に望ましいものになります。妹が清らかなまま亡くなることを望んだ姉は、妹のセクシャリティを、〈正常〉な形式の中に閉じ込めようとしていると言えるでしょう。この食い違いによってこそ、先ほど引用した、妹の姉に向けての強い願望の告白につながるのでしょう。

すでに、「あのような苦しみは、年ごろの女のひとでなければ、わからない、生地獄」について考えていただきましたが、もう一度考えてください。姉が日本海海戦の大砲を聞いて「生地獄」を感じたのは、物語内容を時系列順に並べてみると、M・Tを騙った手紙を書いた後なのです。だから、姉が妹を清い存在にしようとするのは、父の手前というばかりでなく、彼女に嫉妬しているのかもしれない、と考えられるのです。世間的な基準に対する女性のコンプレックスをえぐるこのテクストは、かなり意地悪です。

このテクストでは、「私」の語りと、妹の思いは、軋みを起こしていると言えます。一般的には、**「　」で示された作中人物のセリフは、語り手によって侵されることのない、独立した部分**として読むのが約束事です。語り手は、意識してもしなくても、自分の方針に沿って内容をまとめようとしますが、そのフィルターを取り除いて、虚心に「　」のセリフを解釈してみると、発話者の異なった意図が見えてくることもあるということです。語り手が作中人物の場合は、一人の人間としての限界をイメージしやすいですが、これは、非人称の語り手の場合にも考えてみてよいことです。そうした場合については、第6講で扱います。

●作中に存在する聞き手

ガイド6　**姉は妹に対して、どんな気持ちを持っているでしょうか？　特に、姉の現在の語りに聞き手がいるのか、いる場合、人は話す内容をどのようにコントロールするのかと併せて考えてください。**

ところで、現在の「私」は、妹について、どう思っているのでしょう。姉はその後、結婚はしたのですから、妹のように恋愛や身体的な欲望について肯定できるようになったのでしょうか、そのことに幸せや優越性を感じたとしたら、妹が嘘をついたことに気づいた可能性も考えられます。それとも、結婚はしたものの、何らかの事情で恋愛を感じることはできない結婚だとした場合は、妹に対して、よりうらやましく思う気持ちが強くなっても不思議はありません。しかし、どちらもはっきりと表れているということはありません。**回想の場合、過去の「私」の情報量と、現在の「私」の情報量には落差**があることは確認しておきました。

ここで考えてみたいのが、「私」に対し、テクスト内に**聞き手**はいるのかということです。一人称と前提して話を進めてきましたが、実は、微妙です。気づいてしまいましたか、最初に「——と、その老夫人は物語る。」という一文が入っていることに。たった一文なのですが、これがあるのとないのでは、ぜんぜん違います。聞き手がいて、読者に対する中継をしているということだからです。つまり、老夫人の語りは、だれにも聞かれていないところで独り言のようにつぶやかれた（小説の読者にだけ直接伝わっている）ものではないということです。

聞き手が介在するとき、人は、自分が相手にどう思われるかという意識を抜きにして話すことはできません。さきほども、「妹は、私に似ないで、たいへん美しく、髪も長く、とてもよくできる、可愛い子」というところにふれましたが、自分よりも人を褒めるって、心から素直な人なのでしょうか、それとも、自分がうぬぼれていると思われないためのポーズなのでしょうか。「私」がわざとやっているかどうかはわかりません。ただ、無意識だとしても、つつましく、誠実にふるまう規範が身に沁みついた人なのだということは言えるでしょう。疑いや嫉妬が強く抑制された語りなのです。だからこそ、かつてとの変化もにおわせている「信仰とやらも少し薄らいでまいった」という言葉の解釈が重要になります。

●語り手は葛藤する

ガイド7　結末で、〈信仰が薄らいだ〉とはどういうことでしょうか。タイトル『葉桜と魔笛』はどのような意味を含んでいると読み解けますか？

姉にとって、「神さまの、おぼしめし」とは、口笛が聞こえ、自分が作った架空のM・Tを神様が遣わしてくださったことです。ということは、その手紙内容の精神的な愛が実現している、それも、妹が亡くなり、肉体が滅することによって、より完璧に実現しているということでしょう。もちろん、信仰が薄らいだことの内実として積極的に語られているのは、口笛は神さまではなく、父が吹いた可能性です。けれども、精神的な愛の実現という一連の考え方への懐疑だというなら、その逆は、身体性の優位だと想定してもよさそうなものです。

妹の、自分で手紙を書いていたという告白によって、彼女は恋愛にあこがれながらも清らかなまま死んでいったことになっていました。その「信仰」が薄れたということは、浮上するのは、さきほど見たように、妹が肉体も含めた恋愛を知っているという可能性ではないでしょうか。もしかするとこの疑いは、父が口笛を吹いたという別の愛の物語で蓋をされているのかもしれません。怪しいのは、「いや、やっぱり神さまのお恵みでございましょう。／私は、そう信じて安心しておりたいのでございますけれども、どうも、年とって来ると、物欲が起り、信仰も薄らいでまいって、いけないと存じます」と、父親の話を離れてから、もう一度信仰の薄らぎが口に出されているからです。何か宙に浮いている感じがあり、別のことが言いたいのではないかというような、妙に引っかかりを残す終わり方なのです。

姉が、仮に幾分か妹を疑うのだとすれば、そう思い始めた妹の死後にこそ、恋愛を知った妹への嫉妬は強くなるはずです。素直であるがゆえに妹に騙されていた当時の自分への複雑な思いも出てくるでしょう。さきほどは、「知らないことがあるものか」を、当時の「私」の情報量に合わせて語っているとしましたが、姉は、今でも妹への同じ憎しみを持ち続けているのだと考えることも可能です。もちろん、強い嫉妬は、つつましい女性として、より隠さなければならないでしょう。この老夫人は、妹を疑っているというような、はっきりした尻尾は一切出しません。「私」は妹を信じきっているのか、妹を疑うゆえに余計に上品ぶらなくてはならないのかは、最後の割り切れなさからほのかに推測できるにとどまり、決着をつけることはできません。しかし、それこそが、ほかに客観的な事実を入手することができない、**一人称の語りの効果**であるのです。

そして、最後の口笛。テクストが発表された一九三九年も、日本は日中戦争中です。軍艦マーチが媒体となって、日露戦争の記憶と重なり、「私」のあの当時の思いが何回でもめぐってきているようなイメージを作っています。語りの現在時と、語られている内容の時代、双方について、どういう時代であるのか、調べることも重要です。

ここで、「葉桜」と「魔笛」は何をイメージしているかも、考えておきましょう。**タイトルには注意**、でしたね。むせかえるような若い季節、それとも、花は過ぎていますから、恋愛や結婚の期を逃したと考えている姉の境遇でしょうか。ご自身で答えを出してください。ただし、根拠を忘れずに示すこと。では、魔笛は何でしょうか？　まず不思議な口笛が考えられますが、なぜ「魔」なのですか？　そのときは「神さま」と思っていたのではありませんでしたか？

そういえば、第2講で、**一般的な教養も必要**、とも述べておきました。「魔笛」で何か思い出す人があるかもしれません。例えば、モーツァルトのオペラ、とか？　オペラのややこしいストーリーと関連づけることに心ひかれてしまった方は、日本でその時期にオペラが知られていたのか、など、関連づけるための裏を取ってみてください。

最初に述べたとおり、この小説はミステリーではありませんが、複数の解釈が可能でした。太宰の場合には、類似の形式のものも多く、読者をひきつける魅力の一つになっていますね。テクストは、読者が積極的にかかわらなければ、意味を引き出すことはできないのです。

〈作家と時代〉

太宰治（一九〇九〜一九四八年）。青森県北津軽郡の大地主、父は貴族院議員も務めた家に生まれる。中学時代から文学に目覚め、その後プロレタリア文学の影響を受けたことで、自分の生まれに葛藤を持つことになる。東京帝国大学に進学、バーの女性との関係、結婚問題のいざこざなどから、心中未遂、薬物中毒など荒れた生活を送ったが、『富嶽百景』『女生徒』『駆け込み訴へ』『走れメロス』など独自の作風で頭角を現す。石原美知子との結婚後も、複数の女性と複雑な関係を持ち、最後は入水自殺した。戦後には、『斜陽』（一九四七年）、『人間失格』（一九四八年）などが有名。

太宰は、それをめぐる川端康成との確執が有名であるように、芥川賞が設立されたころに文壇に登場した。弾圧により、プロレタリア文学が表舞台から退いたことは、文学全体にとっても打撃であり、新たな作風を持つ新人の発掘が模索されていた時期である。

主要参考文献

木村小夜「太宰治「葉桜と魔笛」論」『叙説』一九九〇年一〇月
花崎育代「「葉桜と魔笛」論――ロマネスク外／追想の家族」『太宰治研究』一九九七年七月
井原あや「姉が編み上げたロマン――太宰治「葉桜と魔笛」を読む」『相模国文』二〇〇七年三月
大平剛「太宰治「葉櫻と魔笛」論」『帯広大谷短期大学紀要』二〇〇七年

第4講

時代背景を知ると、おいしさ二倍

中島敦『文字禍』（一九四二年）

ガイド1　図書館の書物には、文字とはどのようなものだと書かれていましたか。本文を引用してください。

ガイド2　エリバ博士の集めた例から、文字の害はどのようなものだとまとめられますか。「言葉」の発明でなく、「文字」が話題になっている点と併せて考えてください。

ガイド3　最終的に、エリバ博士は、アパル大王に何を進言しましたか。また、大王はなぜ機嫌を損じたのでしょうか。

ガイド4　物語冒頭で、バビロンの俘囚はどのようにして殺されたとありますか。ここから、残された歴史とはどのようなものだと考えられますか。ナブは何を記述しようとして歴史の問いに突き当たったのかを併せて考えてください。

ガイド5　「文字の霊が、此の讒謗者《ざんぼうしゃ》をただで置く訳が無い。」とありますが、実際に博士を謹慎に処したのは誰でしょうか。文字（ここでは歴史）を司っているのは誰ですか。

ガイド6　博士とナブの問答において、「賢明な老博士が賢明な沈黙を守っている」と、博士が「賢明」と表

現されていたのはなぜでしょうか。若い歴史家ナブとエリバ博士には、どのような立場の違いがあるのでしょうか。

ガイド7 **文字を司るのが、「文字の霊」や「ナブウ神」だと人々に信じられていることは、どのような効果を生むか考えてください。テクスト発表時期の社会状況を調べ、併せて考えましょう。**

ガイド8 **博士が粘土板によって圧死した結末をどのように解釈しますか。**

新しいテクストに入りましょう。まず、小説を最初に読んでみた感想を記しておくのもいいかもしれません。後でどのように考えが変わったかを比べてみると、今行っているトレーニングの成果が見えやすくなりますね。ナブ・アヘ・エリバ博士は、アシュル・バニ・アパル大王に、文字の精霊について調査せよと命ぜられました。その頃ニネヴェの宮廷の図書館で、夜な夜な聞こえるひそひそ話を、無数の精霊を知るアッシリヤ人たちは、文字の精霊ではないかと考えたものの、その正体を知るものはなかったからです。アパル大王や、エリバ博士といった人物が実在の人物なのか、気になるところですが、小説は不思議議にも、それを確認せずに、そういう人がいたのだ、という前提で読み進められるので、とりあえず先を見ていくことにしましょう。

テクスト冒頭は要注意、でした。「文字の霊などというものが、一体、あるものか、どうか」。**冒頭には、物語世界の方向性を示す情報が盛り込まれています。**博士と共に、文字に霊があるのかないのか、探求してゆきましょう。

●ゲシュタルト崩壊

ガイド1　図書館の書物には、文字とはどのようなものだと書かれていましたか。本文を引用してください。

図書館で、当時の書物である粘土板と苦闘した博士は、「単なる線の集りが、何故、そういう音とそういう意味とを有《も》つことが出来るのか、どうしても解らなくなって」きました。同じ言葉を繰り返しているうちに、それが本当はどんな意味だったのか確信がもてなくなる、こういう経験は、誰にでもあるのではないでしょうか（ゲシュタルト崩壊、と言ったりしますね）。

たとえば日本語では、「い」という文字の形は「i（イ）」という音と結びついていますが、形と音のつながりには何の理由もなく、ふとした偶然で、「あ」という形が「i（イ）」の音を表す世界になっていても、不思議はないのです。音だけではありません。「いぬ」という文字の形と、あの四足の動物との間に何か関係があるでしょうか。語源などを説明されれば、ある程度理解できることもありますが、日常的な感覚として腑に落ちるというのとは、少し違うようです。

もちろん、「目」とか「鳥」という文字の形は、それが指し示すものと、直接関係があることをわれわれは知っています。言うまでもなく、前者は表音文字、後者が表意文字（表語文字）です。ところで、物語の舞台は古代アッシリア（テクスト外の知識を使えば、紀元前六四八年ごろと推定される）です。物語において、アッシリヤ人の使う文字は、どのような種類の文字なのか、ちょっと考えてみてください。象形文字のようなものでしょうか、表音文字のような特質を持つ文字でしょうか。いつものように、そう考えた理由も**本文中から示した上**で、歴史的事実も調べてみるとよいですね。彼らの文字は「楔形《くさび》の符号」だと書いてありますが、博士の説明からは、どんな印象を受けますか。

いずれにしても、理由のない約束事を、多くの人が共有して初めて言語が成り立つのですから、改めて考えてみれば驚異的で、博士は、これを文字の霊の仕業と考え、聞き取り調査を行ったのです。

●文字とは何か

ガイド2　エリバ博士の集めた例から、文字の害はどのようなものだとまとめられますか。「言葉」の発明でなく、「文字」が話題になっている点と併せて考えてください。

例えば話し言葉でも、〈意味するもの〉（たとえば「イヌ」という発音）と、意味内容（よく人間になつく、四本足のあの動物のイメージ）が結びつく必然性が希薄であることは、文字の場合とほぼ同様です。しかし、話し言葉が人と人を媒介するとき、声の届く、対面できる距離でしか成り立ちません。それは人同士の直接的なふれあいのごく近くにあります。それに比べると、文字（書き言葉）は、その言葉を使う当事者がその場にいなくても成り立つ、二次的なものだと言えるでしょう。

一方では、文字はその性質ゆえに、時間や空間を越えて、直接見聞きできるよりも遥かに広い世界に触れることを可能にしました。また遥かに複雑な思考と、知識の蓄積を可能にしました。しかし一方でそれは、媒介を使ってしか思考や意思疎通ができなくなることであり、また、記憶の一部を外化することによって、その能力を退化させたりもしているのです。それらが、七〇歳を過ぎても女性との熱情を求める男性の事例などで、ユーモアも交えて描かれています。

さらに、博士が観察した「書物狂の老人」は、滑稽なまで大袈裟に、このような文字の世界の現実離れを体現した人物です。彼は、スメリヤ語やアラメヤ語、ツクルチ・ニニブ一世王時代の毎日の天候、「少女サビツがギルガメシュを慰めた言葉」まで諳んじているというのですが、何だか知らない言葉ばかりで、相当すごいに違いない、と思わされます。大袈裟さが、ちょっと笑える、いわば知識「オタク」です。しかし、彼は、現実への対処のしかたをまるで知りません。

だからメールやインターネットだけではなくて、直接的なコミュニケーションを大切にするべきである……というふうに少しいじれば、現代の小論文にでも出そうな話題です。しかし、これは、そのような文字の霊のいたずらだけを説いた小説なのでしょうか。

●ややこしいところを無視してないか!?

さて、アパル大王が病気になったことをめぐり、博士は、文字の霊は浅薄な合理主義をもたらすのだと自覚的に思考するようになりますが、その後、話題の転換があります。若い歴史家(宮廷の記録係)が博士を訪ねてきて、話は歴史をめぐる問答になるのです。若い歴史家ナブは、「歴史とは何ぞや?」、「歴史とは、昔、在《あ》った事柄をいうのであろうか? それとも、粘土板の文字をいうのであろうか?」と問います。博士の説明は、「歴史とは、昔在った事柄で、且つ粘土板に誌されたものである。この二つは同じこと」というものでした。つまり、粘土板に書かれたもの以外の歴史などない、というのです。

歴史の話題は、およそテクストの半分を占めています。文字の害についてばかり考察すると、半分を見落とすことになります。**レポートの話題を絞るのはよいことですが、ややこしいところを無視しているだけではないのか、**テクストにつきあってみることも必要です。

博士の説明によれば、われわれは文字を通してしか、自分が直接に知らないものを認識することはできない、だから彼にとっては、書かれた歴史こそ真実であって、それ以外に、あったのかなかったのかわからない事柄について議論するのは無駄だ、ということになるでしょう。獅子狩りの浮き彫りを、そこに獅子狩自体が存在するわけではないのに、獅子狩そのものだと信じるのはナンセンスです。同様に、博士にとってナブは、昔こういうことがあったかもしれない、と書かれてもいないことを空想し、それを事実のように思い込んでしまう夢見がちな青年ということになるでしょう。

侍医が死神の目をあざむくため、大王の扮装をしたとき、博士は若者たちを批判していましたが、博士は若者たちの「浅薄な」合理主義を笑っていたのであって、その意味で不確実なことについての空想を退ける彼は、徹底的な合理主義者だということでしょう。しかし、それは文字がすべてだと言っているのと同じです。この問答をきっかけに、博士は、自分も文字に取りつかれてしまったと感じ、その害悪についての報告書をまとめることになります（それにしても、老人なのに羊の炙肉を一頭分も食べるとは、博士も人並みはずれたユニークな人物です）。

●霊が、それでなかったところのものとは

ガイド3　最終的に、エリバ博士は、アパル大王に何を進言しましたか。また、大王はなぜ機嫌を損じたのでしょうか。

博士は、アパル大王に文字の害を説き、このまま文字を信仰し続けているととんでもないことになる、と進言し、大王の機嫌を損ねます。「当時第一流の文化人たる大王にして見れば、之は当然」とありますが、大王は文字を使用した文化の発展に意欲的だったのですから、おのれの信じているもの、そして文化を否定しかねない博士の言葉を不快に思ったということでしょう。しかし、大王が怒った理由は、それだけでしょうか。博士の歴史観は、彼自身が思っているような合理主義、つまり論理的に正しいだけなのか、少し視点を変えて見てみます。

ガイド4

物語冒頭で、バビロンの俘囚はどのようにして殺されたとありますか。ここから、残された歴史とはどのようなものだと考えられますか。ナブは何を記述しようとして歴史の問いに突き当たったのかを併せて考えてください。

冒頭、宮廷で聞こえるひそひそ話の主が誰なのか、詮議が行われていた際、最近に王の前で処刑されたバビロンの俘囚たちは、その推測の一つとして取り上げられていました。彼らは舌を抜かれて殺されたので、声の主ではありえない、と否定されるので、その後読者の意識に上らなくなってしまいます。少し立ち止まって考えてみましょう。とはいえ、その後語られないのですから、バビロンの俘囚が殺された事件はどのようなものだったのか、と問うことは困難です。この小説を離れて、相当な歴史の知識を持っているならともかく、この小説の中で、〈事件がどのようなものだったか〉という問いは、深追いが不可能なことがわかります。

そして、問題は、そのこと自体です。ナブが歴史についての問いに突き当たったのは、この事件を記述しようとした時だからです。王兄シャマシュ・シュム・ウキンの最後については、さまざまな説があるので、ナブはどれを書けばいいのか迷っています。これらがすべて「説」に留まっているのは、当事者や目撃者たる人々はすべて死に追いやられ、伝える人がいないからです。そして、歴史の編纂を命じるのは、むろんアパル大王です。このとき、記述される歴史は、誰の視点からのものになるでしょうか。にわかに生臭い話になってきました。

考えてみれば、この謀叛を起こしたのは「王兄」シャマシュ・シュム・ウキンです。歴史的に、兄弟のうちでは年長者から王位を継ぐことが多かったことを考えれば、これは想像にすぎませんが、王兄の方にも、叛乱に正当な理由があったのかもしれません。が、その言い分が記録されることはないでしょう。「謀叛」と呼ばれていること自体、それを平定した弟王側からの解釈ということになります。「謀叛」によって捕えられた俘囚たちが、他の拷問ではなく、舌を抜かれて殺されたことは、負けた者たちの言い分が歴史に残らない、ということを、象徴的に表しているでしょう。残された歴史は、けして中立的なものではないのです（その意味で、相当な歴史的知識を持っている人だとしても、さきほどの問いに答えられるとは限りません)。

冒頭の見せ消ち(元の字が読めるように、線を引くなどして消すこと)は、決して忘れていいものではありません。**人は何かに集中すると、他の事を忘れがちになる、**しかし、**冒頭には、これからテクストをどう読むべきかの情報が詰まっている、**と繰り返しておきます。

●宮廷でのふるまい方

ガイド5 **「文字の霊が、此の讒謗者《ざんぼうしゃ》をただで置く訳が無い。」とありますが、実際に博士を謹慎に処したのは誰でしょうか。文字(ここでは歴史)を司っているのは誰ですか。**

さて、博士は王に進言して謹慎を命じられます。おわかりのように、「文字の霊」とは、この小説において、大王の権力のことなのです。その上で、もう一度戻ってナブの一件、博士の説明に「若い歴史家は妙な顔をして帰って行った」部分について、二人の食い違いを考えてみます。

ガイド6 **博士とナブの問答において、「賢明な老博士が賢明な沈黙を守っている」と、博士が「賢明」と表現されていたのはなぜでしょうか。若い歴史家ナブとエリバ博士には、どのような立場の違いがあるのでしょうか。**

博士は、ナブの問いに対し、「書かれなかった事は、無かった事じゃ。」という見解を示して、ナブの情けなさそうな顔を誘っています。これは、今具体的に問題になっているシャマシュ・シュム・ウキンの事件に関する限り、誰に寄った立場であるのか、博士の宮廷での位置と併せて考えてみれば、一目瞭然です。博士は、危ない橋は渡らないのです。

その問答の際、博士が指し示していたのは「此の国最大の歴史家ナブ・シャリム・シュヌ誌《しる》す所のサルゴン王ハルディア征討行」ですが、これもまた、具体的内容はわからないものの、王の〈偉業〉を称えたものだということはわかりますし、そのような立場から歴史を記した者だけが、「此の国最大の歴史家」になれるのだということがわかります。「若い」歴史家は、率直なゆえに、宮廷で仕事をする者としての立場と、書かれた歴史が取りこぼす複数の事実の間で立ち迷ったものと言えます。

エリバ博士のアパル王への進言は、特に「政治的意見」と表現されています。「政治的」というのは言うまでもなく、特に国家などの人間集団における、権力や政策、支配などにかかわる駆け引きのことです。博士は、文字への盲目的崇拝を改めなければ、「武の国アッシリヤ」は滅びるかもしれない、と、国家の運営にかかわる発言をしています。国家の施策は、王の権力を持って初めてできることであり、博士は、そうした王の範囲を侵したことになります。博士は文字を否定しただけですが、文字による歴史記述とはもちろん、王の統治の根拠や必然性を説明するものでもあったわけですから、それを否定したことになります。これが、王が怒った理由の一つでもあるでしょう。

ただし、博士が、自分が王に追従しなくてはならないことを意識していたとは限りません。博士自身は、書かれた歴史を尊重しなくてはならないのは、「文字の霊」の偉大さによると考えているからです。**作中人物がわかっていることと、テクストの他の情報を知る読者だけがわかることとは、レベルを区別してください。**若い歴史家から見れば、現実の宮廷における初歩的な処世術に、博士が本気で気づかないでいられることの方が、不思議であったかもしれません。博士は、彼自身が批判的に見ていた「書物狂の老人」と同じようなものです。本人が言うとおり、こちらの方が、文字の害悪に侵されているようです。

●物語内容の時代と書かれた時代

ガイド7　文字を司るのが、「文字の霊」や「ナブウ神」だと人々に信じられていることは、どのような効果を生むか考えてください。テクスト発表時期の社会状況を調べ、併せて考えましょう。

「文字はボルシッパなるナブウの神の司り給う所」ということは、文字によって「記されて」いたのでした。その偏向については、もうお気づきですね。そして人は、王よりもさらに神の前によく拝跪するでしょう。神に対して疑ったりすることは不謹慎なのです。神は、王の権力を磐石にし、しかも、それから人の目を逸らさせるでしょう。それこそ不謹慎な言い方をすれば、王にとっては、かなり〈使える〉のです（先ほども述べたように、王自身が意識して神を利用していたのかまでは、わかりませんが）。その意味で、このテクストについて、文字の精霊だけを論じることは、一部の人によって支配や排除が行われる、具体的な場面を見過ごすことになってしまいます。

加えて考えていただきたいのは、この**テクストが発表された時期**です。戦時中の日本には出版統制や検閲があり、政府による思想統制が行われたことを知っていれば、そして、現人神《あらひとがみ》と言われた天皇を頂点としたシステムが、伝統的な歴史書や古典を往々にしてその根拠として示したことを知っていれば、このテクストに何かの寓意を見ることは容易です。古代アッシリヤという舞台設定は、検閲に対する配慮だということになります。

テクストが語るように、文字によって書かれた文学も、空想の世界に遊ぶ無害なものであるわけではなく、なんらかの政治的動きにかかわっています。書いた人が好むと好まざるとにかかわらず、です。ならば、例えば戦争のように、それが正しいことなのかどうかが大きく問われる事柄については、テクストの立ち位置をもう一度検討してみることは必要でしょう。

さてしかし、結末で、王に謹慎を命じられた博士は、謹慎中に、地震によって落ちてきた粘土板の下敷きになって圧死します。王の命令は間接的にそのような状況を作ったとは言えますが、直接の博士の死因は、自然災害による偶然の死です。いかにも文字の霊の仕業のようですが、すでに以上のような読解をしてきた上では、どのように読めるでしょうか。

ガイド8 博士が粘土板によって圧死した結末をどのように解釈しますか。

通常は重さのないはずの文字が、粘土板に書かれているというしかけが、うまくオチとして機能しています。すでに発達を遂げた文字は、現実から乖離し、それだけで完結する別世界にも見えていますが、それが博士の死という現実の事件を起こす。つまり、文字は、現実そのものに作用しているということです。だから、政治に都合よく使われるのが厭ならば、純粋に信じるのではなく、書かれたもの、そして為政者に対する疑いの気持を持たなければならないのです。

ただし、博士に結末のような筆誅を加えたのは、他でもない、このテクストの**語り手**です。そこにはいろいろな解釈が出てくるでしょう。語り手は、どの地点にいるのでしょうか。博士たちの図書館が「其の後二百年にして地下に埋没し、更に後二千三百年にして偶然発掘される」ことを知っている、**物語世界外の語り手**です。語り手は、何か書かれた資料をもとにして、博士の圧死を語っているのでしょうか。それは語られていません。自然災害による死は、事実なのか、書き残された偏向の歴史なのか。王に歯向かう者は殺されるという教訓なのか、そういう教訓をあからさまに示すことによる皮肉なのか。これらを物語ることは、正式な歴史には残らなかった博士の疑いを、想像力ですくい取る行為なのか、それとも、自分だけの解釈を歴史化しようとする不遜な行為なのか。とくに、先ほどのような、検閲によって言いたいことも言えない同時代状況の中で読むとき、その意味は重要になってくるでしょう。ともあれ、政治的文脈や、そこで消されてしまうものに目を凝らし、歴史について考えるための材料を、このテクストは提供してくれていることは確かです。

〈作家と時代〉

中島敦（一九〇九〜一九四二年）。東京帝国大学卒業後、女学校の教員になったが、持病の喘息のために職を辞し、療養をかねてパラオに赴く。パラオでは、南洋庁に勤め、当時日本が行っていた国語教育の教科書編纂に携わった。戦争の激化により帰国するが、病で亡くなる。中国の古典に取材した作品のほか、少年期に住んだソウルを舞台に植民地支配を描いた『巡査のゐる風景』（一九二九年）や、パラオでの体験を取り入れた『南島譚』（一九四二年）などがある。

プロレタリア運動の弾圧と共に、日本はファシズムに突き進んだ。日中戦争から太平洋戦争へ続く時代は、文学も検閲され、国策に合致する内容しか書けない状況になった。中島敦も、そうした状況の中で書きながら、テクストには違和感も刻まれている。

主要参考文献

川村湊『狼疾正伝——中島敦の文学と生涯』河出書房新社、二〇〇九年
安福智行「中島敦「文字禍」論——その成立過程について」『京都語文』二〇〇一年五月
葛西まり子「中島敦「文字禍」論——〈古譚〉を記述する方法」『三田国文』二〇〇四年九月

第5講

文庫本で読んでる？　まあ、悪くないけど……の理由

井伏鱒二『朽助のゐる谷間』（一九三〇年、一九六四年）

ガイド1　ダム建設についての朽助の態度を通して、このテクストのテーマをまとめてください。またそれを語る「私」は、どのような役割をしているか考えてください。

ガイド2　タエトの手紙の（中略）や（後略）には、どのようなことが書かれていると推測されますか？　また、どうしてこのような不自然な中略が行われているのか、考えてください。

ガイド3　冒頭、「私」が二〇年前を「追憶」する部分について、朽助と「私」の言語における優劣関係（どちらが教え、どちらが教えられるか）をまとめてください。また、回想された過去と現在では、どう変化していますか。方言の使用の変化とも関連づけてみてください。

ガイド4　ハワイの歴史と、日本からの移民事情を調べましょう。朽助とタエトの置かれた状況について考察してください。

ガイド5　「私」がタエトの日本語について行っている評価から、「私」のどのような価値観が読みとれますか。また、タエトの外国語が、「私」による翻訳でしか読者に伝えられないことを、どのように考えますか。

朽助は、祖父が所有していた山の番をしている老人で、幼少期から「私」びいきであり、今でも毎年山のきのこを送ってくれるような実直な人物です。その朽助の住む谷間が、ダム建設によって立ち退きを迫られ、孫娘のタエトからの手紙の知らせで谷に赴いた「私」は、朽助とタエトとともに、谷の水没するのを見届ける、というのがあらかたのストーリーです。今回は、**どの本文を使えばよいのか**、ということに注意を喚起することをメインにします。そのため本文が長く、収録していません。解説に記した文庫本や全集を、ご自身で探してみてください。

●本文校異とは

本文校異とは、いくつかの違ったバージョンの本文を比べて、どこが異なるのかを確認し、どれを採用するのがよいのかを決めることを言います。近代文学では、**初出**（最初に公にされたバージョン。雑誌に掲載される場合が多い）、**単行本**、各種の**全集**などの違いを比べます。ちなみに、最初に単行本化されたもののことを「**初刊**」と言います。用語の区別は覚えるようにしてください。

本文の**異同**は、たいてい個人全集巻末に整理してあるので、自分で一から調べる手間は要りません。あまり違いがない場合も多いのですが、井伏鱒二などは、自分の作品を書きかえることで有名です。こうした場合には、**どの本文を使うかによって、意味が大きく異なってしまいます**。文学作品に接する場合、文庫本で読み始めるのは一般的ですが、研究となると、もっと情報が必要です。同じ作品名ならどの本でも同じ、とお手軽にはいきません。

例えば、『朽助のゐる谷間』を収録している講談社文芸文庫『夜ふけと梅の花・山椒魚』（一九九七年）と、『井伏鱒二全集』第一巻（筑摩書房、一九九六年）、**二つのバージョンの本文を比べて、どのような違いがあるか、整理してみてください**。いろいろな違いがありますが、中でも、朽助の孫娘で、日本人の母とアメリカ人の父の間に生れたタエトと「私」がかかわるエピソードの部分が、講談社文芸文庫版ではずいぶんなくなっていることに気づきます。これでは、作品の主題自体が変わってしまいます。どういうことでしょうか。

講談社文芸文庫『夜ふけと梅の花・山椒魚』の巻末の記述を見てみましょう。「本書の収録作品は、単行本『夜ふけと梅の花』（新潮社、昭和五年四月）の通りであり、収録順序も同書の目次に従った」とありますが、続けて、「底本は、『夜ふけと梅の花』に拠ったが、著者がその後加筆し個人全集に収録した以下の六作品については、全集に従うこととした」、つまり「朽助のゐる谷間」は『井伏鱒二全集』第一巻（筑摩書房、昭和三九年九月）を使用したということです。これは井伏が後で直したバージョンなのです。ちなみに「**底本**」は、校訂・校合《きょうごう》などの際に拠りどころとした本のことを言います。

年表などには、『朽助のゐる谷間』は、『創作月刊』昭和四（一九二九）年三月号に発表されたと書かれていますが、もしこの文庫本を使い、昭和初頭の時代状況などを調べて関連づけて考察したとすると、大きなずれが生じます。これは別に、講談社文芸文庫が悪い、と言っているのではありません。講談社文芸文庫は、作者の意図を重視するという方針を取っています。それぞれの本には特徴があるので、**発表された時代との関連を考えたい場合や、作者の意図を重視したい場合、最も流布した本で影響を考えたい場合、など、目的によって、自分がどの本文を使うかを判断しなければならない**ということです。

では、新しい『井伏鱒二全集』第一巻は、どうでしょうか。解題によれば、底本は『夜ふけと梅の花』の方で、この初刊単行本と初出との異同が示してあります。『朽助のゐる谷間』がどのような本に収録されてきたのかのリストをよく見なければ、タエトのエピソードが削除されたバージョンがあることに気づきません。そうしたわけで、本文については、少し注意してみなければなりません。差異自体から、大きな発見が生れることもあります。さて、今回は、初刊のバージョンで論を進めることにしてみましょう。

ガイド1　**ダム建設についての朽助の態度を通して、このテクストのテーマをまとめてください。またそれを語る「私」は、どのような役割をしているか考えてください。**

谷間の日常は牧歌的に描かれています。朽助が杏の木をむやみにゆさぶったり、毛虫をみて「私らは四五日すれば立ち退きぢや。したれども、この毛虫らはそれまでには蝶々になれぬぢやろ。」と述べたり、引っ越し後も住みなれた我が家で泊まってくる様子には、朽助の谷間への愛着が感じられます。ダム建設によって失われていく故郷の風景が、哀惜されているのです。このテーマについても考えるべきことは多いのですが、**物語内容**については、もう自分で考えられると思うので、省略します。

●検閲を茶化す

一連のできごとを語っているのは「私」です。**一人称のフィルター**についても、もうおなじみですが、このテクストならではのフィルターはどういうものか、考えていきましょう。「私」が紹介するタエトの手紙には中略がなされています。「祖父の申しますには、選挙民を買収しようとたくらんで池をつくつて（中略）と申します。」「祖父が若し気まぐれから（中略）を申しますのならば、私は（中略）を軽蔑する気持ちから敗けるやうに思はれます。」などで、長すぎるから省略するにしては、きりが悪いですね。

ガイド2　タエトの手紙の（中略）や（後略）には、どのようなことが書かれていると推測されますか？　また、どうしてこのような不自然な中略が行われているのか、考えてください。

ダム建設を行っているのは政府や代議士ですが、「中略」された内容を推測すれば、朽助が、それらに対して批判する部分ではないかと考えられます。朽助は「新しき闘争」という言葉を使っていますが、**文学史**ではこの時期は、**プロレタリア文学**の台頭が著しい時期です。プロレタリア文学などを読んでいると、ときどき文章が「×××」という形で伏せられていることがあるのをご存じでしょうか。一八九三年の出版法以降、出版物は必ず事前に内務省に届け、国家による**検閲**を受けなければならず、「安寧秩序の紊乱」「風俗壊乱」にあたるものは、発売頒布禁止や、差し押さえになりました。革命など大衆を扇動するような事柄は明かに弾圧の対象で、出版社側は、発売禁止などになると大きな痛手なので、刺激的な部分をあらかじめ「××」と伏せる、あるいは削除するなどして出版したこともあったのです。中島敦『文字禍』のところで出てきたように、戦時中は一層激しくなります。

この場合は、実際の削除ではなく、井伏鱒二がそうした形をまねたものということになるでしょう。あらわにするのが憚られる危険な内容であることを暗示しています。ただし、この後を読んでいくと、朽助が自然に親しみ、自分の暮らしを愛する孤独な老人で、その理屈は独自なだけに笑いを誘うものでもあることがわかります。前述の危険視との落差は大きく、国家の施政を茶化すことによって、その理不尽さが浮かび上がってくるしかけです。

さてところで、**テクストの冒頭には、このテクストをどう読むべきかの方向づけが埋め込まれている**ので、よく読むように、と以前から注意してきました。では、このテクストの冒頭は、どのようなエピソードが書かれているでしょうか。追憶されているのは、かつて幼い「私」を朽助が乳母車に乗せてあやしてくれたほほえましい光景なのですが、そこに表れているのは、奇妙な言語の食い違いなのです。

●〈語る私〉と〈語られる私〉

ガイド3　冒頭、「私」が二〇年前を「追憶」する部分について、朽助と「私」の言語における優劣関係（どちらが教え、どちらが教えられるか）**をまとめてください。また、回想された過去と現在では、どう変化していますか。方言の使用の変化とも関連づけてみてください。**

このテクストで顕著なのは、方言の使用です。テクスト冒頭に近い部分を少し引用してみます。

乳母車のシーツをめくると、クツシヨンには黒い色の蝙蝠が幾十匹も描いてあつた。蝙蝠達は夕方になると空に舞ひあがつて、私はクツシヨンの蝙蝠が逃げてしまつたのだと信じた。

「朽助！　また蝙蝠が逃げた。早うあれを捕へてくれといふたら。」

「黙つて静かにしてゐなされば、明日の朝になると戻つて来ますがな。心配しなさるな。」

「是ッ非、戻るか？」

「是ッ非ですがな。したれど、もう一ぺん行きし戻りししますぞな。」

「目をつむつてゐると、後へ走つて行くやうな気がする。朽助らも乗せてみたらうか？」

「つがもない！　私らはあとで独り乗つてみますがな。」


朽助の口調が、全体として深刻な話題の中にも、なんともユーモラスな味わいを出しています。さて、この物語は「私」が語っているのですが、今は東京に住んでいる彼の標準語の口調と、幼少期の「私」が朽助と話している方言の口調は、だいぶ異なるようです。そしてそのとき、朽助がハワイから持ってきた乳母車に刺繍されていた詩は、「その詩の意味は「眠れ、眠れ、幼な児よ眠れ。夕陽は彼方に入りそめた」といふのださうであつた。」と伝聞として語られているので、当時の「私」は外国語が読めません。朽助が木は「ツリー」というのだと何回教えても、「私」は忘れていたほどなのです。

第3講でみたとおり、**語り分析**では、**〈語る私〉**（現在の私）と**〈語られる私〉**（過去の私）を区別して考えるのでした。多くの場合、過去の私より、時間がたった現在の私は多くを知っており、**情報量が違う**からです。さて、今この回想を語る「私」は、朽助がその時「物覚えの悪い子供はアイズルですがな。」と言ったことに対し、「アイズルとは英語のIdleのことなのである。」と注釈をつけています。ここだけは「英語」と述べていますが、他では、朽助やタエトが使っている言葉を一貫して「外国語」と呼んでいることにも注意しましょう。幼い「私」にとって何語だか区別がつかなかったのはもちろんですが、それだけではありません。現在の「私」は、朽助がハワイでの出稼ぎで使ってきた、いわば訛りのある発音を「外国語」、それに対して示される正しい表記を「英語」と呼んでいるということです。

それを〈成長〉と呼ぶかどうかは微妙ですが、「私」は地方から東京に出て、また朽助よりはかなり高い教育課程を経て、かつて英語を教えてくれた朽助よりも洗練された言葉、正しいスペルさえもわかるようになっています。現在のタエトとの会話においても、「私」は、「君も食べたまへ。よく熟したのがうまいぜ。これは酸つぱさうだが、これはうまいぜ。」と、ことさらしく東京の言葉を崩していません。この言語的ポーズと、「私」が東京で弁護士か何かをしているふうを装う社会階層の上昇志向は、重なっていると言えるでしょう。

この学歴志向・中央志向は、朽助のような土着の論理を抑圧するのだと考えることもできそうです。ダム建設に対する「私」の立ち位置は、まったく朽助に同情しているわけでもないようなのです。それでは、朽助とタエトの言語と、背景となる経歴は、どのようなものなのでしょうか。

●言語の優劣

ガイド4　ハワイの歴史と、日本からの移民事情を調べましょう。朽助とタエトの置かれた状況について考察してください。

歴史を調べるには、まずテクスト中のできごとが、歴史的時間の中ではいつごろのことかを推測しなければなりません。朽助は「本年七十七歳」と作中にあり、作中の現在時は、未来小説でなければ作品発表年より以前です。「本年」を仮に作品発表年の昭和四（一九二九）年として計算すると、彼の生れは一八五一年です（数え年で計算してください）。二〇年前にはすでにハワイから帰っています。くわしいことはそれぞれで調査していただきたいのですが、どんなことを想定した「ガイド」の問であるか、アウトラインだけお話ししておきます。

そもそも、この時期のハワイの歴史は、複雑なものです。西洋列強が植民地を求めてハワイへも来航する中、ハワイ王国はイギリスとの関係によって隆盛に至りますが、こうした状況を危惧したアメリカが強力に働きかけ、一八七九年の米布互恵条約締結以降、アメリカの影響はますます強くなり、一八九八年にアメリカのハワイ併合がなされます。これを言語の面から見るとどうでしょうか。ハワイで話されている言葉は、先住民族の言葉と、こうした西洋諸外国の言語があるわけですが、英語は、イギリスと、イギリスから独立したアメリカ、どちらの国がハワイを領有するかという、政治的な戦いの舞台それ自体であったわけです。

また、ハワイの移民は、白人たちが経営する農園の成長によって、安価な労働力が必要になったことから拡大したと言われます。日本人のハワイへの移民は、一八六八年に国の許可なく行われたものから、一八八五年の官約移民の開始、一八九四年以降は民間会社があっせんする私約移民になったそうです。こうした状況下で、差別や過酷な労働環境であったと言います。また、ハワイがアメリカに併合されたことは、ハワイの移民のアメリカへの移動を容易にし、アメリカ本国での移民の急増のために、移民排斥運動や、後々の排日移民法の成立につながります。朽助がハワイで働いたのは、こうした時期です。

朽助の「外国語」は、学校教育課程ではなく、上記の権力関係の中で、生活のために実地に覚えたものでしょう。対して、「私」の英語は、それを学ぶことがステイタスになるような立身の手段です。英語への憧れがあればこそ、朽助より自分の英語が〈正しい〉と考えることで、〈私〉のステイタスは保たれています。しかし例えば、〈本物の〉イギリス人に近づくほどより正しいという価値観は、土地や人の序列や支配と結びついています。今日では、〈純粋な〉イギリス人というものは考えにくいですし、英語を各地で異なる発達をしてきたものと考えれば、どの英語が正しい、ということはないでしょう。このテクストは、日本人が日本語や英語について持っている凝り固まった価値観に気づかせてくれます。同じことは、日本語についても言えます。

●〈日本人〉の境界

ガイド5　「私」がタエトの日本語について行っている評価から、「私」のどのような価値観が読みとれますか。また、タエトの外国語が、「私」による翻訳でしか読者に伝えられないことを、どのように考えますか。

タエトは、父がアメリカ人で、「私」に寄こした手紙では、「私はアメリカ人のやうな姿ですけれど、やはり日本人でございます。」「私は日本人としての教育をうけましたので」、「私は日本人の心を真似て、この谷間で暮すのがいゝのだと思つてをります。」と述べています。しかし、お祈りは、十字架に向かって外国語でするように、複合的な文化アイデンティティを持っています。

その彼女の言葉は、「私」に「完全な日本語」という評価を受けています。私たちは、日本語話者＝日本人＝日本民族、という考え方を当たり前だと思っているところがあります。タエトの日本語が「完全」かどうかが話題になるのは、彼女が「鳶色」の眼を持つ容姿だからです。不完全な日本語を話す〈はず〉であるという〈私〉の先入観が、〈完全〉という語の違和感に表れています。

初めから日本語話者＝日本人＝日本民族と想定している相手に対しては、「完全」な日本語とは言いませんから、これは、誉めているようですが、彼我の間に境界を引いています。だれを仲間とみなすかは、何を達成できたかによって決まるというよりは、初めから暗黙のうちに決まっており、それに従って、能力の価値づけは恣意的に行われると言ってもいいでしょう。こうした排他的な規範が、言語において先鋭化されているのです。こうした他者を価値づける「私」の特権性は、「私」が壮年の男子であるのに対し、朽助が老人、タエトが女性という、社会の力関係から言えば弱者であることとも関係しているでしょう。

例えば、「私」は、よくタエトを見ていますが、たいていは、覗き見だと言っても過言ではありません。寝ているタエトを「無遠慮に」観察して「明けひろげた胸さへも盗み見」、タエトが農作業をしているときには「窓を細目にあけて」、「彼女は私の存在には気がつかない」ような状態で見ています。毛虫に驚いて湯船から裸で飛び出した彼女をしげしげ眺めるシーンもあります。そして、見るとどうしても、「半袖から長く現はれた腕」や「露はな両足の膝」に目が行ってしまうようで、この時、タエトの外国語の祈りは「私」の耳に入っていないようです。このように、自分は**見られることなく見る**、という視線の非対称性は、自分が何者であるかは問わず、相手を値踏みする点で、言語をめぐるやりとりに通じているとも言えます。

ただし、「私」は、そうした立場に揺らぎのない自信を持っているわけでもなさそうです。「私は知つてゐる」が口癖の「私」は、タエトが裸で風呂から飛び出した場面でも、その前置きをしながら、裸の女の子を目の前にしてどのようにふるまえば、恥ずかしがらせずに恋らしき場面に持ち込めるか、を妄想し始めます。が、その間に、タエトはズボンを穿いてさっさと行ってしまい、「私」の妄想が肩透かしにあいます。「私」は自分で言うほど何も「知つて」はいないということがあらわにされているのです。朽助には「アグリー」だと言われ、「さういふ話(注・女の話)もない」と答えています。視線の非対称から予想される、男性による女性の籠絡は、定石どおりには完遂されません。

すると、タエトの英語が、読者に直接伝えられないことは、どのように考えられるでしょうか。タエトの外国語を「私」が聞いているのは、三回あります。一度目は、タエトの農作業を覗き見たときで、彼女が歌っていた歌を、「容易《たやす》く訳せる外国語なので、次に訳述してみよう。」としており、このとき外国語は、特に私の言語的価値観を揺るがすものではありません。歌の内容も単純な身体現象をうたっており、都会人が、癒しを期待したり憧れの対象となったりする〈田舎〉像を裏切りません。

二回目、三回目は寝る前のお祈りの時で、二回目は内容を聞きとれていませんが、三回目は、やや変化があります。「私」の訳述によれば、「あの嫌悪すべき目つきや笑ひかたは、私の心を常に悲痛にさせようといたします。全智全能の神におたづねいたします。東京の客人は不良青年ではないのでございませうか。」といった「私」への疑いが述べられていたのです。「私」は、「私は私のとんでもない了見を彼女に見抜かれてしまった」わけです。

翻訳は、他の文化と対話しようとする行為でもありますが、自分の言語の体系に含まれている思考法に即して相手を理解し、それ以外の部分は切り捨ててしまう行為でもあります。「私」もそれを免れません。しかし、この場面では「この訳述に誤訳の箇所がないとすれば」と、翻訳によって失われるものがあることが示唆されてもいます。テクストの翻訳を暴力的と考えるか、翻訳の亀裂自体を示していると考えるか、意見は分かれるところと思いますので、それぞれでお考えください。

最初に校異について述べましたが、こうした言語の複雑さは後に消去され、ダム建設によって失われる故郷にテーマが統一されていることになります。確かにまとまっていますし、井伏鱒二の意図に即せば、これで論じるのがよいでしょう。しかし、タエトとのやりとりをおもしろいと感じてもかまいません。今後は、どの本文で論じるのかに注意してみてください。

〈作家と時代〉

井伏鱒二（一八九八～一九九三年）。広島県出身。画家を目指していたが、文学に惹かれるようになり、早稲田大学に入学。しかし、教員と折り合いが悪く、中退。さまざまな模索の後、一九三八年『ジョン萬次郎漂流記』で直木賞受賞。戦時中は徴用もされた。ユーモラスなテクスト、漂流する主人公を描いた歴史ものが多いが、戦後は、原爆を扱った『黒い雨』（一九六五～一九六六年）が物議をかもした。太宰治の師であり、釣り好きでも有名。

井伏に限らず、戦時中は徴用、徴兵された体験を持つ作家も多い。ただし、そのような体験は、本人の気持の整理や、ＧＨＱの検閲の影響で戦後すぐに表れてくるとは限らない。

主要参考文献

松本武夫『井伏鱒二――宿縁の文学』第一部第一篇第三章「「朽助のゐる谷間」論」武蔵野書房、一九九七年

新城郁夫「郷土・翻訳・方言――井伏鱒二「朽助のゐる谷間」論」『日本東洋文化論集』二〇〇三年三月

滝口明祥「観察者の位置《ロケーション》、或いは「ちぐはぐ」な近代――井伏鱒二「朽助のゐる谷間」」『日本文学』二〇一一年六月

紅野謙介『検閲と文学――一九二〇年代の攻防』河出書房新社、二〇〇九年

中嶋弓子『ハワイ・さまよえる楽園――民族と国家の衝突』東京書籍、一九九三年

第6講

共感できない、のも研究として〈あり〉

川端康成『水月』（一九五三年）

ガイド1　「前の夫」と「今の夫」の違い（それぞれの京子との関係の違い）を、テクストを引用または略記しながら、まとめてください。

ガイド2　二人の男性や、彼らと京子との関係は、どのようなメタファーで表されていますか。京子と前の夫との一体化は、どのような行為を通じてなされていたか、テクストを引用しながら、まとめてください。

ガイド3　また、今の夫との生活の中で鏡を見ることは、京子にとって、どのような意味を持っていますか。鏡の中の京子を美しいと見ていたのは誰か、まなざしの代行や模倣という観点から、考えてみましょう。

ガイド4　以上のような京子の生き方に対するあなたの感じ方をまとめてみましょう。

ガイド5　前の夫の心中描写の特徴を、語りの観点からまとめてください。

ガイド6　『水月』というタイトルの意味を考えてください。辞書を引いたうえで、前の夫が「大雨の後、庭

の水たまりにうつる月を鏡に写してながめたり」していた、とのテクスト中のイメージに基づいて考えてみてください。

病気で寝床から動けない夫に、手鏡で外を見せるという京子のささやかな思いつきが、夫にとっては「これだけ」では済まされない大切な行為であった――と冒頭でいきなり投げかけられ、読者であるわれわれは、ではどんな行為!? との疑問をもって読むことになります。京子にとって、嫁入り道具の鏡台と手鏡は、新婚の頃こそ思い出がありますが、その後は戦争でおしゃれどころではなく、曇るほどに打ち捨てられていました。その手鏡は、夫が持ってから生き生きと変化します。

ところが、いよいよこれから夫との「新しい生活」が進行するのかと思っていると、やおら、「京子は同じ鏡台を持って再婚した。」となります。夫は結核で亡くなっているのです。つまり、**物語の最新の現在**は再婚後の時点、病気の夫とのいきさつは、過去の回想ということになり、冒頭の「夫」は、これ以降「前の夫」と呼びかえられます。物語は、**必ずしもできごとが起こった順に語られているわけではありません**。このテクストでも、できごとを起こった順に年表風に整理し、語りがその間をどのように行き来しているか確認しながら読み進めるとよいでしょう。

●「今の夫」は「前の夫」の引き立て役

ガイド1 **「前の夫」と「今の夫」の違い（それぞれの京子との関係の違い）を、テクストを引用または略記しながら、まとめてください。**

京子の身に起こったことは、〈京子は同じ鏡台を持って今の夫と再婚〉↓〈鏡台とセットだった手鏡は前の夫の棺に入れて焼いた〉↓〈再婚の際、手鏡だけ鎌倉彫に新調した〉↓〈前の夫の棺には旅行用の鏡も入れたが、彼とは旅行にも行けなかった〉↓〈今の夫との新婚旅行では……〉というように、鏡が媒介になって、今の夫と前の夫のこと、つまり現在と過去が、交互に語られていることが目につきます。読みながら、今の夫との生活なのか、前の夫とのそれなのか、文章の上の部分にマーカーで色分けしていくとか、何かの印を付けてみるとよいでしょう。だんだん交代の間隔が短くなっていくのがわかります。

たとえば、現在の夫との新婚旅行の有様がしばらく語られた後、京子は、旅行用の洗面道具から前の夫を連想します。前の夫との旅のために用意した携帯用の鏡は、手鏡と共に夫の棺に入れ、骨上げの時に見ると、二つは入り混じるように凝固していたということ、また、それは、旅行ではついに使われることがなかったけれど、病床の夫にとっては大切な道具だったことが語られます。京子は、二人の夫のどちらを、より好ましいと感じているでしょうか。夫という同じ立場にある二人が交互に語られるのは、このテクストにおいては、互いの類似というよりは、対比を際立たせ、その上で、前の夫がより好ましく描かれているようです。

前の夫と現在の夫を**二項対立**で整理してみましょう。病気がち／健康、新婚旅行に行かない／行った、子どもがいない／いる（最初の妻との子）……と対立は積み重ねられます。要するに、セクシャリティをめぐる強固な対立を示そうとしているようです。前の夫との関係を一言で言うとすれば、プラトニックな愛、今の夫は肉体的な愛、でしょうか。

今の夫との新婚旅行の場面を見てみると、京子は、「娘さんのやうだね」と言われています。これは、ただ若い、という意味ではありません。「初めの日」「手をふれてみて」とあり、子どもの話題が続いているのは、初夜の寝室での語らいということです。「娘さんのやう」とは、結婚していない、つまり当時は性交渉の経験がないことを指しています。相手も再婚だと納得して結婚したであろう今の夫にとって、それが「思ひがけないよろこび」、「娘に近い方がいい」とは、なんだかただならぬエロティックなことを書いています。川端康成を、日本の美しい情緒を書いた人、とばかり思って、読み飛ばさないようにしてください。

そして確かに、前の夫は病気のために「厳格な禁欲」をしていたとあります。前の夫との新婚時代は、どのくらいの期間、どこに住んでいたか、確認してください。「夫は京子と結婚してから、病気のほかはなにもしなかつた」とあり、新婚の家は戦災で焼けて居候をすることになったので、「新婚の家に一月あまり、そして友だちの家に二月ほど、つまりそれだけが病人でない夫と暮せた、京子の月日だつた。」とあります。襖で閉てただけのような日本家屋の居候で、ラブラブぶりを友だちに見せつけることは憚られたでしょうから、二人きりの時間は一ヶ月しかなかったことになります。なにげない経緯説明ですが、二人の関係がプラトニックであったことを示す重要な布石なのです。

●メタファーを読み解く

ガイド2　二人の男性や、彼らと京子との関係は、どのようなメタファーで表されていますか。

さて、今の夫との新婚旅行の場面に戻ると、京子は、今の夫に「娘さんのようだね。」と言われたとき、おそらく前の夫と充分なふれあいをもてなかったことを思い出し、かなしみに襲われます。その感じ方は、「京子は自分のために泣いたのか、前の夫のために泣けたのかもわからないほどだつた。そのどちらかをはつきり分けられるものでもなかつた。」とあります。それで「新しい夫にひどく悪い気が」するのは、自他が区別できないほど、前の夫との（もちろんすでに亡くなっているという意味でも、精神的な）一体感があるからに他なりません。

だから、うしろめたいので、今の夫に、「ちがひますわ。こんなにちがふものでせうか。」と媚びてしまうのです。おぼろげに書かれているので、なんのことだかわかりにくいですが、前とは違う肉体的喜びに目覚めた、と告白してみせています。そんな大胆な発言をしたこと自体を恥ずかしがる京子と、それを見て満足げな夫。こういうのを清潔な色気と思う人もいるかも知れませんが、なんだか気恥ずかしい小説だとしか言いようがありません。

それはともかく、今の夫との対比によって、前の夫と京子との精神的一体化は際立ちます。それは、前の夫と一緒に焼いた旅行用の鏡と手鏡が、「二つのものだつたとわかりやうもなかつた」ほど溶け合っているのと重なりますし、今の夫との関係は、「京子は手鏡を鏡台にしまひながら、鎌倉彫りと桑とちぐはぐになってゐることが、今も目についた」ように、ちぐはぐです（桑の鏡台とセットだった手鏡は前の夫に殉じ、手鏡だけ新しくしたわけです）。他にも、いくつかの**メタファー**が使われていますので、整理してください。

ここでの鏡のように、テクスト中のある要素によって、想像や視覚的な映像が浮かぶなど、あるイメージ（心像）が喚起される場合、その作用のことを**イメジャリー**と言います。一連のイメージの集合自体を言う場合もあります。イメジャリーの中でも、あるものを提示することで、それと共通点を持つ別のものを指し示す場合を**メタファー**といいます。特に共通の属性があるわけではなくても、あるものが、連想によって他のものを暗示する場合は、**象徴**と言います。これを分析することも、研究の一つの方法です。

次に、「しかし、京子は二つの鏡に写つた多くの世界が、無慙に焼けくづれてゐるやうに感じた。」という箇所以降に示されている、前の夫との生活を見てみましょう。

●鏡が見せる、他人から見た自分

ガイド3　**京子と前の夫との一体化は、どのような行為を通じてなされていたか、テクストを引用しながら、まとめてください。**
また、今の夫との生活の中で鏡を見ることは、京子にとって、どのような意味を持っていますか。鏡の中の京子を美しいと見ていたのは誰か、まなざしの代行や模倣という観点から、考えてみましょう。

京子と前の夫は、鏡に写して外界を見るという、同じ行為を共有することで一体化しています。もちろん、見るだけでなく、「鏡のなかに新しい世界が創造され」、それを信じることを共有しており、だからこそ肉体的に結ばれることこそなくても、精神的に一体感を持つことができたのです。

さて、**できごとが語られる順番**は錯綜しているので整理していただきたいのですが、新婚生活後、菜園のある高原の家に引っ越し、寝たきりになった夫が、さまざまなものを手鏡に写して眺め暮らすようになった経緯が語られ、「京子が満足に化粧するようになつたのは、再婚してからだつた。」を境に、時間はふたたび再婚後の現在へと引き渡されます。今は化粧をする余裕もでき、「目に見えて美しくなるのが、京子は自分でもわかつた」とあります。戦争が終わっただけでなく、看病からも解放された今の夫との生活、その経済的余裕にもよるものでしょう。「鏡のなかの美しさに、京子は人とちがふ感情を前の夫から植ゑつけられて、今も消えてはゐなかつた」とはいえ、「灰色の空が手鏡のなかでは銀色に光つたほどのちがひは、目でぢかに見る肌と鏡台の鏡に写して見る肌のあひだにはなかつた」とあるので、前の夫と一緒に見た、鏡の中の別の世界が消えかけているようにも思われます。しかし、果たしてそうでしょうか。

鏡に「自分の美しさを見た」という表現の直後に、かつて二階にいる前の夫の手鏡の中で、菜園の京子がどれだけ美しく見えたのか、京子自身は確かめることができなかった、とあります。それは前の夫だけができた行為です。当然ながら、人は同時に二箇所に存在できないからです。しばらく後にも、「奇怪なことを発見した。自分の顔は鏡に写してでなければ見えない。自分の顔だけは自分に見えないのだ。」とあります。当たり前のことですが、**殊更らしく強調されているときは、そのテクスト独自の意味がある**と疑っていいでしょう。それに「どういふ意味があるのだらうかと、京子はしばらく考へこんでゐた」とありますが、京子と共に読者にも〈立ち止まってみて〉とテクストが合図を送っているわけです。

つまり、現在、鏡の中に京子の美しい姿を見る、ということは、かつて前の夫がしていた行為の反復だと言えます。京子は、鏡という装置を利用することで、自分を見てくれる夫のまなざしを、いわば自分自身で代行していることになるでしょう。彼の死後は、同じものを見るのではなく、彼の見方を代わりにやってみることによって、京子は彼と一体化していると言えるのです。

また、夫の生前、動物や人間が見るものがそれぞれ異なっているかもしれないと話し合ったとき、「鏡のなかのは、鏡といふ目……？」と、鏡が擬人化されたかのような表現があるのも気になります。別の言い方をすれば、鏡が、前の夫のように、京子を見守り続けているとも言えるかもしれません。鏡の中の別世界は消えかけているどころか、むしろ現実の方が、思い出に侵食されているとも言えるでしょう。こうした過程を経て、京子の前の夫との別な世界は、「なまなましい渇望」になっていくと言えます。

鏡に気を取られだした後、京子が前の夫との一体感にますます自閉していくように見えるのは、こうした模倣の度合いが強くなっていることと関係するのではないでしょうか。今の夫との子どもを妊娠すると、京子は「頭もをかしくなつた」とありますが、身体的な変化というよりも、前の夫がついには鏡の世界という別世界に行ってしまったことをも、模倣し始めているのかもしれません。

それでは、最後、妊娠による入院を前に、前の夫と暮らした高原をひそかに訪ねたときの状態を、どのように解釈すればよいでしょうか。京子が、「すうつと楽に」なり、「つきものがおりたやうに我にかへつた」とは、前の夫の幻想から自由になれたということでしょうか。それどころか、「子供があなた（注・前の夫）に似てゐたらどうしませう」と述べています。

ありえないことを考える京子は、夫と死別後も、前の夫との思い出だけに生きていることになります。そんなに前の夫が忘れられないなら再婚などしなければいい、というわけにはいきません。容易に想像されるとおり、当時は、女性が生涯働いて自活することなど、たいへん困難だったからです。そして、京子のセリフは、前の夫との間の子どもを夢想しているだけではありません。以前に京子が、前の夫を子どもに喩えていたのを見るならば、そして、手鏡が鏡台の中にしまわれているイメジャリーを見るならば、夫自身を身ごもっているかのような幻想にも至るでしょう。いわば究極の一体化です。

●共感できない、の先に進む

ガイド4　以上のような京子の生き方に対するあなたの感じ方をまとめてみましょう。

さて、どのように書きましたか。一途に一人の男性を思い続ける、美しくも哀れな物語と思ったでしょうか。それとも、今の夫と新たな幸せを築ける条件は揃っているのに不幸な性格だ、ただのいい人である今の夫も気の毒に、と思ったでしょうか。

感じ方は人それぞれなので、どちらの方向でもいいわけですが、今回は試みに後者の見方に立ったとき、何が見えるかに注目してみましょう。というのも、**前者はテクストに同調するタイプ、後者は批判するタイプ**と言えます。われわれは国語の授業などで、作中人物の気持になる、あるいは作者の意図を探ることを多く練習するので、前者の同調する論じ方に馴れていますが、**研究は批判する立場からでもできる**からです。もちろん、批判というのは、否定とか断罪とは少し異なります。

前の夫への愛情が純化しているとも見える言動は、批判的にみると、別の側面が見えてきます。例えば、菜園です。京子が菜園にいれば、夫は鏡で見ることができた、つまり、離れていても、いつも夫に見守られている愛の場所でした。しかし、別の観点から考えてみてください。特に、前の夫は、鏡台の手鏡を、途中で、旅行に携帯するさらに小さなものに持ち替えました。夫の体力の衰えによるものですが、鏡が小さくなれば、写る範囲、つまり京子が行動してよい範囲も、狭くなるということを、菜園がたった三間四方（一間は約一・八メートル）であることは示しています。ますます夫の厳しいコントロール下に置かれることになるのです。先ほども述べたように、これを幸せだと感じるか、窮屈だと感じるかは、人によって違います。このように**立場が異なることになって、ようやくオリジナルな研究の入り口に立てる**のです。批判的な立場から、なぜ京子を幸せだと思えるのかなあ……と考えていくと、読む人の嗜好だけでなく、京子の幸せを納得させられてしまうような、**語り**の工夫があることが見えてきます。

◉三人称は中立ではない

小説を読む際には、語りに注意するようにと述べてきました。人称について言えば、これまで一人称の偏りを見てきたのと違って、今回は三人称で、**非人称の語り手**です。語り手は**物語世界の外**にいて、いわば神のように、物語世界のことを何でも知っている特権的な位置から語り、それぞれの人物の心の中も語れます。「**全知の語り手**」です。それでは、こうした語り手は、客観的なのでしょうか。

ガイド5　**前の夫の心中描写の特徴を、語りの観点からまとめてください。**

『水月』は、圧倒的に京子に**焦点化**されています。では、前の夫の心中はどうでしょうか。全知の語り手なら、それを直接開示することもできるはずですが、冒頭では、「鏡に写して初めて発見するものもあるらしい」とか、夫の着物をもんぺにして京子が着た際は、「それを来て畑で立ち働く京子が鏡のなかに見えるのも楽しみのやうだつた」（傍線引用者）とか、実は、すべて辿ってみても、京子によって推測された形でしか書かれていません。前の夫が本当は何を考えていたかは開示されず、わずかに彼のセリフから推測されるのみなのです。

つまり、さきほど、具体的な行動の面でも、心理的な面でも、京子に対する前の夫のコントロールがどんどん厳しくなっていることを述べましたが、それらは夫の専制というよりは、京子が思ったこと、つまり（深層心理であれ）望んだことなのだ、ということになってしまうでしょう。たとえ京子の窮屈さに気づいたとしても、当人の望みなのだから幸せなんだろう、と思わされてしまうようなしかけが、なされているのです。**非人称の語り手だからといって、客観的・中立的ということはなく、情報のコントロールを行っている**のです。この点をふまえて、最後に**タイトルの意**

味をもう一度考えておきましょう。

ガイド6　**『水月』というタイトルの意味を考えてください。辞書を引いたうえで、前の夫が「大雨の後、庭の水たまりにうつる月を鏡に写してながめたり」していた、とのテクスト中のイメージに基づいて考えてみてください。**

語りの分析でわかったのは、前の夫と共に京子が体験したこと、として読み進めてきた事柄自体が、実は京子の想像でしかなく、別の世界が共有されていたのかどうか、非常に不安定なものとして語られているということです。「水月」は、水に映った月のように実体のないことのたとえですが、前の夫がすでに亡くなっているということだけでなく、そうであるからこそゆらがないと思えていた二人の相愛すらも、実際にあったものなのか、ゆらぎ続けています。水たまりに写った月を、さらに鏡で眺めているように、この愛情は屈折したものです。

実際の女性の生き方としては、新しい夫と前向きな希望に生きていくのも、よいと思います。しかし、テクストではそうではない。そして、全知の語り手だからこそ、偏向しているにもかかわらず一見中立的に見え、愛と名づけられた拘束が、女性自身が望んでいるという事実であるかのような幻想を作り上げてきました。

難しいのは、必ずしもすべての女性にとって望ましいとも思えないそうした女性像が、このように描かれ、繰り返されることにより、多くの人に〈美しい〉と認識されてしまっていることです。従来の価値基準の枠内での〈美しさ〉は、このように不平等な歴史と切り離せないところがあります。〈美しい〉ことを味わう態度もよいですが、**〈美しい〉ことが、それほど普遍的でもないことを、一度は考えてみるべき**ではないでしょうか。そうした批判から、違った形に対して〈美しい〉と思えるような新しい感性が生れることもあると思います。

〈作家と時代〉

川端康成（一八九九～一九七二年）。大阪市に生まれる。幼い時に両親を亡くしたことは、のちのちまで心のありように影響した。早くから文学を志し、東京帝国大学時代に知り合った横光利一らと、一九二四年『文芸時代』を創刊、新感覚派と呼ばれた。浅草の不良少女たちを描いた『浅草紅団』（一九二九～一九三〇年）など、モダンな作風で、一九三三年には『文學界』の創刊に携わる。戦中は『雪国』を書き継ぎ、戦後になると、美しい日本各地を舞台にした『山の音』（一九四九～一九五四年）、『古都』（一九六一～一九六二年）などを書く。日本ペンクラブ会長としても活躍し、一九六八年には、ノーベル文学賞を受賞したが、その後自殺。

川端康成自身は、活躍期が長く、作風もさまざまに変化している。この講の作品は一九五〇年代のものであり、戦後の川端の〈文豪〉化については、第11講でわずかではあるが取り上げている。一時川端との確執が言われた太宰治もすでに亡くなり、戦争体験などを書く野間宏や梅崎春生ら第一次戦後派や、大岡昇平、三島由紀夫や安部公房など、第二次戦後派などの世代も活躍している。

主要参考文献

山中正樹「川端康成「水月」試論――「鏡」を媒介とした母子関係について」『豊田短期大学研究紀要』一九九六年三月

第7講

小説でしか語れない歴史

有吉佐和子『亀遊の死』（一九六一年）

ガイド1 お園は、亀遊が自害した「本当の」理由は何であったと推測していますか？ 世間に流布していた理由と対比し、本文を引用しながらまとめてみましょう。関連して、藤吉について、彼の感情や、果たした役割について考えてください。

ガイド2 情報の伝達にあたり、文字と、口伝えのコミュニケーションは、それぞれテクスト中の誰が使用していますか。他にも、対立的に捉えられる事柄をいくつか見つけ出し、それぞれの関係性を整理してください。また、上の二つの伝達方法にはどのような特徴があると考えられますか。

ガイド3 お園の語りの形式は、後世に伝えられていく歴史とどのような関係を持つと考えられますか。條野有人・染崎延房編『近世紀聞』第二編巻二（金松堂、一八八六年）や、大東義人『幕末血史岩亀楼烈女喜遊』（経済広報社出版部、一九二四年）などの喜遊（亀遊）の伝記と比較して考えてみましょう。

ガイド4 使われている元号に基づいて、テクスト内のできごとを、歴史の時系列に沿って整理してみましょう。「露をだに……」の和歌が流行った時期に、どのような事件があったか調べてみましょう。

ガイド5

テクストが発表された時期の日本の状況を調べてみましょう。特に、日本とアメリカの関係を意識させるような事件はありますか？　その事件との関係で、この小説を意味づけなおすと、どうなるでしょうか。

今回は歴史小説です。「亀遊《きゆう》さんが死んだのを、最初に見《め》つけたのは私です」というショッキングな冒頭から始まり、芸者・お園の**一人称**で、幕末の横浜の遊廓を舞台に、亀遊という華魁《おいらん》の自害をめぐるできごとが語られていきます。遊廓の世界というと、知らないことが多いのですが、お園は、芸者と遊女の関係や、華やかな遊女の裏側、お客さんへの気の使いようまで、解説するように話してくれるので、知識がなくても伝わってきます。

お園の語りの性質を考えることは、一つの論点ですが、先走らないでおきましょう。何しろ亀遊を傍で見ている人物の報告ですので、仕事のお座敷になかなか現れない亀遊を部屋に迎えに行き、自害しているのを発見した冒頭部分は、たいへん臨場感があります。さて、お園の語りは、「殊に私は、亀遊さんの生い立ちから知っていましたから、何故、亀遊さんが死んだのか本当のところが分っているような気がするんです」という思いに突き動かされて進んでいくことになります。

●お園が考える「本当の」理由

ガイド1

お園は、亀遊が自害した「本当の」理由は何であったと推測していますか？　世間に流布していた理由と対比し、本文を引用しながらまとめてみましょう。関連して、藤吉について、彼の感情や、果たした役割について考えてください。

読み進めていくとすぐにわかりますが、「本当のところ」とわざわざ言われるのは、世間でまことしやかに言われている理由があったからです。言うまでもなく、亀遊は自害した日、伊留宇須《いるうす》という「異人」に買われ、「らしゃめん」になることが決まっていました。亀遊の死後に出た刷り物や瓦版によれば、亀遊は「露をだに　いとふ倭《やまと》の女郎花《をみなへし》　ふるあめりかに袖はぬらさじ。」という歌を遺書に書きつけて自害したということでした。これによって、アメリカ人に身体を許すのを嫌って死んだということが広まり、「攘夷女郎」として有名になったのです。

念のため解説しておきますが、歌の意味は、露さえ嫌うほどの繊細な女郎花（おみなえし）の花が、まして降る雨に濡れたいことがあろうか、ということです。「女郎花」には字面から遊女の意味が懸けられ、「あめりか」は当然ながら雨とアメリカを懸けています。日本の女が、アメリカ人に恋心を動かされることはあるはずがない、との意味になります。

世は、攘夷派の侍が廓内でも気炎をあげていたころでした。お園は、自分の知っている反証をいくつか挙げて、これらの亀遊像が、何者かによって作られたと疑っていくわけです。彼女が何を証拠としているかも、おさえておいてください。一体だれが何の目的でそんなことをしたのか、テクストは推理的な要素も含み、興味をそそります。

さて、「本当の」理由です。亀遊は、事情から「異人」の相手を勧めるいわゆる唐人口の遊女になりましたが、「異人」を嫌っていたことは確かです。「異人さんと寝た女は躰が裂けるんだって」、「異人さんは三度の食事に刃物をふるって肉を切るんだって。血がその度にどろりどろりと食卓に流れるんだって」などと、お園に語っています。しかし、伊留宇須の座敷に出る頃には、亀遊自身のこうした偏見は、薄らいでいたようです。その影響を与えたのが通訳の藤吉でした。

亀遊が病みついていたときに効果を発揮したのが、通訳をしている藤吉の持ち込んだ蘭方医学、つまり西洋医学ですが、「らんぽ」という言葉に、お園が「切支丹のおまじないですか」と反応したのに対し、亀遊が「おまじないなんて、迷信ですよ」と怒っているのに注意しましょう。というのは、亀遊自身が以前に、「異人」について、迷信とも偏見ともとれることを口にしていたからです。現在からは一笑に付せる外国人観ですが、当時の遊女は遊廓から外に出られませんでしたから、噂話だけが頼りなのも当然です。しかしどうやら、西洋的なものについて、まじないとか魔術、怪談といった超現実の世界に追いやるのをやめて、その実態を見るように変わってきたらしいとわかります。その媒介になったのが藤吉です。

亀遊と藤吉の間には、どのような感情があったのでしょうか。もちろん、**お園の一人称の語りなので、二人が本当はどう思っていたかを直接知ることはできません**。われわれは、お園の観察に従って推測するしかありませんが、彼女の解釈では、二人は駆け落ちか心中するくらいの思いはあるはずなのに、互に告白した様子がありません。藤吉が亀遊を買い受けるだけの金銭を持っていないのはもちろん、仮に駆け落ちしてしまえば、蘭方を極めるために外国に行きたいという彼の強い志が曲げられてしまう、それが亀遊を踏みとどまらせたのだ、とお園は推測しています。とすれば「本当のところ」の中心には恋があることになるでしょう。

藤吉の微妙なふるまいも、その推測の根拠となります。通訳は、座敷で自分の意見を言うことはありません。異人の客に代って、遊女と色っぽい話をするわけですが、透明な役割に見えても、そこには肉声のやりとりが生じています。伊留宇須が亀遊を望んだときに止めたのは彼ですが、これは客の意向に逆らった、通訳としては越権行為です。伊留宇須が彼を遠ざけたのももっともで、彼の感情がどちらに傾いていたのかも推測され、透明性の欺瞞が露呈する瞬間でした。

こうしてみると、このテクストは、**異なる領域の間に、なんらかの交通が生じることを話題にしている**ことがわかります。例えば、亀遊の以前の偏見は、廓内に閉じ込められて外と遮断されていることによりますが、外と行き来できる藤吉とお園が、それぞれ情報をもたらしています。そして、この二人は、亀遊の死に実際に立ち会い、同時に世間で言われている死因も知っています。外からの情報は瓦版がもたらしているのをみると、亀遊の実像と流布像の差には、**伝達媒体の違い**も関与しているようです。

●文字による情報が正しいとは限らない

ガイド2 **情報の伝達にあたり、文字と、口伝えのコミュニケーションは、それぞれテクスト中の誰が使用していますか。他にも、対立的に捉えられる事柄をいくつか見つけ出し、それぞれの関係性を整理してください。また、上の二つの伝達方法にはどのような特徴があると考えられますか。**

以前にも、テクスト内の**二項対立**を認識することは、初歩的な整理に役立つと言いました。ここでも、いくつかの対照的な要素が、重なったりずれたりしながら、世界を構成しています。

人物の位置は、だいたい遊廓の内／外に分けて考えることができますが、この対立は、基本的にコミュニケーションの口伝え／文字と対応しているようです。すでにお園が、瓦版が亀遊の遺書について書いているのを嘘だと断定したように、亀遊は文字の読み書きができません。お園や姉芸者も、和歌の文句を書くのではなく、三味線に乗せて繰り返し歌って覚えています。文字を読み書きするのは、外の攘夷派の浪人や藤吉です。大雑把に言えば、女性／男性の別にもなっていると言えるでしょう。もちろん、**すべてがぴったり対応しているわけではありません。**お園は女ですが、少しは字も読めます。これは、彼女が起こした恋愛事件のために職や場所を変えているのと対応して、廓内の女性としてはイレギュラーであり、だからこそ、外と内をつなぐ人物となり得ていることには注意が必要です。

そして、口伝えのコミュニケーションは、「露をだに……」の歌をめぐる姉芸者の記憶が不確かであるように、あいまいになってしまうものでもあります。文字の方は、例えば瓦版のように、同じものが広く出回り、忘れても読み返せば同じものが蘇ります。とすれば、文字によって伝えられる情報の方が正確で科学的にも見えます。確かに、文字を読み書きし、瓦版をもたらす藤吉こそが、亀遊の頑迷な迷信を取り去ったのは見た通りです。

ただし、このテクストでは、亀遊の死が、瓦版によって攘夷的感情を盛り上げる物語に変形されてしまったように、文字による情報が常に正しいとは限らない、という強いメッセージがあります。文字ではない記憶の方が、その人にとっての事実なのです。にもかかわらず、お園が仕事では、人々の期待する瓦版の物語をよりおおげさに語り、自らも「あの歌を詠んで死んだ攘夷女郎がいたような」気がしてしまうように、口伝えによる個人的記憶に対して、文字による集団的記憶は強い力を発揮するのです。

また、藤吉とお園は、読み書きができる点では浪人たちと同じですが、「異人」との交通という要素で見てみると、そこには差異が見えます。異人が噂されているような怖ろしいものでなく、「人の好い、優しい性格」のただの人間であることを認めているのは、藤吉とお園だけで、浪人たちはそのような理解を始めから受けつけません。つまり、文字だけが正確な情報や知識をもたらすとは言えず、内／外、女性／男性、口伝え／文字、の双方を行き来する人にのみ、何事かが立体的に見えてくるわけなのです。

●われわれが〈読める〉歴史はどのようなものか

ガイド3

お園の語りの形式は、後世に伝えられていく歴史とどのような関係を持つと考えられますか。條野有人・染崎延房編『近世紀聞』第二編巻二（金松堂、一八八六年）**や、大東義人『幕末血史岩亀楼烈女喜遊』**（経済広報社出版部、一九二四年）**などの喜遊**（亀遊）**の伝記と比較して考えてみましょう。**

お園の語りによる物語の意義は、すでに一部検討したわけですが、ここでは、テクストの外にも目を向けてみましょう。有吉佐和子が、『亀遊の死』を書くにあたって参考にした文献が、研究者によって、いろいろ指摘されています。史実では名前は「喜遊」です。右に挙げた『近世紀聞』や『幕末血史岩亀楼烈女喜遊』などはその例です。有吉佐和子が実際に参考にした文献の確定には、出版時期の限定や蔵書リストとの照合が必要です。ただ、喜遊を描いたというだけなら、例えば国立国会図書館のデジタルライブラリーで検索するだけでも、かなりの数を見つけることができます。いくつか読んで『亀遊の死』と比較してみましょう。バリエーションはいろいろありますが、どちらかといえば、お園の見た亀遊よりは、瓦版の内容に近いようです。

お気づきかもしれませんが、これは、われわれが**〈読める〉歴史**です。さきほど、世間が共有している亀遊の死因と、お園の見た事実のずれを確認しておきました。お園が語ったような事実は、現在のわれわれには伝わっていません。お園の語りは、もちろんフィクションですが、しかし、歴史上にも、個人的なつぶやきであったゆえに消えてしまったいくつもの事実があることを示唆しているでしょう。われわれは残っている、つまり文字によって書かれた資料を通してしか、昔の事実を知ることはできません。しかし、それ自体にある種のバイアスがかかっているのは、すでに中島敦『文字禍』を検討したときにも見た通りです。

特に、文字を使えるかどうかが、その人の所属する階層によって異なっている場合は、一層明確です。ここでは、文字を持てなかったのは女性です。男性の見方である国家的な歴史に対し、お園は、個人的な語りの形で別の歴史を提示したことになるでしょう。これは、小説だけが〈語れる〉歴史なのです。想像であることは、嘘と紙一重ですが、文字に残されていない以上、そのような形でしか語れない切実さをくみ取らねばなりません。

しがない遊女の一人や二人、天下国家のためにはどう死に様を変えて伝えてもいいと考える人たちがいたのだと私は考えますが、どういうものでしょうかねえ。私には難しい事のよしあしは分りませんが、蠟燭の火が消えるように寂しく死んで行った亀遊さんを、一人だけでも静かに思い出してあげたいもんだって思ってます。常性寺の裏で、墓穴に「どぼん……」と水音をたてて沈められた亀遊さんが、私にとっては、やはり本物の亀遊さんなんですから。

関連して、今なぜお園が語っているかは、考えてもよいことです。亀遊の死因が捏造されたというお園の推測は、攘夷派に脅されて、以後一切語ってはならないことになっていたからです。

さて、これまでは、テクストと読む自分だけの閉じられた関係の中で、どれだけ読みこめるのかを中心に行ってきましたが、今回は歴史小説ですので、**テクスト外の歴史**も調べて、論じる範囲を広げてみることにしましょう。

●元号に隠された歴史的事件

ガイド4　**使われている元号に基づいて、テクスト内のできごとを、歴史の時系列に沿って整理してみましょう。「露をだに……」の和歌が流行った時期に、どのような事件があったか調べてみましょう。**

お園は、安政、万延、宝暦、嘉永など、いくつかの元号を、記憶を辿るよすがにしています。さほど改元がなく、元号を気にしていない現代のわれわれには体感しにくいので、テクストのできごとを整理してください。しつこいですが、**できごとは、必ずしも起こった順には語られていません**。そもそも、お園が**語っている現在はいつでしょうか**。お園は「明治維新」や「岡蒸気」「小学校」を知っていますから、明治五（一八七二）年以降でしょう。お園が亀遊を初めて見たのは安政ごろと言いますから、一五年以上にまたがる思い出話です。

さて、問題の和歌です。これは不思議なことに、亀遊の死の前にも、何回か流行ったということでした。お園の話に従って整理すれば、姉芸者は嘉永年間にも聞きましたが、この時は流行っていません。ペリーの来航が嘉永六（一八五三）年、日米和親条約の締結が安政元（一八五四）年ですから、それまでだれの作とも知れず口伝えされていても、たいした意味をもたなかった和歌が、これ以降攘夷派の活動が活発になったとき、新たな意味を伴ってクローズアップされたと考えられます。

流行ったのは、桜木という華魁のものとされた安政四年ごろと、亀遊が死んだ文久二年です。ご存じの通り、安政五（一八五八）年からは安政の大獄で攘夷派は弾圧されて影を潜めることになり、安政七（一八六〇）年に桜田門外の変で巻き返します。この事件で改元されたのが万延、お園は吉原の火事が万延元年だったと印象深く述べていますが、万延は一年足らずで文久に改元されており、文久二（一八六二）年には、坂下門外の変、生麦事件と、攘夷派を勢いづける事件が発生しています。そもそも改元は、どういうときにするのでしょうか。天皇が代わったとき、だけではありませんね。昔は、吉事や、今見ているように凶事に際して改元していたのです。してみると、複数の元号が乱立するこの物語の舞台は、物騒な時代であり、歴史上の攘夷派の動向と、「露をだに……」の和歌の流行りすたりは、かなり一致しているわけです。

ところで、ここまでは、**物語世界の時代**について調べたものです。小説を読む際には、もうひとつ注意しなければならない時代があります。言うまでもありませんが、**小説が書かれた、あるいは発表された時代**のことです。『亀遊の死』は一九六一年に発表されています。

●歴史には因果がある!?

ガイド5 **テクストが発表された時期の日本の状況を調べてみましょう。特に、日本とアメリカの関係を意識させるような事件はありますか？　その事件との関係で、この小説を意味づけなおすと、どうなるでしょうか。**

歴史年表を見ると、一九六〇年に、日米安全保障条約の改定、とあります。もとになっているのは一九五一年に締結された日米安全保障条約です。これは言うまでもなく、日本が講和条約を結び連合国の占領から独立した際、軍事力を持たない代わりに、米軍が日本に駐留することを決めたものでした。アメリカへの従属が色濃く、改定は、これを対等にしたいと考える岸信介首相によって行われました。

江戸幕府が結んだ日米和親条約や日米修好通商条約は、在留外国人の治外法権など、日本側に不利な内容を含んだ不平等条約で、後に条約改正が問題となりましたから、状況の類似を連想させます。そしてまさに、岸首相が臨んだ新安保条約の署名式は、ホワイトハウスのイーストルームで行われました。この部屋は、一八六〇年、ちょうど百年前に、遣米使節が日米修好通商条約の調印にのぞんだ部屋でしたから、この時期に幕末が思い起されるのは、必然であったわけです。

発表は数年後になりますが、類似の設定をしつらえたテクストが他にもあります。大江健三郎の『万延元年のフットボール』（一九六七年）です。安保闘争の挫折と万延元年の農民一揆をつなぎ合わせた、複雑な小説です。作家が書いている時代と、描かれた時代が、無関係なわけではありません。テクストを論じる際には、必ず、**物語世界の時代状況と、書かれた**（または発表された）**時の時代状況の双方を考えなくてはなりません**。

●〈○○は実は××を意味している〉の落とし穴

ただし、そうだとすると、幕末のドラマに託して、このテクストが一九六〇年ごろの政治状況に対して何を主張しているのかは、多少ややこしくなってきます。一九五九年から一九六〇年には、安保に反対する市民や労働者、学生が空前の反政府運動を展開した、いわゆる安保闘争が起こっているからです。安保闘争の全体像についてここで説明する余裕はありませんので、各自で調査してください。ただ、以上のような歴史の符合が認められれば、それぞれの作中人物が一九六〇年代の人物やグループを暗示していると考えたくもなりますが、かえって、そんなにぴったりは対応しなくなってしまいます。

例えば、攘夷派は、幕府が結んだ条約に反対したので、安保闘争で政府に反対した労働者や学生を暗示していると捉えることもできそうに思えます。彼らデモ隊は、アメリカの要人の来日を行動で阻止しようとしましたし、アメリカとの関係というよりも日本政府への不満が大きかった点でも、攘夷派が攘夷より倒幕に重きを置いたと考えれば、似ていると言えなくもありません。しかし、安保改定の際は、既に結ばれた条約を改定したがっていたのは、日本の軍事力をアメリカと対等にしたかった岸首相側であり、市民たちは戦争に巻き込まれるのを嫌って改定に反対していたことを考えると、侍である攘夷派と市民を重ねることには違和感も出てきます。

まして、女性がどこに登場するのかと見れば、安保闘争では、確かに樺《かんば》美智子という若い女性が、国会議事堂でデモ隊と警官隊が衝突した際に圧死するという痛ましい事件があり、英雄視されていったのですが、樺美智子さんは男性たちと行動した共産主義者同盟（ブント）の東大生で、遊女になぞらえられているとは到底言えないでしょう。

自ら提案して否定するようですが、こうした場合に、**全てを暗示として読もうとすると、かえって牽強付会になりかねません**。小説上の事柄が、他の何かを指し示しているという考え方は、必ず存在する答えを探しているような気になり、やり方に安心をおぼえてしまいがちです。〈もう一つの意味〉の発見は、しかし、必ずしも〈深く読んだ〉ことにはなりません。これをいったん止めて、言説の構造そのものを考えた方がよいでしょう。特に『亀遊の死』は、**何かを他のもので語るというやり方そのものを批判している**と考えられるからです。

もう一度、テクスト内の構造に戻ってみましょう。内／外という対立項を、さきほどは、遊廓の内／外として考え、同時に、女性／男性を分ける指標となっていることを見ました。しかし、内／外はいろいろな場面にあてはめられます。たとえば日本国の内／外の意味と捉えると、内を守る攘夷派／外国との交流推進派、という別の軸を立てることができるようになります。これはもちろん政治を担う男性たちのことです。そして、女性／男性と攘夷派／開国派という二つの軸は、別の事柄についてであるにもかかわらず、内／外という共通点をもって接近すればこそ、遊女が攘夷派の象徴になるという交換が自然と行われるのです。

ただし、それがまさしく象徴であるところに、亀遊の本当の悩みがないがしろにされる事態が起こっていることに注意しなければなりません。亀遊は女性であるのに、男性の攘夷派の象徴になるということは、異なる部分が覆い隠されることでしか起こらないからです。そもそも、亀遊が日本人に体を売ろうが異人に体を売ろうが、自分の意思ではなく、男性の楼主によって決められているのであって、それが亀遊の進退を奪い、自殺に追いやりました。**テクストは、象徴のイメージと実体にズレがあると注意を喚起し、覆い隠されてしまった部分に目をこらさなければいけないと主張しています。**

◉集団的イメージという暴力

そして、このように考えるなら、似たような象徴化は、テクストの外の至るところで起こっていることに気づきます。例えば、一九五〇年代を通して、戦勝国アメリカに擦り寄る女性のイメージが、小説をはじめ多く文章に取り上げられ、敗戦後の〈日本〉の象徴とされました。一般女性も描かれましたが、とくに、米兵相手の娼婦が批判の的でした。なぜ女性だけなのでしょうか。男性にだって、変わり身早くアメリカ人に追従して生き延びた人はいたはずです。つまりこれらは、敗戦国日本の情けなさを、政治的な力を持たない女性たちに転嫁してしまおうとする、無意識の言葉の操作だったのです。

米兵相手の娼婦たちは、敵意をもって描かれる場合も、アメリカに蹂躙された憐れな犠牲者だと同情的に書かれる場合もあり、両者は一見反対ですが、いずれにも、アメリカへの敵意と、守るべき日本の観念が共通にあります。娼婦たちは、アメリカへの敵意の身代わりの標的とされ、〈正当な〉日本人から除け者にされたり、逆に、アメリカという日本の外部から無理やり汚された、もともとは純粋な日本の象徴と見なされたりしています。このような大幅な変化が起こること自体、女性の**個別の生活や感情を無視した集団的空想**だからでしょう。テクスト中で、唐人口の遊女が嫌われる状況があり、だからこそ理想として、いわば異人の犠牲者たる亀遊が語られたのも、同様な言説構造を持っています。お園の語る亀遊は、そうした集団が持つイメージに対する、違和感としてあるのです。

有吉佐和子が、今述べたような戦後日本の女性イメージを念頭において書いたかどうかは、わかりません。ただ、安保闘争の時期、さまざまな物事が日本とアメリカの国家的状況に関連づけられ、あるいは、賛成か反対かという乱暴な枠組みに回収される状況があったとすれば、このテクストはそうした言説構造自体への批判を含んでいるとは言えるでしょう。作中人物に歴史上の人物やグループをあてはめ、有吉佐和子が新安保条約に賛成しているのか、反対しているのかと考えることは、逆にテクストの批判性を矮小化することになってしまいます。

さて最後に、この小説は、後に『ふるあめりかに袖はぬらさじ』（一九七〇年）として戯曲化され、その後、何回も上演されています。新安全保障条約の話題は、条約が一〇年の期限を迎える一九七〇年まで尾を引いています。発表年代やジャンルの差が、どのような変化を導くのかをさらに考えるのも、おもしろいのではないでしょうか。

〈作家と時代〉

有吉佐和子（一九三一〜一九八四年）。和歌山市に生まれる。東京女子大学短期大学卒業。演劇評論家を志していたが、一九五六年の『地唄』で芥川賞候補となり、話題に。アメリカ留学もし、黒人と結婚した日本人女性が差別のさまざまな位相を考える『非色』（一九六三〜一九六四年）などに結実した。認知症と介護を描いた『恍惚の人』（一九七二年）や公害問題を取り上げた『複合汚染』（一九七四〜一九七五年）などの一方、伝統芸能を扱うものや、歴史上の女性を扱う『華岡青洲の妻』（一九六六年）などもある。テレビ時代にもマッチしたストーリー性がある。

戦前の女性作家は、林芙美子や平林たい子など、たたき上げ的にキャリアを積んできたが、有吉は、林芙美子の死去と入れ替わるように登場する。戦後、女性が大学に入学できるようになった、その早い世代にあたる。

主要参考文献

磯田光一「解説」『ふるあめりかに袖はぬらさじ』中央公論社、一九八二年
日高昭二「情報の修辞学、あるいは生成されるフィクション――『ふるあめりかに袖はぬらさじ』論」井上謙・半田美永・宮内淳子編『有吉佐和子の世界』翰林書房、二〇〇四年
金志映「有吉佐和子の「アメリカ」――『亀遊の死』(戯曲『ふるあめりかに袖はぬらさじ』)を中心に」『比較文学』二〇〇九年
マイク・モラスキー『占領の記憶/記憶の占領――戦後沖縄・日本とアメリカ』鈴木直子訳、青土社、二〇〇六年

第8講

ふたたび生き方と結びつける

川上弘美『蛇を踏む』（一九九六年）

ガイド1　登場する主な蛇について、とりつかれた人は誰か、蛇は何と名乗っているか、蛇はどんなことが得意かをそれぞれ引用してください。共通する性質から、蛇をどのように解釈できますか？

ガイド2　「私」と「蛇」の距離感や、同質か異質かはどのように書かれているか、できるだけたくさんの場面を引用してください。

ガイド3　「蛇の世界」はどんなところか、端的にわかるところを引用してください。

ガイド4　蛇にとりつかれている①ヒワ子②ニシ子について、これまでの生き方を整理し、世間が求める役割に対してどのような行動をしている人か、まとめてください。

ガイド5　ここまでをふまえて、ヒワ子と「蛇」との戦いとは、何を意味しているか、考えて書いてください。

ガイド6　蛇に固有名はあるか、蛇にあたるものを指し示す言葉に全部線を引いて、確かめてください。その上で、ガイド5までの「戦い」を、名前や呼ばれ方の観点から考察してください。

ガイド7　**動物が嫁になる昔話や民話を調べて紹介してください（出典を示すこと）。女性が動物であるパターンと、これまで整理したことを関連づけて考察してください。**

ガイド8　**「何百年もの間女とこういう争いを繰り返している」とはどういうことでしょうか。**

川上弘美『蛇を踏む』は、不思議な小説です。公園で蛇を踏んでしまったヒワ子。

蛇は柔らかく、踏んでも踏んでもきりがない感じだった。

「踏まれたらおしまいですね」と、そのうちに蛇が言い、それからどろりと溶けて形を失った。煙のような靄《もや》のような曖昧なものが少しの間たちこめ、もう一度蛇の声で「おしまいですね」と言ってから人間のかたちが現れた。

その後、仕事を終えたヒワ子が家に帰ると、蛇がいる。なんとなくいっしょに過ごすうちに、蛇の世界に誘われる。……いきなり、蛇がしゃべる!?　おとぎばなしや昔話のようで、現実とはかけ離れた小説です。芥川賞を受賞しましたが、その時にも、評価する審査員と、何を言っているのかわからない、という審査員がいました。このような小説にすんなり入れる人と、違和感のある人が分かれるのは、しかたありません。ただし、こういう不思議な小説も、分析してみれば、単にわけのわからないものではなくなります。

もちろん、こういう小説こそ、分析してしまってはつまらない、世界観をそのまま自由に感じたいのだ、という方もおいででしょう。それも大切にしたいのですが、本書は、趣味とは異なる分析のしかたを実践してみるものです。これまで行ってきた分析を、これまでよりは少し長いこの小説に、応用してください。今までの講義を通り抜けてきた方には、もう、あまり分析用語などは気にせずに、できるはずです。長い小説なので、本文は収録していません。文春文庫（一九九九年）で出版されていますので、ご自身で入手してください。

●蛇の世界は性別役割分業

ガイド1　登場する主な蛇について、とりつかれた人は誰か、蛇は何と名乗っているか、蛇はどんなことが得意かをそれぞれ引用してください。共通する性質から、蛇をどのように解釈できますか？

さて、このテクストでやはり気になるのは、蛇に何らかの意味はあるのだろうか、ということでしょう。ヒワ子は、蛇の世界に誘われますが、途中から拒否を鮮明にし始め、最後には戦いになります。最初に読んだ時点で、蛇にどのようなことをイメージするか、考えてください。今度は、漠然と考えたそれを、本文を追って（しつこいですが、**引用、ページ数・行数**を書いてください）、さらに形にしてみましょう。

このテクストに登場する主な蛇は、ヒワ子にとりつくもの、ヒワ子の勤め先の数珠屋の奥さん・ニシ子についているもの、そして、取引先のお寺の大黒さん自身です。大黒さんとは、お寺の奥さんを指す言葉です。ヒワ子についている蛇は、「女」の姿でヒワ子の部屋に居り、「ヒワ子ちゃんのお母さんよ」と名乗ります。あわてて実家に電話して、ヒワ子の母が、いつも通りいることを確認しますが、「女」は「お母さん」を名乗り続けます。料理を作って待ってくれているのは、一度だけではありません。それも、つくねや、ほうれんそうのごまよごしや、昆布と細切り人参のあえもの、さわらの西京漬けなどで、ハンバーグやスパゲッティではなく、わりと日本の伝統的なおかずです。

ニシ子についているものは、ニシ子の「叔母」を名乗ります。大黒さんは、誰かにとりついているのではなく、住職と夫婦なのですが、住職は、「蛇の女房はいい。世話女房だ。家の切り盛りはうまいし計算もできる。夜のことだって絶品だ」と絶賛し、子どもがたくさんいます。こうしてみると、みんな女性。公約数は、「母」か、「女」か、あるいは「妻」、どれを答えてもよいですが、そんなところでしょうか。それらが伝統的に担ってきた事柄が得意なようだからです。

●私はどのように生きられるのだろう

ガイド2 「私」と「蛇」の距離感や、同質か異質かはどのように書かれているか、できるだけたくさんの場面を引用してください。

ガイド3 「蛇の世界」はどんなところか、端的にわかるところを引用してください。

蛇は、ヒワ子にとって距離感を感じないもののようです。「女」が作ったつくねが「自分でつくったような味だった」、「身長は私とまったく一緒で、女と私は対になったもののように」、「女の中には私と同質のものがある」というような表現が繰り返されています。とりわけ、「最初から壁を隔てたような遠い感じが蛇にはなかった」、「たとえば私が教師をしていたときの生徒だとか同僚だとか、それを言うなら母にも父にも弟に対しても、薄かったり厚かったりするが壁というものはあって、壁があるから話ができるともいえるのであった。／蛇と私の間には壁がなかった」というのは印象的です。なんらかの同質性は、自分の親や兄弟にもあるかもしれませんが、ここでの「壁」は、そうした肉親との間にもあるということですから、自分とそれ以外を最低限分けるもの、でしょう。ところが、蛇との間にはそれがない。初読の際に、「蛇」はもう一人の自分なのではないか、鏡像とか反面教師のようなものではないか、と考えた方もいると思いますが、それは、こうした箇所によるイメージだったと、今ならわかります。

自分のようなものならば、一緒にいて居心地がいいのは当然ですね。ヒワ子の蛇は、「蛇の世界はあたたかいわよ」と言うし、ニシ子も「蛇の世界はきっと素敵よ。暖かくてぜんぜんあたしと違ったところがなくて深く沈んで眠っていられるようなところだと思うわ」と言います。それでは、なぜ蛇の世界に誘われたのに、二人の女性は行かないのでしょうか。

ガイド4　蛇にとりつかれている①ヒワ子②ニシ子について、これまでの生き方を整理し、世間が求める役割に対してどのような行動をしている人か、まとめてください。

ヒワ子は、数珠屋に勤める前は教師だったようです。「女」＝蛇に、なぜ教師をやめたのかと問われたヒワ子は、迷いながらも「消耗したからかもしれない」と答え、「教師に対して生徒が何か求めてくることは少なかったが、求められているような気がしてきて、求められないことを与えてしまうことが多かった。与えてからほんとうにそれを自分が与えたいのか不明になって、それで消耗した。与えるという気分も嘘くさかった」と考えています。ヒワ子が、通常の教師─生徒の関係になじめなかったことがわかります。教師は教えるのが仕事であり役目なのに、私は教えなくてはならないのだろうか？　と自問していては、教育のシステムや業務は成り立ちませんね。

また、ニシ子さんは、「コスガさんが若い頃修業にと入った京都の老舗の数珠屋の奥さん」だったのを、「若旦那」が家を空けて遊び歩いていたのを見かねたコスガさんが、横恋慕して、駆け落ちしたという経歴の持ち主です。やはり、妻という形式に安住できなかった人であることがわかります。

蛇の世界と、それを拒否する人たちを二項対立で整理したように見えますが、ここで気をつけていただきたいのは、**一般的な価値観との差異**です。やはり蛇の世界に行くことを拒否していたニシ子さんが、「蛇は何回でも誘うわ。でもあたしは何回でも断った。」と発言しています。そんな人の道にはずれるようなこと、しちゃいけないと思ってたのね。それは、一般的には、「人の道」でしょうか、繰り返しますが、ニシ子さんは、夫以外の男性と駆け落ちしています。それは、一般的には、「人の道」に外れることでしょうか。いわば不倫ですから、あくまで一般的には、後者でしょうね。そして、蛇の世界は、さきほど見たように、妻や、母や、女がそれらしくある世界のことでした。その蛇の世界の方を「人の道にはずれる」と言うのは、一般とは少し違った価値観を主張しているようです。

ガイド5　**ここまでをふまえて、ヒワ子と「蛇」との戦いとは、何を意味しているか、考えて書いてください。**

以上をまとめると、どうなるでしょうか。「蛇」とは、自分がそうなるかもしれない可能性の一つではあるものの、それが世間的な価値観に沿うものであったり、伝統的な役割のようなもので、必ずしも自分らしさとぴったりはしないものです。だからヒワ子は、そちらに行けば、人と違う理由をいちいち説明したり、自分の意志を通す軋轢を感じることもなく、楽になるだろうとは思いながら、受け入れられないのだということになるでしょう。

おとぎばなしのような荒唐無稽さにも見えていた蛇の世界が、もやもやする現実の生き方の問題とつながっていることがわかります。現代小説全般が、今の私たちが感じる問題を扱うので理解がしやすいのは確かですが、前講までと同様に、きちんと分析の手順を踏むことでこそ、ようやく自分の生き方につながってくるのです。

●私の「お母さん」は、「お母さん」だろうか？——固有名詞とは

ガイド6　**蛇に固有名はあるか、蛇にあたるものを指し示す言葉に全部線を引いて、確かめてください。その上で、ガイド5までの「戦い」を、名前や呼ばれ方の観点から考察してください。**

さて、ここで一度話題を転じて、蛇の名前について考えてみましょう。**人物がどのように呼ばれているかに注目するように**、とは、これまでも何回か出てきました。ガイドにあるように、蛇を示す名詞に全部印をつけて、確認してください。面倒かもしれませんが、勘で何かを述べるのではなく、学術的に証拠を挙げるためには必要な手続きです。どんどん印をつけていくと……蛇は、「蛇」とか「女」などと呼ばれており、自分では「お母さん」と名乗り、名前は持っていないことがわかります。蛇に名前なんかないのは当たり前、でしょうか？　というのは、このテクストが、人

と類似する生き方か、自分だけの生き方か、を問題にしているからです。

名前（固有名詞）**と、普通名詞**の違いを考えてみましょう。普通名詞が、特定の性質を持つものにつけられ、その性質を持つ複数の個体を含めるのに対して、固有名詞は、それ以外に存在しない一つを区別するためにつけられる名詞であり、指示対象はありますが、意味はありません。例えば、「机」は、脚などで天板を支え、その上で物を書いたり、置いたりするもので、あなたがお持ちのそれも、私のそれも、みんな含まれます。それに対し、「優子」という名前に、優しい子であれ、という願いが込められていたとしても、本人が「優しい」かどうかとは無関係で、単にその人であることを指す記号です。また、同姓同名の人がいたとしても、たまたまであり、同じ概念や性質を意味しているわけでないのも、言うまでもありません。テクストの蛇には名前はありません。対して、ヒワ子やニシ子は、固有名です。名前のあるなしは、自分なりの生き方をするか、他の人と類似する生き方をするか、に対応しているのです。

例えばあなたが、誰かから、「女」と呼ばれたとする。まあ、時代劇でない限り、これ、そこの女、なんて呼ばれないとは思いますが、それでは、例えば「学生さん」とか、「主婦」とか呼ばれるとする。言われる場面にもよると思いますが、ちょっと〜、みんなひとくくりにしないでよ〜、私は違う、とか思わないでしょうか？

大黒さんが言うように、「蛇にもいろいろいるんですよ」、「お二人のところに来た蛇がどんなものだか、その蛇に会ってみなくてはわかりっこありませんわ」と、蛇にも個性があるにもかかわらず、みんな「蛇」と呼ばれています（「大黒」は既に述べたように、固有名詞ではなく、寺の奥さんを示す普通名詞です）。「母」とは、この母の存在や性格と、あの母のそれが違っていたとしても、そのことが消去され、子どもを産んだり育てたりするという共通の属性や役割だけを表す名詞です。「お母さん」は一人ではありません。だれかにとって、かけがえのない一人であっても、「お母さん」と世間で呼ばれれば、他の人との最大公約数的な性質や、「お母さん」はこうあるべき、といった規範が忍び込んできます。夢に近い場面で、「蛇になぞなってはいけませんよ、ヒワ子ちゃんはヒワ子ちゃんなんですからね。」と実の母が言い、蛇との戦いになるシーンもありますが、名前の問題が、「蛇」になるかならないかとかかわっていることがわかります。

ちなみに、ヒワ子が、蛇に「お母さん」と名乗られて、自分の本当のお母さんとは違うと思っているのに、否定できないのはなぜでしょうか？　蛇母がヒワ子との思い出などを語ってくるせいもありますが、それだけでなく、名前がなく、蛇も、実の母も、双方が「お母さん」だからでしょう。「お母さん」と言われると、あの母であるようにも、この母であるようにも思えてしまうからです。試みに映像化してみたらどうなるか、比べてみると、言語表現の特質がわかります。映像の場合に、二人の母を同じ人物が演じるか、違う人物に演じさせるか、どちらでも小説の効果そのものを表すのは難しいようですね。

●小説が世界を変える

ガイド7　**動物が嫁になる昔話や民話を調べて紹介してください（出典を示すこと）。女性が動物であるパターンと、これまで整理したことを関連づけて考察してください。**

最後に、こうした現代的な悩みを扱ったテクストが、昔話的にも思えるのはどういうことなのか、考えてみましょう。

この小説が昔話風なのは、一つにはもちろん、動物が女房になるというパターンが昔話や民話に見出せるからです。鶴女房、狐女房、蛤女房……、いろいろ思い浮かべられるでしょう。どうして女性が動物だという話が多いのでしょうか。ここからは、さらに専門書を読んで裏づけをしていかなくてはなりませんが、長らく社会の中心にいたのが男性なので、わからないもの＝他者という扱いが、人間から見た動物に置きかえられていたこともあるでしょう。女性の、子どもを産む身体が、文化というより〈自然〉の側に位置づけられてきたということもあるでしょう。

こういう昔話の世界に愛着もあることは、ヒワ子の逡巡に明らかですが、蛇の世界を否定する彼女の立場は、こうした言葉の連なりに違和感を表明するものです。

ガイド8 「何百年もの間女とこういう争いを繰り返している」とはどういうことでしょうか。

この小説が昔話風に見えるもう一つの理由は、このような問題にはまってしまった人々がそれぞれ語り、連綿と共有してきた物語でもあることです。ヒワ子が、「何百年もの間女とこういう争いを繰り返しているような心もちになっていた」というところをとりあげてみます。

屈したいなら屈すればいいではないか、どうしてわざわざ望まないことをする必要があるの。そう言っているのは自分か女か不明になる。不明だ不明だと考えているうちに何百年ものこの争いが突然ばかばかしくなって、いちじに結末をつけようという気になった。

「蛇の世界なんてないのよ」できるだけはっきりとした声で言った。

確かに。女性はこうすべし、あるいは周りに同調して生きれば楽になる、というのは、究極的には、みんなの思いこみです。例えば、家庭では女がうまく料理をするのがよい、とみんなが思っていたとしても、女性の体つきや性質に、料理に向いている特質があることなど立証できません。ですから、料理好きな人はともかく、もしそれが自分に合わなくてやめたい、という人にとっては、やめよう、と思うことだけで実現できるはずです。「蛇の世界」なんて「ない」のです。

しかし、蛇は、「そんなかんたんなことかしら」と反撃し、テクストの終わりでも、勝敗はつきません。「みんな」が思うこと、言うことは、たったそれだけには違いありませんが、「みんな」であるだけに、なかなかに強固なのです。歴史上には、これまでにも、女性の**ステレオタイプ**（多くの人に侵透している先入観や固定概念のこと）に当てはまらない生き方をした女性は、何人もいたはずです。それぞれの人は戦っていたのでしょう。にもかかわらず、この戦いが現在の問題でもあるのは、女性たちが自分でも迷い、また周囲が「女」や「母」に回収してきたことが、歴史上繰り返されてきた、ということです。

だからこそ現在の私たちにとっても依然問題なのであり、蛇との戦いは、先人もやってきたことでありながら、私自身にとっては一回きりの、新たな物語なのです。まるで昔話がくり返し語られ、その都度その人らしい物語になるように。女性は料理をすべし、といったような世間の思い込みは、思っているだけでなく、みんなが言葉に出すことで共有されています。だからこそ小説は、そういう思い込みの言葉を、他でもない一回きりの新たな言葉として書きかえることで、少しだけずらしています。そして、だからこそ、思い込みに違和感を持つ人々の、少しずつ違う物語に連なっていくはずなのです。

今回は行いませんが、**テクストの発表時期**にも着目するならば、女性をめぐる考え方や状況がどういう局面を迎えていたのか、調査してみてください。同時期には、たとえば笙野頼子の『母の発達』（河出書房新社、一九九六年）という小説も発表されています。こちらは、母をめぐるむちゃくちゃな神話をたくさん創造し、それによって、これまで世間で幅を利かせていた母親神話を解体してしまおうという戦略です。ステレオタイプな女性像を組みかえる小説が生まれていた時期でもあることがわかります。

付け加えれば、このテクストが、結婚することや、子どもを産む行為自体に反対しているのでないことは、言うまでもありません。もちろん、女性だから結婚したら家事をして、子どもを産むべき、という考え方に違和感を表明するテクストであるには違いありませんが、子どもを産んだからと言って、世間並みの母親像に溶解してしまうのでなく、他でもない自分としての生き方はあります（もちろん子どもをネグレクトしていいということでもありません）。同時に、女性だけの問題ではありません。サラリーマンは……、お父さんは……、といったすべてのくくり方についての物語だ、と考えていいのではないでしょうか。

それから実は、「蛇」の問題は、性別の社会的役割だけでなく、**セクシャリティ**にも踏み込んでいます。「人と肌をあわせるとき」、ありていに言えば性行為の場面において、相手が蛇になることが描かれています。恋愛や性行為への欲望が、一般的には、たとえば〈けだもの〉のように比喩されることもありますが、はたして、このテクストにおいては、恋愛や性行為が〈自然なもの〉だと解釈できるのでしょうか。ここはいろいろ意見が分かれるところかもしれないので、答え合わせをしません。ただ、人間のわれわれにとって、恋愛や性行為の場面こそ、相手に好かれたいからこそ、あるいはきわめてプライベートな事柄で互いの理解に至るまで話し合うのは恥ずかしいからこそ、世間でまかり通っているパターンを踏んでしまうことも多いものです。ぜひいろいろな角度から考えてください。

〈作家と時代〉

川上弘美（一九五八年〜）。お茶の水女子大学では、理学部。卒業後、高校教員として勤めたのち、一九九六年に『蛇を踏む』で芥川賞受賞。支配的な形態からはみ出るせつない恋愛や、異界への越境などを扱いつつ、ユーモアもあるテクストが多い。『センセイの鞄』（二〇〇一年）や『真鶴』（二〇〇六年）など。自身の『神様』（一九九三年）を、東日本大震災後に書きかえた『神様　二〇一一』（二〇一一年）も話題になった。

主要参考文献

カトリン・アマン「第4章　境目が消える日常――川上弘美『蛇を踏む』『歪む身体――現代女性作家の変身譚』専修大学出版局、二〇〇〇年
佐藤泉「古生物のかなしみ――蛇を踏む」『ユリイカ』二〇〇三年九月

第二部　研究にするための資料と態度（方法論）

第9講
文学研究は、自由だから不安である

さてここまで、小説が深く読めることはだんだんわかってきたけれど、重箱の隅をつつくようなことにもなってきて、特殊な趣味の世界に自閉しているのではないか、とも感じてきた方に、小説が深く読めると、何かいいことがあるのか、考えてみましょう。

◉文学研究と現実との関係

仮に小説が、現実とは隔絶された世界だとして、そうした美や抽象的な世界を楽しむ余地があってもよいのではないかとは思いますが、ここでは、そうした感性の世界は苦手な方とか、世間から無駄ごとのように言われて少しへこむ、という方に向けて、それなりに役に立つという側面を確認したいと思います。

まず、小説については、現実にどのくらい似ているかの程度の差こそあれ、基本的には虚構の話である、という理解がなされます。だから、従来は、現実との対応を見るために、歴史的な資料などを裏づけに使ってきました。ただ、考え方を変えてみるとどうでしょうか。文学ではない現実のできごとも、私たちが現場に居合わせることは少なく、仮に自分が見聞きしたことであっても、体験そのものはやがて消えてしまうので、常に言語化された形で伝わっていきます。

ということは、報道や、評論、日記など、小説に対して事実と考えられている言葉も、言語による編集を経ている、つまり構成されている点では、程度の差こそあれ、小説が〈語られている〉のと共通点はあるということです。**テクスト**という考え方では、すべての言葉は網の目状につながっているのですから、小説を現実の資料で裏づけできるように、両者が別次元にあるというようには、考えません。そして、そうした言葉による考え方のパターン化が、現実に、特定の集団の考え方や行動を規定していきます。

文学研究の強みは、何かが言語化されることの特別さを意識でき、言語化につきものの偏向を分析できることです。特に、人の気持ちや欲望や、想像力の範囲に強いのは言うまでもありません。物事の語られ方が、誰によるもので、どういうことに都合がよいのか、どういう現実形成に寄与したのかを批判的に捉えていきます。事実をないがしろにすることとは、むしろ反対の態度です。〈言葉による考え方のパターン〉は、案外ストーリーと近く、だからこそ人びとの心に浸透していくものです。ストーリーは文学テクストだけにあるものではありません。大学を出て会社に入り、結婚する、というような現実設計も、すでにある種のストーリーですが、それは現実を動かしていきます。するとにわかに、文学と現実の距離は近づいてきます。世間的なストーリーへの違和感であれば、特殊な形式で表明されることもあります。第8講で扱った川上弘美『蛇を踏む』で見たように、一見空想的な物語も、現実とつながっています。歴史的な資料への目配りについては、これからの第二部でさらに学んでいきます。

それで、現実に溢れるストーリーのしくみを分析することができ、相対化することが身につけば、そのストーリーの良し悪しを、現実社会とのつながりの中で考えていくことができます。しかもその際には、**徹底して対象や資料の吟味を行う**のです。例えば、さきほど例として挙げた、大学を出て会社に入り、結婚する、というような人生のストーリーについては、そういう理想が成功するか、失敗するか、といったように語られがちです。ですが、そのパターンが画一化していたり、一部の人の利益に奉仕している場合には、それと異なることを、〈失敗〉とネガティブに評価づけしたくない、という立場もあってよいのではないでしょうか？　支配的な価値観のあり方や、言葉がどのようにそれを支えているのかを分析できれば、その先に別のストーリーを描くこともできます。別のストーリーが、その時点では想像力の領域だとしても、それが現実を少しずらすことができるとすれば、言語のパターンはまた更新されていきます。

もちろん、テクストという考え方に基づいて、小説と、事実の言語化は同じ平面上にある、と考えることは、今までと異なるのでイメージしにくいですし、操作を誤れば危険なこともあります。例えば、報道や歴史記述だって所詮創作活動なのだから、見方次第でどうにでも動かせる、というような考え方がいかに人間を冒涜しているかは、言うまでもないでしょう。テクスト概念は、作者という概念の役割を縮小してきましたが、それは人間をないがしろにすることとは違います。何にしても使い方によりますけれど、ともかく、文学研究とは、過去にこういうことがあった、ということを知るだけではなく、その意味を何回でも考え直し、現在の私たちを規定している制度を相対化したり、いかに生きるべきかを考える行為です。

◉文学は〈役に立つ〉か？

こうした考え方は、周囲に流されずに、自分の生き方を考える上で、たいへん重要です。自分だけでなく、メジャーなストーリーにはまりきれない、さまざまな**多様性**を尊重することにもなります。よく文学研究なんか社会の役に立たない、と言われますが、その際の**〈社会〉**が何を指しているか、考えてみてください。例えばかつて、一九五〇年代くらいから、文学は役に立たないと、文学研究者自らが堂々と述べていた時代があり、それが文学隆盛の時期で、世間にも納得して受け入れられていました。なぜでしょうか。これは、その前の時代に戦争があったからです。多くの人が国の役に立とうとして、戦争に協力してしまった。その反省から、〈役に立たない〉価値が重視されたのです。「文学別の見方をすると、私たちが社会をどう考えるかによって、役に立っているか立っていないかは変わります。

は役に立たない」と言われるときは、国家や経済の成長を社会と考えたときです。経済も国家も大事ですが、社会はそれだけではありません。社会を、平和を支えるしくみとか、個性を尊重した上での人びとのつながりのことだと考えると、文学は現在も、大いに社会の役に立っていることになります。

確かに、それぞれの価値観を尊重するということ自体も受け入れるまでに時間がかかります。また、文学テクストというのは、実際に読んでもいないのに、人から聞いたあらすじだけで評価することがナンセンスであるように、ひとりひとりが読まなければ議論できないもので、たいへん迂遠です。常にテクストの個、対、自分の個、が問題になり、それを面倒くさがる人がいるのはわかりますし、誰かが取りまとめてくれた傾向をそのまま共通理解として次のステップに進むということでもないので、進化の実感が得にくいでしょう。

また文学研究を職業にできるかというと、その可能性は低いでしょう。それは、専門的な研究・教育をする大学が、ある程度大衆化している現状がある以上、文学に限らず、どの分野でも起こっています。専門的に学んだこととは関係ない企業などに就職するわけです。仕事になりにくいという点では、文学研究は趣味に近いかもしれません。ただし、趣味と違う点は、社会にも接する何かを明らかにしていくところです。さきほどから述べているような考え方を持つことによってこそ、社会は成熟していくのではないでしょうか。

●文学研究は技術である

そして、そういうふうに読めるようになるには、練習が必要です。生まれつきの感性で読める、という人は稀です。というより、従来は文学研究が今より広まっていたから、人々が文学リテラシーを身につけるのは、知らず知らずのうちであり、だから感性のように思われていた、ということでもあるでしょう。

第一部で見てきたように、テクストには、テクスト内の文脈や、当時の意味を調べることで、だれがやってもある程度意味が定まる部分があり、それを本書第一部では「ガイド」という誘導で練習してきました。その上で、例えば第6講『水月』の主人公女性の生き方を肯定するか批判するか、というような、**立場が分かれていくポイント**がありました。また、ここまでは、教室を想定し、共通のテクストを対象として論じてきましたが、与えられたテクストではなく自分で選択することで、さらにこれから見ていくように資料調査を足していくとすれば、その領域や態度の選択は、自分が何を明らかにしたいかによってどんどん分かれてゆきます。「ガイド」に従って読み解く作業は、なんだか誘導されているようでいやだな、と思った方もあるでしょうが、この先から分かれ道です。**ここからようやく〈研究〉**になってくると言え、これらの選択は、読者の自由です。

しかし、**自由だから、不安**です。例えば、知られていなかった作家の手紙をどこかのお宅の土蔵から発見した、というような事実的行為についてはともかく、立場については、どう読んだかを自分で引き受けるだけです。そこには、対象は別の人が書いたテクストであるにもかかわらず、過剰に自分が見えてしまいますし、ある意味では、どれかが正しいという保証もないのです。たとえば第4講『文字禍』のように、為政者の戦争責任のような話題にかかってくると、ほかの人との意見の相違も深刻になり、違う立場の人から批判されるかもしれないので、自分がある立場をとっていくことは、もっと不安になります。

こうした**不安を自信に変えるために、確実に意味を読むことや、なぜそう考えるのかという意義を説明する**ことを練習するのです。言葉の意味を適切な範囲で理解することと、自分がどの立場をとっていくのかを主体的に選び、その意義を説明すること。この両方の面で、**文学の勉強や研究には知識や技術が求められます**（それはまったく孤独なわけでもなく、議論の積み重ねによって、徐々に複数の人が方法を共有したり、学問領域全体が前進したりもします）。「はじめに」で、「文学研究では、考え方や結論は、他の人が全員同意するものでなくてよい、しかし、どうしてそうなったのか、その過程が、誰にでも再検証可能なように明示されていること、この後者の部分を**客観性**と呼んでいる」と述べたのを覚えていますか。ここまで体験してきた分析の手続きを経ない主観は、単なる〈思い込み〉に過ぎません。感性を楽しむなら、一人で読んでいてもいいのですが、知識や技術ですから、これらは大学でわざわざ学ぶことなのです。経験を積んでいかないとうまくいきません。そして、しょせんは文学なのですから、それをどのように解釈しようと、利益が出るわけでも、急に世の中が動くわけでもないのですが、別の見方をすれば、文学研究は、そんな状況であっても一人で考えようとする、強い人でなければできないのだと言えるでしょう。

常識程度の教養を身につけるためだけに文学をやるのは、損ではなくてもつまらないでしょう。しかし文学で身につけられるもの、すなわち自分で積極的に何かを考えられるようになる知識や技術は、自分の人生や社会のあり方を、ほんの少し広くするものではないでしょうか。

◉〈テクスト概念〉以降の資料調査の態度

さて、次の講からは、資料調査の例についてお話を進めていきます。時代背景を調べれば、観点が広がるということね、と思ったかもしれませんが、少し注意してください。資料調査自体は、ずっと昔からやっており、どの調査もとても大切なのですが、〈テクスト概念〉の以前と以降では、少しイメージが異なります。時代背景を調べるという場合、背景、というからには、図と地があります。小説の何かを明らかにするために、事実の資料で裏づける、というように二つの位相は別になっています。

しかし、さきほども述べたように、**テクストとは、織物**としてイメージされます。言葉においては、さまざまな文化的情報が交錯しており、一つの小説の外部、つまり同時代の他の人たちと共有している言葉の意味や、他の時代の言葉にすらつながっているのです。さきほども少し述べたように、小説と事実を語る言葉は、極端に言えば同じものであり、異次元ではありません。ですから、さまざまに絡み合っているテクストについて、それぞれの観点から文脈を明らかにすることが重視されます。

第1講で、テクストを論じる具体的なやり方として説明したのは、**語り分析**でした。語り分析は、一つの小説の内部に限定して、虚構の世界を現出させる言葉の文脈を分析するものとイメージすればよいでしょう。それとは別に、第一部の多くで取り扱っているように、歴史的あるいは社会的な意味、たとえば戦争やジェンダーというテーマ的な文脈を明らかにすることもでき、その場合、話題は一つの小説の外にも広がっていきます。「テクスト論」というと、語り分析を指すことも多いのですが、それだけではなく、さまざまな文脈に分析の可能性を広げるのが〈テクスト概念〉である、と言えるでしょう。ただし、その先が〈さまざまな分析〉であるだけに、「テクスト論」という言葉は、〈何をするか〉はまったく述べていないに等しく、わかりにくいので、本書では採用しません。

ここまでの分析でおわかりになったように、**〈テクスト概念以降〉**には、テクストの言葉の意味を、より厳密に読む意識はあっても、作家の意図を考えることは、必ずしも必要ではありません。と言っても、ややこしいのですが、これから資料調査を加えていくようになったとき、〈テクスト概念以降〉でも、作家という項目自体がなくなるわけではありません。作家は、たくさんの資料体に限定をかける際の指標であり、ある言語実践を具体的な時代に留めつける際の目印にもなるからです。ただ、作家の内面を推測することは、作家本人でなければ、どれが本当なのか議論の決着がつかないのでしない、というだけです。

代わりに加わるのは、**語り分析の態度の応用**です。**語り分析**は、できごとが語られるときの偏向を明らかにするものでした。ですから、虚構の一テクストだけでなく、作家の発言も含め、実際のできごとが言語化された資料体に応用すれば、発話した本人の意図とはまた違った角度から、文脈を把握する大きな助けになるわけです。その選ばれる文脈は、さきほどから述べているようにさまざまで、戦争や植民地主義だったり、ジェンダー問題だったり、経済だったりします。こうした方法の名称や内容については、説明しきれないので、この講の最後の参考文献で学んでください。現実にはいくつかの問題が絡み合っています。

図書館でむやみに関連資料を借りてくると、〈テクスト概念〉以前と以降の立場は混在することになるので、それがいつごろの、どういう研究か、気にしてみてください。〈テクスト概念以降〉とは、第1講で述べたように、日本で浸透してきた一九八〇年代以降と概ねイメージできます。これらの流れは、高尚な文化だけでなく、大衆的なものも分析の対象にする、**カルチュラル・スタディーズ**と言われる研究方法とも接しています。もちろん、研究というのは、今述べているように単線的に変化するばかりでもないのですが、次では、一応の解説をしてみます。

●文化研究という方法

イギリスを中心とするカルチュラル・スタディーズ、時期をほぼ同じくして日本近代文学研究で起こった文化研究は、翻訳というわけではなく、別々に起こったとも言えるのですが、共通する態度としては、以下のようなことかと思います。文学も含めた文化的な実践を、特定の歴史・社会的状況における構築物とみて（作者の自由な表現としてではないということです）、その権力性や政治性を批判的に捉え直す、ということです。

特に、カルチュラル・スタディーズは、その姿勢から、テレビや映画、ゲームなども含めて、大衆文化を対象とするのが特徴です。当初の態度を忘れて、他の人が手をつけていない領域を調べるだけでレポートや論文を量産したり、批判する政治的構図がお手軽であることなどが批判されましたが、歴史や社会に問題を開き、その考え方を一転させた点で、一定の意味はあるでしょう。第二部では、特にカルチュラル・スタディーズにだけ基づくものではありませんが、資料調査に際して、〈テクスト概念以降〉の考え方を取り入れていますので、実例はそちらを参照してください。

以上のような流れは、大きく言えば、①資料や語りの分析をより厳密にし、より科学的であろうとすることと、同時に、これは人文科学の特徴ですが、②分析自体が中立なものではないことを自覚しながら、浮上させる文脈を選ぶこと、と言えるでしょうか。そして学校の教室や大学のあり方ともかかわって、みんなが同じ教材を読んで、〈鑑賞〉するというような、かつての読み方を批判的に乗り越えようとしてきたものであると言えます。〈鑑賞〉という言葉こそ、最近はあまり使いませんけれど、文章を読んで、美しさを味わったり、想像をめぐらしたりすることです。これならお馴染みの文学イメージです。

ここまで見てから再び振り返ると、文学や文学研究が、現在〈役に立たない〉とみなされるのには、現代の研究現場では既にほとんどなされていない、かつての〈鑑賞〉的なイメージに世間が引きずられていることも大きいのではないかと思います。研究方法を検討するにあたって、ここで目を転じて、文学研究の歴史を遡って見てみましょう。

◉高度経済成長時代の文学研究

「鑑賞」という言葉は非常に古い漢語のように感じますが、鑑賞行為、すなわち人生観を味わったり、美を味わったりするということが一般化したのは、わりと最近です。ここでは、戦後の一九五〇年代〜六〇年代の、主に日本の近代文学の研究者の文章を簡単に検討します。

かつて『夢みる教養——文系女性のための知的生き方史』（河出書房新社、二〇一六年）という本に書いたことがあるので、これから述べるそれぞれの人についての詳しい説明は略しますが、評論家の長谷川泉は、鑑賞は「研究という普遍な態度よりも、より個性的で特殊な態度が要請され」、「研究を従えることがある」と言っています（「第三版序」『近代名作鑑賞（第三版）』至文堂、一九六三年）。鑑賞は研究と対になっているようです。本多顕彰はこんなことを言っています。「気難しいフローベールの文学は、我々素人には、とうてい判らず、鑑賞できないのでしょうか。そういうものではありますまい」と（『一般教育叢書文学』同文館、一九五二年）。つまり、鑑賞は誰でもできるのだそうです。

それから吉田精一は「一般人も具体的直接的には一切の概念を感性的につかんでいるのであり、（中略）これがすなわち鑑賞にほかならない」と書いています（「言語と文学——言語過程と文学」『言語と文芸』一九五九年三月）。一般の人も、芸術家や研究者のような高いレベルの内容を、パッとつかんでしまえるということです。三好行雄は、素人がやっても高度な鑑賞はでき、最初につかんだものに、その後で学問的な精査を加えても、最初に感じたものとそんなに変わらないはずだ、と述べています（「鑑賞と批評」『作品論の試み』〈序にかえて〉至文堂、一九六七年）。

近代文学研究にたいへんな功績を遺した先生方の言葉ですけれども、こうした部分には、疑問を覚えざるをえません。彼らは、鑑賞の特色として、〈鑑賞というのは誰にでもできる〉と言っていながら、〈高度なレベルはある〉とも言っています。そこで疑問に思うのは、それが一体どのように実現されるのかということです。また、素人が鑑賞したものがそのままで高度であるならば、大学で学ぶ必要があるでしょうか。センスがある人には文学がわかるけれど、感性のない人にはわからず、上達もしないということでしょうか。

そして、どうしてこのような言い方をするのかを考えてみると、そこにはこの時期特有の大学の事情があります。大学はこの時期、非常に学生を増やしています。一九六〇年ごろまでは大学・短期大学への進学率は一〇％前後でしたが、七〇年に二四％、七五年には三八％となって、大衆化したと言われる段階が訪れます。そして、〈鑑賞はだれでもできる〉と〈にもかかわらず非常に高度〉という言い方は、こうした大学のあり方と関係があったのではないかと思うのです。

●〈鑑賞＝研究〉からの脱却

大学に入れる人が増えたというのは、よいことには違いないわけですけれども、大学への入学者が増えるということは、学んだことを職業としない人が増えるということです。進学率がわずか数パーセントということは、大学を出た人はそのまま官僚になるか、専門性を生かして大学の教授になるという人数なわけです。ところが、三〇％を超えて四〇％ということになると、高度経済成長期でもありますから、大学を出て一般の企業に就職する人が増えます。それで、先ほどの〈鑑賞〉の語られ方ですが、〈だれにでもできる〉かつ〈高度なレベルはある〉というのは、文学研究というのが本来的にそういうものだというわけではなくて、この時期に特有の、必要とされた言われ方だったのだと思っています。

大学を出たら多くがサラリーマンになる状況は、修めた学問が常識以上に使えることはない、また、それならその程度の学びでよい、とみんなが考えてしまうような状況です。ここで、〈だれにでもできる〉というふうに言っておくことは、間口を広げて、その領域に入る学生を増やすことに貢献します。そして、サラリーマンなら使わない国文学・近代文学の知識は、適当にやり過ごして、専門性には達しない知識レベルのまま大学を卒業する人が仮にいたとしても、学生たちが最高学府で学んだという満足を得ることは必要なので、〈高度なレベルはある〉ということになるのではないでしょうか。君たちはそのままで素晴らしい、のです。もちろん、一部は本当に研究者も養成しなくてはなりませんし、最高レベルの智識で主体的な思考をしていなくてはいけません。〈高度なレベルはある〉、というか、なくてはならないのです。

このように、〈だれにでもできて、そのままで高度〉というのは、この両方をかなえる、この時期特有のレトリックだということになります。レトリックとは、言葉の上でだけはなりたつけれども、実現できるかどうかはわからない、何かを説得するために効果を発揮する論理、という意味で使っています。

私自身は、こういうあり方が文学研究の本質とか真理であるとは思っていません。ただし、このように語られた文学研究は、高度な研究のようでもあるけれども、〈映画鑑賞〉〈音楽鑑賞〉と並ぶ趣味みたいなものでもある、何をするものなのか分かったような分からないような、文学的センスみたいなもので語られがちな、あいまいなものになってしまうということは、想像していただけると思うのです。文学とかって、大学で勉強する意味あるの？　と聞いてくる人は、だいたい文学研究に興味のない方々なわけですから、この古い文学観念に基づいていることも多いのではないでしょうか（そうでない方からの疑問には、また別に向き合いましょう）。

話をもとに戻せば、文学理論の深化とは、このようにあいまいな部分もあった文学のあり方を、より科学的な研究として練り直してきた流れです。かつて数パーセントしか進学しなかった大学で、たとえば文献学など、貴重な資料を使い、複数の語学的知識が必要な少数のエリート向けだった勉強から、大学や教育の大衆化に従って、文庫本だけを共有する手っ取り早い教材準備へ、そして、それへの反省から、多様な学生の立場を尊重した文化の研究へ。研究というのは、一度発見したら普遍性を持つというようなものではありませんので、研究方法の流れと、その中での自分の位置を確認してみることも、必要なのです。

もちろん、各自の研究ではなく、教室ということを考えた場合は、学生一人一人の志向性に合わせた多様な領域について、それぞれが研究レベルまで深化するのに教員がつきあう、というのは並大抵のことではできません。これまでとは異なる多様性の一つとして教員が講義していることが、あるスタンダードとして受け取られる矛盾も出てきます。今後の講義や演習を、どのようにしていくべきかは、深く考えなければならないところです。

主要参考文献

前田愛『文学テクスト入門』筑摩書房、一九八八年。一九九三年、ちくま学芸文庫にも収録
大橋洋一『新文学入門』岩波書店、一九九五年
ジョナサン・カラー（荒木映子・富山太佳夫訳）『文学理論』岩波書店、二〇〇三年
廣野由美子『批評理論入門――『フランケンシュタイン』解剖講義』中央公論新社、二〇〇五年
一柳広孝、内藤千珠子、久米依子、吉田司雄『文化のなかのテクスト――カルチュラル・リーディングへの招待』双文社出版、二〇〇五年
日本近代文学会編『ハンドブック　日本近代文学研究の方法』ひつじ書房、二〇一六年

第10講

挿絵は、本文以上に語る

久米正雄『不死鳥』を例に

●資料を調査するとは？

さて、これからは対象小説の外の資料を調べていく、と述べましたが、そもそも、資料とは、いったいどんなもののことでしょうか。演習の授業などで小説テクストを扱う際には、だいたい次の作業を行うのが定番です。**①先行研究**の調査、**②本文校異**の調査、**③注釈**をつける、**④考察**、です。調査は主に①〜③にかかわってきます。考察は、第一部で行ったような考察だけでなく、①〜③を根拠にすることも必要です。

先行研究とは、例えば志賀直哉『小僧の神様』についての論文、といったようなものです。調査のしかたは、第15講にあります。②は第5講で説明しました。

③注釈は、項目ごとに、物語内容当時・テクスト発表当時の物事の状況などを調べていくことです。日本語辞書を引いて言語的な意味を調べるだけではなく、テクストに応じて、たとえば物語世界の当時の街路や鉄道がどうなっていたか、物価はどうだったか、どんな服装か、扱われている実在の事件がどのようなものか、などを調べていきます。『新日本古典文学大系』明治編（岩波書店）や、『日本近代文学大系』（角川書店）などに、特定のテクストが注釈つきで

収録されていますし、樋口一葉「「十三夜」を読む」（『文学』一九九〇年一月・四月）や、田山花袋「「少女病」を読む」（『文学』一九九〇年七月）などの見本がありますので、イメージづくりをしてください。

近代文学の本文は、読めば意味がわかると思いこんでしまうのですが（近代小説は言語による〈再現〉をめざしてきましたので、読めば状況がわかるように書かれています）、そういう先入観をいったん脇に置いて、いろいろ調査する中で、思いがけない考察の種が現れたりします。ただ、注釈についてどのような資料を使えばいいかは、簡単に伝授することはできません。調べたい時代や、事柄が何かによって、使う文献が異なるからです。文学は、人間の営みの何でも書くことが可能ですから、時には列車の形態について調べねばならず、時にはマルクス経済学について調べねばならず、聖書について、カフェーについて……、（百科事典以上で）どの文献を見たら出てくるかは、そのつど学ばざるを得ません。

一点注意していただきたいのは、「**一次資料**」と「**二次資料**」の区別です。「一次資料」とは、できごとの当事者が書いたもの、「二次資料」とは、一次資料を材料にして書かれたもののことです。作家の日記や書簡、ある事件に関する証言や、原資料などが一次資料です。架空の書ですが、『中島敦の生涯』とか、『明治期の家族制度について』『戦時中の検閲』など、原資料をまとめたり分析したものが二次資料です。これは、研究分野や、テーマによって、区分が若干異なる場合もあります。事柄や、自分の知識の程度にもよることですが、二次資料を読みこんだら、できるだけ自分で一次資料にあたることも大事です。他の人が取り上げていたとしても、自分で読めば別の解釈が出てくる場合もありますし、取り上げられていない資料を発掘することは、それ自体で成果になるからです。

とはいえ、すぐにできることではないので、この講からは、一次資料に近づくような方法のいくつかを体験してみましょう。

●劇的！　久米正雄『不死鳥』

この講で取り上げるのは、久米正雄『不死鳥』（『時事新報』一九一九年一一月一日〜一九二〇年四月四日、夕刊）ですが、『不死鳥』について学んだり覚えたりするというよりも、これを例として、小説の外のできごとを調べる、また、挿絵に注目する方法を知るのだと考えてください。

久米正雄は、芥川龍之介と同世代で、夏目漱石の門下です。漱石の娘をめぐって、やはり漱石の門人・松岡譲とひと悶着あったことが有名です。ここではそれに深入りしませんが、しばらく破れかぶれだった久米は『蛍草』の執筆によって、〈通俗小説〉の領域を開拓し、新たに活動を始めます。そして次に書いたのが『不死鳥』です。

かなり長くもあり、〈通俗小説〉というだけあって、少し驚くような展開でもありますが、一応あらすじを示しておきます。ただし、これは解説の本なので載せますけれど、みなさんがレポートなどを書く場合は、有名なテクストについては、**あらすじ**を書く必要はありません。レポートの限られた分量の中では、自分なりの分析を見せることが優先だからです。有名でない作品についても、始めに長いあらすじがあるのは、あまりかっこよくはありません。最低限にとどめ、必要事項を論の中でふれるなど、工夫してください。さて、『不死鳥』です（これ以降、『時事新報』からの引用は、新聞名は省略し、発行年月日のみを記すことにします）。

文科大学生の水木俊雄は、北海道旅行中、妹が危篤との電報を受け取り、急いで東京の自宅に戻ろうとする。だが汽車が途中で吹雪のため止まってしまい、たまたま乗り合わせていた若い女性と宿屋で一夜を明かすはめになる。その蠱惑的な女性は綾子と言い、気に染まない男性との結婚を厭い、女優を目指して家を出てきたと言うが、婚約者が追ってきて、連れ戻される。遅れて東京に戻ったものの、俊雄は妹の死に目に間に合わなかった。

妹は遺書で、自分の友人の勝子と、俊雄が結ばれることを望んでいた。俊雄の友人で、妹に恋していた画家・小澤の失意を慰めつつ、勝子に気持ちが向かう俊雄だったが、勝子に恋人がいるのではないかと疑いを起こし、思い切るために、旅に出る。札幌に向かい、気になっていた綾子の住所に向かうが、綾子は既に東京に出て行ったことを知る。連絡もないことを薄情に思いながら、東京に戻り、ふとしたことから新人女優がデビューするという演劇を見ると、その女優が、今は綾部百合枝を名乗る綾子だった。

楽屋で再会するものの、すっかり見違えた百合枝は、俊雄だけでなく、彼女に気がある演劇評論家の田口、若旦那の関屋、勝子に結婚を申し込んでいた蒲田などにも気を持たせ、それぞれに芝居後に送らせたり、会う約束をしながらすっぽかすなど、翻弄する。小澤が、俊雄を思い続けている勝子との仲を取り持とうとするが、俊雄は百合枝に夢中で取り合わない。

気持ちを決めるように男性たちに迫られた百合枝は、誕生日に一同を集める。ひと組のエンゲージリングの片方を、燃え盛る暖炉に投げ入れ、これを拾った人と結婚すると宣言する。誰もが怖気をふるったが、火中に手をさし入れたのは、日頃から百合枝を嫌悪していたはずの小澤だった。冷淡な態度をとる百合枝だったが、小澤がそのまま辞したのに気持ちが動かされ、後を追い結婚を迫る。小澤は、俊雄の妹亡き後、慰めになった下宿の娘・君とすでに結婚を約していたため煩悶しつつも、百合枝の美に強く惹かれていることを自覚し、君を振り捨てる。

だが、結婚式当日、百合枝は現れない。結婚式の時刻に君は自殺してしまい、百合枝から結婚中止の手紙を届けられた小澤は、君の後を追って死ぬ。その頃百合枝は、蒲田と逃避行していたが、蒲田が百合枝の歓心を買うために与えた大金は、銀行から横領したものであることがわかり、警察に連行される。一人東京に戻った百合枝は、好奇のまなざしにさらされながらカルメンを演じ、その名声はますます高くなっていった。——だが、五〜六年後、落ちぶれた地方興行で、病すら得て伏せる百合枝の耳には、新しい劇団を迎える人々の歓声が聞こえていた。その劇団には、劇作家の俊雄と、女優になった勝子がいた。

●初出を確認する

というわけで、驚きの展開だったと思いますが、このようにいろいろな偶然が重なるのが、〈通俗〉と言える所以でしょう。物語はそもそも、俊雄が百合枝と偶然同じ車両に乗り合わせたところから始まりますが、百合枝のデビューする舞台をたまたま見てしまったり、百合枝と勝子から逢いたいと言われた時日が偶然同時刻だったり、勝子に結婚を申し込んだ蒲田が、百合枝にも執心して絡んできたり、と枚挙にいとまがありません。第一部で行ったような読み方は、意味の空所やレトリックがあってこそ有効なのですが、このテクストには、適用しにくい気もします。

百合枝の男性を翻弄する高慢なキャラクターについても、札幌での若い時期に、男性に貞操を奪われ、妊娠したことがあり（一九一九年一一月一三日）、「私はあんな坂口ひとりばかりでなく、貴男《あなた》がた男性の全体に対して、大きな侮辱を与へなければ済まないわ。」（一九二〇年二月一〇日）と、男性に対する復讐のためだと言うところもあるのですが、あまり深く描きこんではおらず、そうした心理や社会の問題を分析するにも材料不足です。

これは、何か他の楽しみ方がある小説なのかもしれません。そこで、当時の読者がどのような状況で読んでいたのか、**初出**の紙面を見てみましょう。小説の初出情報を調べるには、**個人全集**の解題や、戦後小説の場合は『文芸雑誌小説初出総覧』（日外アソシエーツ株式会社編、二〇〇五年）などを使います。長編は新聞が初出であることも多いですが、高木健夫編『新聞小説史年表』（国書刊行会、一九八七年）は、挿絵画家もわかり、便利です。『不死鳥』が載っている『時事新報』を見てみると、まず毎回挿絵がついていることがわかります。それと、いわゆる文化面に載っており、演劇の劇評や女優の紹介などの情報が隣り合っています。当時の人は、こうした情報が目に入ってくる環境で、小説を読んでいたということです。もちろん、他のテクストなら、政治や経済のニュースとかかわる場合もあります。

新聞紙面で見てみると、例えば、『不死鳥』の中で百合枝と同じ舞台に出ている俳優の名は沢村「錦弥《きんや》」ですが、一九一九年一一月五日に『不死鳥』と隣り合っている記事、三宅周太郎「帝国劇場を見て（上）」では、守田勘彌《かんや》が出演していることがわかります。名前が少し似ていますね。実は、一九二〇年二月一日からの帝国劇場の女優劇は、『三浦製糸場』という久米正雄の脚本を上演していたことも別の記事でわかりますが、この指導をしていたのが勘彌です（「帝劇の女優劇」一九二〇年二月三日）。小説は、こうした状況を当て込んだ作りであることがわかるでしょう。ちなみに、「女優劇」について解説すると、それまでいなかった女優の必要が議論されるようになったのが明治末期、男女を混ぜて上演する方針の劇団も、男優だけで上演する方針のところも、いろいろありましたが、帝国劇場は、男性だけの歌舞伎と、女優が出る演劇を、取り混ぜて上演していました。「女優劇」とわざわざ言うのは、そのためです。

それだけではありません。『不死鳥』では、「秋庭博士等の芸術協会が再度の旗揚げ」（一九二〇年一月二八日）などが話題になっていますが、実際の記事に、新文芸協会の明治座での旗揚げ公演が一九二〇年二月二八日に載っています。新文芸協会とは、もと文芸協会にいた東儀鉄笛らが起こした劇団です。[1] これと併せて、当時の歴史・社会年表などを見比べてみると、『不死鳥』の女優が借りているイメージが鮮明になってきます。というのは、『不死鳥』が連載された一九一九年の一月五日には、芸術座の女優、松井須磨子が亡くなっているからです。

●現実の演劇状況とのリンク

松井須磨子（一八八六〜一九一九年）は、坪内逍遥博士の文芸協会（一九〇六〜一九一三年）が養成した、近代でほとんど初めて有名になった女優です。ですが、より伝説化されたのは死後です。文芸協会では、演出などをしていた島村抱月と恋愛関係になりましたが、抱月には妻がありました。二人の強い関係に、文芸協会の方針をめぐる内紛も絡み、抱月と須磨子が独立して旗揚げしたのが芸術座なのです。[2] そして、『不死鳥』連載の前年の一九一八年一一月五日に、抱月が当時流行していたスペイン風邪で亡くなり、須磨子の死は、彼を追った自殺でした。小説中の「芸術協会」なる名前には、文芸協会や芸術座をめぐる、このような記憶がまつわってくるわけです。当時の人が何を連想したのか予想をつけ、調べていくと、文芸上で流行ったさまざまなできごとに関係する、思わせぶりな符号がさらにたくさん出てくることに気づきます。

テクスト中の百合枝のデビューは、「日本座」の五月興業の女優劇で、演目はシェークスピアの『ハムレット』、それは「今度洋行から帰った或る旧派の若い俳優」（一九一九年一二月二一日）が演出したもので、百合枝はオフィーリアを演じています。久米正雄は、自身が一九一五年に『ハムレット』を翻訳し、出版しているのでなじみが深かったでしょうが、それよりも、松井須磨子の文芸協会でのデビューは、『ハムレット』のオフィーリア役なのです。その後、百合枝は例の誕生会の場で、男性に対する態度をはぐらかそうと、「いゝえ、首をすつかり切り落して置いて、サロメのやうに、後で接吻する気かもしれませんよ。」（一九二〇年二月二三日）と述べますが、この『サロメ』や、後に演じる『カルメン』もまた、須磨子が演じた役柄です。

こうした領域に興味がある人なら、すぐ気づけるのですが（第2講で述べたように、**一般的な教養も必要**です）、特に知らなくても、**注釈**をおろそかにせず、たとえば『サロメ』や『カルメン』が出てきたらそのつど作者、翻訳者や日本での初演を調べ、日本近代の演劇や、松井須磨子についての文献を読めば、こうした事柄に行きあたります。

よく知られる通り、オフィーリアはハムレットの清純な恋人ですが、ハムレットが亡父の復讐にとりつかれる犠牲となって、狂気におちいり溺死する悲劇的な女性です。対照的に、オスカー・ワイルド『サロメ』（一八九三年）は、ユダヤの王女サロメが、自分の愛を拒絶する預言者ヨカナーンをわがものにするため、王に自らの踊りの報酬としてヨカナーンの首を所望し、切られた首に接吻するという過激な恋の物語で、須磨子の上演は一九一三年です。プロスペル・メリメ原作の『カルメン』（一八四五年）もまた、カルメンに惚れて落ちぶれたドン・ホセが、闘牛士エスカミーリョに心が移ったカルメンを最後には刺し殺すというもので、須磨子の上演は一九一九年、この上演中に須磨子が自殺したことで、一層強く印象づけられた作品です。

歴史的事柄を調査するときは、どの時期かによって使う資料が異なるので、**時期の限定が必要です**。まず、「戦前は〜」みたいな大きなくくりで歴史・社会状況をまとめてしまうのはやめましょう。自分の生きている時間を考えれば、一〇年や二〇年違ったら、事情は大きく変わります。歴史の時期を、細かく適切な幅で扱えるようになることも、練習の成果です。

●〈宿命の女〉というパターン化

ただし、『不死鳥』については時期の限定が多少困難です。第4講や第7講で、**物語世界の時代**と、**小説が書かれた、あるいは発表された時代**の両方に注意すべき、と述べてきました。『不死鳥』は、最後まで読めば、メインのできごとから五〜六年経っている、つまり最新の現在を連載時くらいと仮定して、メインのできごとを一九一四〜一九一五年頃と推定することも可能ですが、読んでいる途中には、それが回想だと指示する徴は特にありません。

もう少し詳しく言うと、百合枝のキャラクターに影響していると思われるのは、現実の明治四〇年代くらいから文学上で目立ち始める〈運命の女〉というタイプでしょう。運命的な恋愛の相手であり、その性的な魅力で男性を破滅に追い落とすものですが、このイメージのピークと、一九一四〜一九一五年頃という『不死鳥』の時代設定は合致します。最初に汽車中で出会った時の百合枝は、「女の眼が一層黒い潤みを帯びて」（一九一九年一一月三日）、「彼女が所謂玄人でない事は明かだつた。却つて相応な家庭の子女らしかつた。しかも彼女の持つてゐる技巧や、豊富な表情はそれを裏切つてゐる。――俊雄は、自分の目的としてゐる文学の方面から、彼女も亦近代文明の生んだもつとも代表的なる副産物、「新しい女」の一人である事に、朧げなる推断をつけた。」（一九一九年一一月六日）と書かれており、表情を映す瞳や、ふるまいの〈技巧〉が特徴的な〈新しい女〉は、明治末からの文学的流行に合致します。こうしたイメージは久米と同じ漱石門下の森田草平などが書いて有名でした。[3]百合枝が宿帳に使う偽名「明子」も、森田の『煤煙』（初出は一九〇九年、全体がまとまって単行本化されたのは一九一四年）のモデル、平塚明子《はるこ》を連想させます。

しかし一方、この時期だとすると、松井須磨子はまだ『カルメン』は演じていません。須磨子の、恋愛に殉じて命を失ったというイメージの成立にも、まだ時間があります。結局、『不死鳥』は、連載の数か月前に起こった須磨子の自殺を契機として想起される複数の時間やできごとを、時系列順というよりは混在させ、あるパターンとして配置しなおしたと考えられます。小説や演劇にしかないような恋愛における激情を実際に生きている女性、そのため、演技のような技巧性やわざとらしさが特徴とされるものの、（演技なら奥にあるはずの）内面を持たない上滑りな女性、というパターンです。それは、しとやかで本心を内に隠す女性が好まれる社会にあって、罰されるべきものとしてイメージされるでしょう。

これは、松井須磨子について人々が共有したストーリーと共通しています。彼女についても、キャリアを積むに従って、清純派から激情型へ、演じる役柄が変化します。芸術座が経済的な安定のために、大衆的な演目や巡業にも

図1 『不死鳥』挿絵（『時事新報』1920年2月2日）

拡大し、刺激的な女性キャラクターの出る脚本を選択したことと、須磨子その人のゴシップが相互に影響しあって話題になったからです。真偽はともかく、デビューの『ハムレット』では、「たゞもう一生懸命目を据ゑて先生に教はつた通りを繰り返へす」、「動《や》もすると咽頭《のど》がつまつて狂乱の歌がおろ〳〵声になる」初々しさだった須磨子が、「総てが余程技巧的に成つて来て所謂「客をつかむ」ことをおぼえ」（「小林さん」『演芸画報』一九一五年六月）、堕落してしまったことを嘆く評論を多く見ることができます。これらは、女優に初々しさや素人らしさを求めがちで、キャリアを堕落としてしかみなさない社会において、作り上げられたストーリーです。[4]

『不死鳥』の〈通俗性〉は、世間の好奇心をあおる女性の物語化のパターンと大いに関係しているのです。

●竹久夢二の挿絵が語ること

さて、こんなセンセーショナルな物語の挿絵を担当したのは竹久夢二（一八八四～一九三四年）です。大正ロマン、「夢二式美人」として大流行した画家で、久米の『蛍草』の装幀や、舞台美術も手掛けています。もう少し詳しく述べると、早稲田実業学校時代に新聞にスケッチを投稿したものが徐々に認

図2 『不死鳥』挿絵(『時事新報』1920年2月18日)

められ、当初は『平民新聞』など社会主義者との交流もありつつ、少年・少女雑誌の挿絵なども書き、一九〇九年頃から、画集、絵ハガキの意匠が大人気になっていきます。一九一四年に開いた港屋絵草子店では、デザインしたレターセットやてぬぐい、半襟などが人気になりました[5]。このような商品化や、月々の雑誌や楽譜などの旺盛な仕事ぶりには通俗性はあるものの、画への熱意は並大抵ではありません。女性との恋のロマンスも多く、のちには、自身の遍歴を自身で小説化、挿絵をつけた作品もあります。一九三一年に、念願の欧米視察に行きますが、帰国後、結核で亡くなりました。

『不死鳥』の挿絵は、本文を読んだ上で、かなり忠実に描かれていることがわかります。例えば、一九二〇年二月二日(図1)は、人力車で行き過ぎようとする百合枝を呼び止めた場面で、車夫が行き過ぎ、「彼女は車上で後を振り返つたために、身を蜿らせるやうな姿を見せた。而して大きく目を睜つて微笑みながら俊雄の方を見返つた」とあるのが示されています。

連続する二回分の連載については、例えば俊雄と小澤が話しているところに、後から百合枝が入ってきた場面では、視点の切り替えで時間の経過も表すなど、工夫をしていることがわかります(一九二〇年二月一八日、一九日。図2、3)。

一方、物語には忠実ながら、若干逸脱するところもありま

図3 『不死鳥』挿絵（『時事新報』1920年2月19日）

す。例えば一九一九年一一月二九日の場面は、妹の火葬場に向かう自動車の中で、俊雄が勝子に妹の遺書を渡そうと考えるシーンですが、挿絵では、勝子が手に持っているものが手紙だとすると、文章では三〇日の掲載分で渡しているのに一日早く渡っています。また、一九二〇年一月五日では、蒲田に結婚を迫られた勝子が、やはり俊雄の心を確かめたいと手紙を書くシーンですが、これも文章からは一日早く描かれています。意図的であるのか、何らかの事情でずれてしまったのか、このテクストについての個別事情はわかりませんが、結果としては、ストーリーの展開を先取りして、読者の興味を明日の掲載につなげる効果があると言えるでしょう。

これらは、小説内で起こるできごとをやや先取りしただけですが、さらに小説の描写を逸脱しているところもあります。一九二〇年三月一五日（図4）は、踊っている女性のような挿絵ですが、本文では、小澤が結婚式当日、百合枝を待っている場面で、女性は登場しませんし、登場人物が当時の常態であった和服で描かれているのと比べると、洋服を着ているのには違和感があります。次の回に関連するような内容はありません。いったい何を表しているのでしょうか。挿絵の中で探すと、一九二〇年三月二八日（図5）、百合枝が演じるカルメンの衣装が、縞のような洋服、足環、手に持つタンバリンなどがこれと似ているように思います。ここでは、百合枝が、結婚するまでに思い入れた小澤から、簡単に蒲田に乗り換えるところですので、思ったことは無理にでも実行していく百合枝が、カルメンのような女性であることを暗示しているものでしょう。

ここで興味深いのが、挿絵には、物語世界で上演されている劇の内容を、舞台であることを示す構図をとらず、他の物語世界内のできごとと同じレベルで示す箇所があるということです。一九一九年一二月二四日の『ハムレット』のエルシノア城の場面や、今のカルメンの場面です。これらは、もちろん画風が少し異なっているので、劇中劇として区別できることが了解されますが、物語世界の現実の街並みを描いた複数の絵の方も、東京でありながら、夢二らしい、どこともわからない異国的な雰囲気になっているので、両者は地続きに見えます。百合枝は、劇中のカルメン

図4　『不死鳥』挿絵（『時事新報』1920年3月15日）

図5　『不死鳥』挿絵（『時事新報』1920年3月28日）

図6　『不死鳥』挿絵（『時事新報』1920年3月13日）

のように現実を生きている、その虚実の一体化を、挿絵も共に演出していると言えるでしょう。

他にも、一九二〇年三月一三日（図6）の構図では、百合枝と小澤の結婚について、鶴や亀のおめでたい地模様の上に、二人の肖像が枠取られています。これも、物語内の現実を描いたというよりは、二人の結婚を知らせる新聞や雑誌のレイアウトのようです。作中人物がそれを見るのではなく、他の本物の記事と並べて読者がそれを見る行為は、現実と物語世界との境界を、一瞬忘れさせるでしょう。

ただし挿絵は、百合枝を、予測不可能な妖女としてだけ描いているわけでもありません。例えば、一九二〇年二月二九日（図7）、例の誕生会の騒動の後、参会者が帰った場面では、本文には「百合枝は改めてぢつと其方を見凝めざるを得なかつた」とあるだけですが、挿絵では百合枝はテーブルに伏しています。泣いているようにも見えます。こうした挿絵は、内心には葛藤や煩悶があれど、表面では強い女性を演じている、という読み解きを示唆しているでしょう。本文では、最後は百合枝がかなり唐突に落ちぶれて終わります。そこまでの過程が書かれていないので、この結末の意味は、人を弄ぶような女性に与えられた天罰、というように、常套的な価値観にのっとって受け取られるでしょう。挿絵の方では、自分

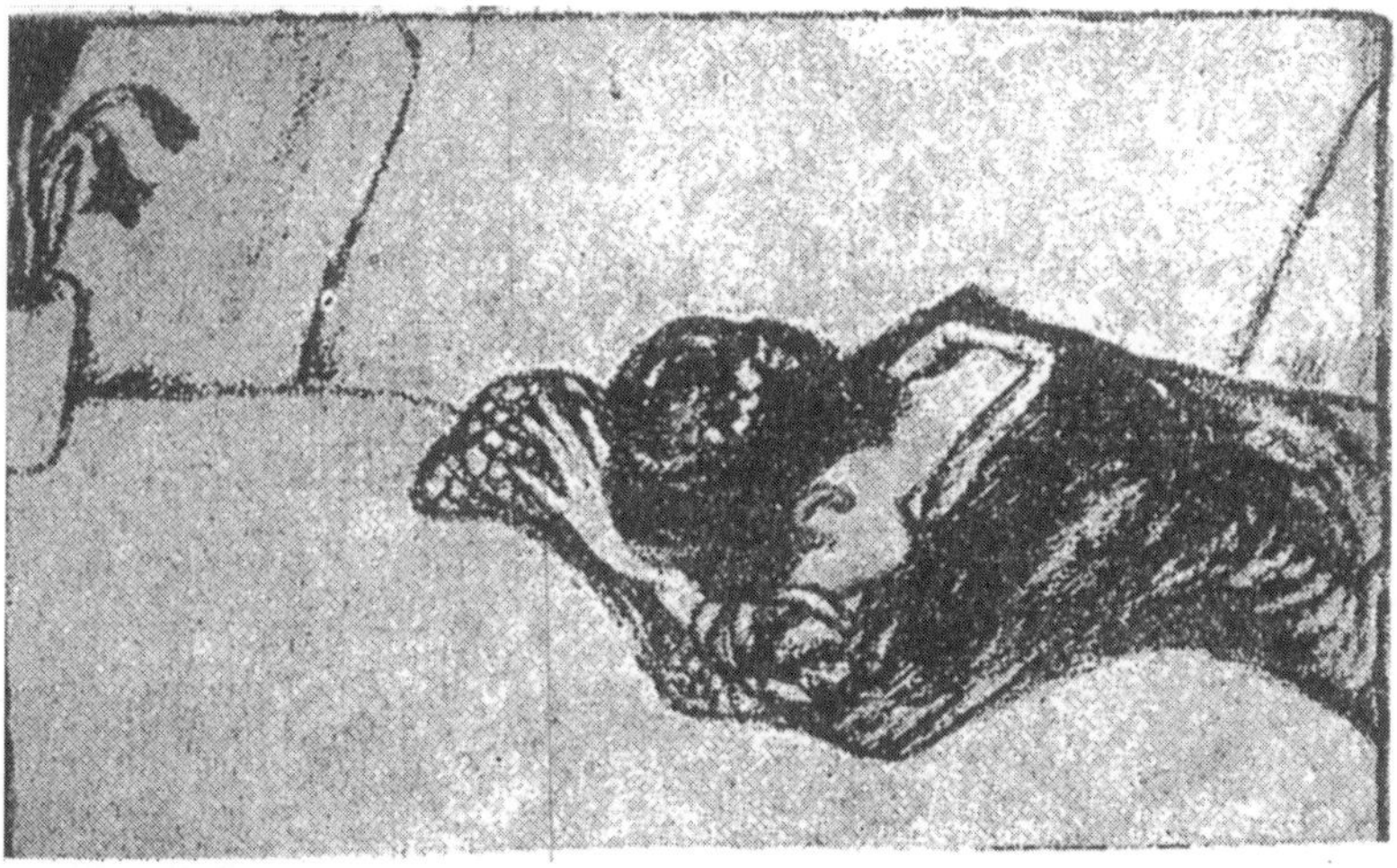

図7　『不死鳥』挿絵（『時事新報』1920年2月29日）

の残酷さや、全員が去ってしまった寂しさを嘆き、百合枝の突拍子のなさは薄められています。

もちろん、やり遂げたいことのために心を鬼にする、というのも、世間に流布した別のパターンであることは否めませんが、少なくとも、挿絵がつくことで、やや異なる女性像の提示になっていることは確かです。他にも、一九二〇年三月一四日の君が小澤の部屋を片づける後姿などが、本文には具体的に指示していない場面で、挿絵は、そうしたいじらしい女性の内面に同情を寄せがちなのです。画家が小説に忠実に書いたつもりなのか、読者として自分のオリジナルな想像を膨らませたつもりなのかはわかりませんが、挿絵とともに見たときには、別の意味があるということです。

●近代小説における挿絵の位置づけ

おわかりのように、挿絵は、別人の画家が描くものですから、作家が文章に込めた意図とは異なります（明治期などでは、作家自身が下絵を描いて画家に指示していたケースもあります）[6]。挿絵研究も、作家の意図を中心とする研究が批判されて以降、つまり〈テクスト概念以降〉に、新たに盛んになっていると言ってよいでしょう。もちろん、近代以前では、絵画は信仰や経済的な余裕とも結んだ貴重なものでしたから、重要視されたことは言うまでもありません。ただし、近代文学は、基本的にリアリズム、つまり文章だけを読んで情景や心情がそこにあるかのように再現されることを目指したために、一度挿絵を切り離しました。挿絵のない小説の方が高尚だとされ、作家個人の事蹟をみせる全集などでは、収録の際には、別人の手になる挿絵は捨象されてきたのです。

しかしながら、本の単位としてみれば、装幀や口絵を含めて、一つの世界観として愛されてきたのですし、見てきたように、新聞小説など、当時の読者は挿絵がついた形で読んでいました。近代の絵画の場合には、印刷技術による複製と切り離せず、ある程度大衆的でもありますが、第9講で述べた通り、〈テクスト概念〉の延長線上の方法論的展開が、大衆文化を研究する意義を明確にしてきていることとも関係しています。挿絵は、もちろんあるだけで華やかですが、方法上の意味も考えながら、楽しんでいきましょう。

註

(1)大笹吉雄『日本現代演劇史　大正・昭和初期篇』白水社、一九八六年。
(2)尾崎宏次『女優の系図』朝日新聞社、一九六四年。
(3)飯田祐子『彼らの物語』名古屋大学出版会、一九九八年。「第五章『三四郎』美禰子と謎」。
(4)小平麻衣子『女が女を演じる　文学・欲望・消費』新曜社、二〇〇八年。「第十章　封じられた舞台――文芸協会『故郷』以後の女優評価をめぐって」。
(5)高橋律子『竹久夢二　社会現象としての〈夢二式〉』星雲社、二〇一〇年。
(6)出口智之「明治中期における口絵・挿絵の諸問題――小説作者は絵画にどう関わったか」(『湘南文学』二〇一四年一一月)。

〈作家と時代〉

久米正雄（一八九一〜一九五二年）。東京帝国大学在学中に、芥川龍之介、菊池寛らと第四次『新思潮』創刊。失恋を経て、通俗小説を書くようになる。みずからの作風を「微苦笑」と表現した。一九三八年には東京日日新聞の学芸部長、第二次世界大戦中は、大日本報国会の事務局長を務め、鎌倉在住の文士らが創設した貸本屋・鎌倉文庫の社長も務めた。

同時期の通俗小説としては、文藝春秋社を設立した菊池寛と、久米が双璧であるが、女性に人気という点では、吉屋信子も外せない。久米の日日新聞時代に連載を持ったり、戦後は出版社となった鎌倉文庫で、女性誌『婦人文庫』に大きく貢献した。

主要参考文献

前田愛「大正後期通俗小説の展開　婦人雑誌の読者層」『近代読者の成立』有精堂、一九七三年
山田奈々子『木版口絵総覧』文生書院、二〇〇五年
山田奈々子『口絵名作物語集』文生書院、二〇〇六年
木股知史『画文共鳴』岩波書店、二〇〇八年

第11講

作品は、読まれなくても〈名作〉になる

堀辰雄『風立ちぬ』を例に

●堀辰雄『風立ちぬ』の受容を調査する

この講では、さらに資料調査の例として、**〈受容〉**ということについて考えてみたいと思います。受容というと、例えば、**作家側に注目するものと、そうでないもの**があります。作家側に注目するものは、たとえば芥川龍之介が「今昔物語」をいかに受容したかなど、思い浮かべやすいですね。この場合は、どこが芥川の創作か、つまりは**古典と変えて作家が言いたかったのはどこか**、を明らかにします。つぎに、作者に注目しないものとして、そのテクストを、**地理的・時間的に離れたところで、人々がどう扱ったか**の側面に注目するものがありますが、これは、おおまかに言うと、さらに二つの立場に分けられるでしょう。芥川の**オリジナルを他の人がどう変形したか**を問う立場と、**変化の過程や受容の現象そのものに意義を置く見方**です。

これだけではわかりにくいので、堀辰雄の『風立ちぬ』を例に、最後の、変化の過程や受容の現象そのものに意義を置く見方、を見てみましょう。『風立ちぬ』は、一九三八年に単行本が出版されたもので、「私」が、重い病を得た婚約者に寄り添い、死を予感しながらも彼女への真摯な愛を貫き、つづったものです。堀辰雄の実体験をもとにして

書いたものと言われています。堀の婚約者・矢野綾子は、結核のために八ヶ岳山麓の富士見高原療養所で療養していましたが、一九三五年に亡くなっています。例えば、序章には、テクスト中の「節子」と「私」の言葉のいらない愛が、大自然の風景と結び合って描かれています（引用は、『堀辰雄全集』第一巻、筑摩書房、一九七七年を用います）。

それらの夏の日々、一面に薄の生ひ茂つた草原の中で、お前が立つたまま熱心に絵を描いてゐると、私はいつもその傍らの一本の白樺の木蔭に身を横たへてゐたものだつた。そうして夕方になつて、お前が仕事をすませて私のそばに来ると、それからしばらく私達は肩に手をかけ合つたまま、遥か彼方の、縁だけ茜色を帯びた入道雲のむくむくした塊りに覆はれてゐる地平線の方を眺めやつてゐたものだつた。やうやく暮れようとしかけてゐるその地平線から、反対に何物かが生れて来つつあるかのやうに……

病気になった節子が時折漏らす「私がこんなに弱くつて、あなたに何んだかお気の毒で……」といった弱音とか、将来について話す「私」に、「そんなにいつまでも生きて居られたらいいわね」となげつける彼女の苦しみに動揺しながら、それを書くという仕事に昇華しようとする「私」と節子は一体化していきます。

夜、一つの明りが私達を近づけ合つてゐる。その明りの下で、ものを言ひ合はないことにも馴れて、私がせつせと私達の生の幸福を主題にした物語を書き続けてゐると、その笠の陰になった、薄暗いベッドの中に、節子は其處にゐるのだかゐないのだか分らないほど、物静かに寝てゐる。ときどき私がそつちへ顔を上げると、さつきからぢつと私を見つめつづけてゐたかのように私を見つめてゐることがある。「かうやつてあなたのお側に居さへすれば、私はそれで好いの」と私にさも言ひたくつてたまらないでゐるような、愛情を籠めた目つきである。ああ、それがどんなに今の私に自分達の所有してゐる幸福を信じさせ、そしてかうやつてそれにはつきりした形を与へることに努力してゐる私を助けてゐて呉れることか！

こうした幸福や生の燃焼は、死という期限を見据えているだけに、一層悲劇的です。

●戦後になって高まる評判

ただし、堀辰雄の作品は、発表当時から文壇的に評判になってはいますが、その評判が高くなってくるのは、発表からだいぶ時が経った戦後です。特に、女性読者が目立って増えてくるのが特徴だと言えます。当たり前ですが、作品の内容自体が変わるわけではありません。いったい、どういう状況によるのでしょうか。

一九四七年から始まった毎日新聞社の「読書世論調査」「学校読書調査」というのがあります。前者はだいたい一万三〇〇〇人から一万五〇〇〇人に調査していますが、「好きな著者」で堀辰雄は、一九五九年に二六位、一九六〇年は入っていませんが、一九六一年からは毎年、三〇位、三二位、二五位、二八位、三五位、二七位と、六〇年代に人気になっているのが特徴です。特に、この位置は、女性票が押し上げていると言えます。なぜなら、例えば一九五九年の全体での二六位は、男性では殆んど圏外、女性が一六位の平均だからです。一九六三年は女性で一八位、一九六六年は女性の一七位が押し上げた結果です。どのような理由であるかを考えてみたいと思います。内容が〈女性らしい〉というのは、当たりません。なぜなら、作者も、テクスト発表当時に読んだり評価していた人も男性たちだからです。

同時代評は、『文藝時評大系』（全七三巻・別巻五（索引）、ゆまに書房、二〇〇五年）が索引で引け、本文が読めますし、『近代文学研究叢書』（昭和女子大学近代文化研究所、一九五六年〜）などに資料のリストは載っています。ただ、これらは、著名な作家や、評論家によって書かれたものです。今回は、一般の女性に人気になった状況を探るための一つの例として、『女性自身』という雑誌に、『風立ちぬ』の記事がどんな具合に載っていたかを調べてみましょう。え!? と思いましたか。

『女性自身』は、現在では、電車の中吊り広告か美容室でみかける程度、皇室やタレントのゴシップを載せた雑誌……というイメージなので、文学に高尚さを感じる向きには、ギャップがありすぎるかもしれません。ただし、一九五八年の創刊当初の『女性自身』は、だいぶ違った雑誌でした。読者にはＢＧ――ビジネス・ガール、つまり働く女性です――が多く、金恵珍によれば、政治問題、戦後問題、社会問題を取り上げ、女性の就職難や性差別などを取り上げ、「経済的・社会的に自立した女性、新しい時代に相応しい女性」を目指していたと言います。(1)

さて、その『女性自身』では、かなりの頻度で堀辰雄『風立ちぬ』に関係した記事を見つけることができます（これ以降、『女性自身』からの引用は、誌名を省略します）。例えば、読者からの要望に応えて、著名人に取材する「この人」というコーナーがあります。名古屋の尾上美世子さんからの、「堀辰雄の小説（「風立ちぬ」「菜穂子」など）を愛読しています。多恵子未亡人に、現在の心境をうかがってください。」というリクエストに答えた記事「風立ちぬ、いざ生きめやも――春遠い軽井沢に亡き夫《つま》の想いを――」があります（一九六一年四月四日号）。多恵子夫人とは、堀は矢野綾子の死後一九三八年に結婚、堀は一九五三年五月に亡くなっています。このリクエストからは、愛読者も多いことが窺えますが、それよりも誌面で多いのは、各地の美しい風景写真と絡めた記事です。「ここに死す」（一九六一年七月三一日号）というグラビアでは、軽井沢の写真に、「風立ちぬ、いざ生きめやも」という有名なフレーズを載せ、「堀辰雄ほど軽井沢を愛した作家はいなかった。その生も死も、文学も――すべてが、軽井沢のすみずみまで、しみこんでいる……。」とキャプションがつき、『風立ちぬ』の書影も載せています。

さらに観光ガイドを兼ねているものが多いのが特徴です。「ひとり旅　信濃路に「風立ちぬ」を偲ぶ」（一九五九年一〇月一四日号。図1）は、「八ヶ岳山麓の富士見高原療養所の赤い屋根に、追分の樹下に、ひっそり立った石仏に、軽井沢の白樺と落葉松《からまつ》の林に、〈風立ちぬ〉や〈菜穂子〉の舞台を見いだして、わたしの胸はふるえた……。」と、「国吉悦子さん　二〇才・岡山市東古松」という読者による旅の体裁での報告（読者が写っている写真つきです）。「信濃路にこぶしの花白く……」（一九六二年四月九日号）では、「高原の牧場にカラ松芽ぶく　●堀辰雄の愛した野道をゆく」との見出しで、清里周辺へのコースガイドや写真が載っています。こぶしは、堀にゆかりのある花です。「風立ちぬ」（一九六二年八月二七日号。図2-1、図2-2）では、「富士見高原に名作〝風立ちぬ〟を歩く」として『風立ちぬ』や『窓・Ｖ』など、矢野綾子にちなむテクストが引用され、堀と綾子のいきさつや写真も紹介され、富士見高原への行き方がイラス

図1　『女性自身』1959年10月14日号

トつきで紹介されています。ここに紹介したのは一部ですが、この時期、『女性自身』は頻繁に『風立ちぬ』に言及しているようです。

●〈日本〉を再発見させてくれる作家

好きな作品や作家のゆかりの地をめぐる、今なら〈聖地巡礼〉とでもいうところでしょう。ただし、あまり内容にふれていないと思われる記事も多くあります。グラビア「風立ちぬ」（一九六〇年八月二四日号）の写真は軽井沢ですが、写っているのは女優で、「（注・岡田）茉莉ちゃんは、白レースのワンピース。アクセサリーもすべて白。（注・桑野）みゆきちゃんの帽子、スカーフ、パブリック（バッグ）はグリーン」というような文学とは関係ないもの（両方とも女優さんです）。「富士山麓に風立ちぬ」（一九六一年八月二一日号）も、内容に堀辰雄を含んでいません。一般的な詩的言語としての利用なのかもしれませんし、後者の記事は、太宰治などは紹介しているので、堀辰雄への連想も期待されているのかもしれませんが、いずれにしろ、フレーズだけ、というものも多いようです。これをみると、『風立ちぬ』の名声は、テクストの内容によるだけではないかもしれません。この時期の受容の高まりの原因と

図 2-1 『女性自身』1962 年 8 月 27 日号

図 2-2 『女性自身』1962 年 8 月 27 日号

して、一つ目に考えられるのは、観光との関係です。この時期には、毎号のように旅の記事があり、夏などになるといっそう多くなります。

実は、堀辰雄だけではありません、挙げたような旅の記事は、複数の場所や作家が組み合わされていることが多いのですが、高村光太郎、伊藤左千夫、若山牧水、井上靖、松本清張など、テクストに地方色の濃い特定の作家が、この雑誌では重用されていることがわかります。一般的に言って、戦後における日本の経済復興はめざましく、一九五五年から神武景気、一九五六年には、経済白書に「もはや戦後ではない」と書かれたことが有名です。戦時下には、当然列車その他による移動も軍事目的優先で制限されており、敗戦直後は復員や列車の不足などでおよそ〈旅行〉の余裕などなかった状態が、徐々に緩和され、レジャーに目が向けられるようになったのが一九五〇年代後半だと言えます。とはいえ、全国調査の『全国旅行動態調査』一九六二年でも、年に一回の旅行もしていないと答えた人が六八・一%もあるので、記事は実用というより、ある想像のパターンに効果的に作用したということも考えられます。

十重田裕一が、川端康成についてのケースを明らかにしています。[(2)]十重田は、一九五〇年代から一九六〇年代、たとえば筑摩書房版『日本文学全集』の広告戦略において、日本列島の各地に作家や作品が配置される図像が用いられ、日本の空間・時間が可視化されたことを述べ、その際、大きく取り上げられたのが、各地を舞台に作品を書いた川端康成であったことを指摘しています。また、同時期の映画黄金時代に、川端作品が多く映画化され、いずれも地方を舞台にして、懐かしく、美しい日本を表象し、それが連続テレビ小説まで続いていることを指摘しています。

これらは、日本が戦後に再び独立国となり、一九五五年体制から高度経済成長期に向かう時期において、敗戦によって変化した日本の地理的輪郭を確認し、軍国主義などとして否定された国民性を、美を愛する国民性に置き換えていく、つまり、新しい日本のイメージづくりや国民の自己認識に大きな効果を発揮します。この時期に川端が、〈日本〉を代表する作家になりえた理由の一つです。文学全集の流行りは、作品が読まれることもあったことを示していますが、十重田氏も旅行ブームについてふれているように、映画を通した有名化は、原作を読んでいない人の関与も大きいということです。

話を戻せば、堀辰雄についても、他の旅行記事に取り上げられる作家たちと並んで、類似の状況があるとは言えるでしょう。日本のよさを、旅行という身体化と絡めて〈再発見〉させてくれる作家として重宝されているのです（〈再発見〉と述べましたが、イメージ創出の問題ですので、もともと同じ〈よさ〉があったとは限りません）。こうした、読まなくても知っている、という状況は、ずいぶん後まで続きます。松田聖子の歌に「風立ちぬ」（一九八一年、作詞・松本隆、作曲・大瀧詠一）というのがあるのですが、この時期くらいまでは、「風立ちぬ」という言葉が振りまいたイメージは健在だったと言えるかもしれません。

●『女性自身』にみる、働く女性の憂鬱

もちろん、以上に女性受容者ならではの事情を追加してみることができます。『女性自身』は、既に述べたように、BG（ビジネス・ガール）をターゲットにしている雑誌です。旅行という側面で言えば、女性の仕事を掲げているからこそ、経済的な自立がレジャーを目標にすること、職場の問題から離れられる個人的な場所が夢見られることが言えるでしょう。例えば、同じ時期に発行されていたティーン向けの雑誌『新女苑』などにも、文学紹介の記事は多いのですが、旅行と結んだものは出てきません。ティーンは、経済的にも、安全面でも、自分で自由な旅行をしにくいからです。

『女性自身』を見ると、職場事情について、さまざまな問題が生じていることがわかります。「オフィス心理学　職場の〝タイクツ病〟の治し方」（一九六〇年六月一日号）や、「ＢＧ専科　まったくあなたの仕事は単調ですね」（一九六〇年八月二四日号）など、ドキッとするタイトルの記事があります。そういうふうに捉えてしまう自分を変えてみよう、という前向きな企画ではありますが、職場で求められているのは〈女性的〉な気遣いや何かであるようで、到底、女性が男性と平等に仕事ができる環境ではないことが窺えます。[3] 他にも、今でいうセクハラを扱った記事などもあるので、不満も溜まるのは事実なのでしょう。

誌面では、それらを跳ね返すために自分の教養力を高めたいとする要求が盛んです。「ゴールデンウィークを教養週間に」(一九六一年四月二五日号)、「トップ・レディになれる10冊の本　あなたの知性的な魅力のために」(一九六一年八月二〇日号)など枚挙にいとまがなく、その領域は、文学や音楽、生け花といった文化的な向上心にも及んでいます。戸塚文子「二十八年間の職場にいま別れを告げて　奥能登の旅に思い出す昔」なる記事(一九六一年四月一一日号)などは典型的ですが、女性の旅は、そうした職場環境から自前の経済力で離れ、文学などにふれて自分をみがく、前向きな時間として夢見られていたのです。

一方、この記事が仕事の悩みの一つに「職業婦人には縁談がない」ということを挙げていたように、職場で〈女性らしい〉気遣いを要求する社会は、女性に職場よりは家庭にいてほしい社会であり、ＢＧたちは、仕事をずっと続けさせてもらえるかもわからないが、仕事をしていることで家庭的とは思われずに結婚できないかもしれない、という板挟みに悩んでいるのでもありました。「この若い技術者の結婚の条件」(一九六一年八月七日号)や「この若い証券マンの結婚の条件」(一九六一年八月二八日号)などのシリーズは、読者の女性たちの願望を物語ります。『風立ちぬ』の十分に愛される結婚生活も、憧れになったかもしれません。

これを推測させるのが、同時期に誌面に欠かせない存在になっている、皇太子と結婚した美智子妃です。美知子妃が、以上述べてきた、〈女性らしさ〉(仕事ではないが、外交などで、それを活かした活躍もある)・恋愛結婚・家庭・教養、すべてのお手本になっていたのは言うまでもありませんが[(4)]、特にそれらは、さまざまな地方への公務や、那須での休養といった〈旅〉の写真で象徴化されているのです。美智子妃の旅は、個人旅行ではなく、どこまでが〈日本〉か、〈日本〉の輪郭をなぞっていることは言うまでもありません。『風立ちぬ』の頻出と、要素の重なりを見ることができるでしょう。

●雑誌をぱらぱらめくってみよう

　さて、しかし、このあたりまで読んで、『女性自身』と女性の生き方の話になってきて、堀辰雄はどこへ行ってしまった？　と思う方もおいででしょう。はじめに、そのテクストを、地理的・時間的に離れたところで、人々がどう扱ったかに注目する場合、二つの立場があると述べておきました。前者の作家を中心としたやり方は、作家のオリジナリティを検証するのが目的ですので、映画やアニメ化などの後世の受容を扱う場合でも、作家のオリジナルがどう変形されてしまったか、と価値に序列ができます。テクストの内容を抜きにして話を進めることは無意味で、『女性自身』でのブームは、なんだか邪道、ということになるでしょう。

　しかし、後者では、反対に、書かれた内容というよりは、**評価している時期の状況が何らかの形でテクストに投影され、まったく別の高い評価に転じることがある**と考えるので、ここまで見てきたように、流行らせた側の事情を明らかにすることにも大きな意味があります。そして、たとえば旅行ブームとのかかわりで述べた際に、内容にはふれなくてもイメージだけが広く共有されていくことを述べましたが、〈文豪〉や〈名作〉認定が、多くの人の承認を必要とするものだとすると、テクストを読むという時間がかかる行為などない方が、皮肉にも、むしろ名作化されるのだと言えるかもしれません。すると、こうした研究法は、**作品がよいから有名なのだという作家評価を解体してしまうこともある**ということです。似たような方法を取っていますが、態度はまったく異なります。前者は**作家の意図を中心化する研究方法**、後者は**〈テクスト概念〉以降の研究方法です**。どちらに立ってもかまいませんが、自分はどういう立場なのかは明確にしておいた方がよいでしょう。

　また後者は、**雑誌研究**というような研究方法に広がっていきます。文学雑誌であれば、雑誌の目指す題材や価値観、表現の特質など、総合誌であれば、周囲の記事や評論、商品広告などが立ち上げている、理想的な文化像（どのような生活をするべきか、日本はいかにあるべきか、など）や読者像（少年像や主婦像など、雑誌の狙っている購読層）を、記事を読んで明らかにします。そして、文学テクストが、それらを共有して宣伝媒体になっているか、それらとずれるところがあるかなどを考えます。投稿雑誌の場合には、本欄の作家の著作だけでなく、投稿の調査によって一般人の傾向を分析したり、それらを作家の指導がどう導いたり阻害しているかを見たりします。総合誌の場合の文化像や読者像については、歴史学や社会学の領域で大きな成果が上がっていますので、それを利用することもできます。

問題は、自分でこのような調査にどうやって手をつけることができるのか、ということです。雑誌などの調査法の詳細は、第12講を見てください。まずは、目指す雑誌に「総目次」があるかどうか確認しましょう。著名な雑誌には作成されています。目次から見当をつけていきましょう。一つの雑誌だけでなく、ある程度見渡したい場合には、小田切進編『現代日本文芸総覧』(増補改訂、明治文献資料刊行会、一九九二年)などが便利です。最後の第15講に資料集をつけていますので、参考にしてください。ただし、どの作家を取り上げるのか、どの雑誌の組み合わせが適当なのかについては、先行研究を頼りに自分で地道に探し、考えるしかありません。

もちろん、こうした研究を行うためには、雑誌のバックナンバーや復刻版を所蔵している、ある程度大きな図書館に行くとか、インターネットで資料公開がされている雑誌を対象にするとか、資料を見る環境を整えなければなりませんが、そこがクリアできれば、あとは時間さえかければ、まだ他の人が見つけていない資料を発見することができるかもしれません。

受容ということに立ち戻れば、他にも、**翻訳や演劇化・映画化**などにより、国や言語、メディアの違いを超えた受容関係ということも含まれます。この場合も、現象自体の意味を扱います。双方を比較して、ストーリーなどの相違点まではわかっても、だからどうなのかという分析が、なかなか難しいことは確かですが、挑戦してみてください。

註

(1)金恵珍「『週刊女性自身』の立場と戦略——昭和30年代のメディアと文学(1)」(『立教大学大学院日本文学論叢』二〇〇三年六月)。

(2)十重田裕一「つくられる「日本」の作家の肖像――高度経済成長期の川端康成」(『文学』二〇〇四年一一月)。
(3)井原あや「『女性自身』と源氏鶏太――〈ガール〉はいかにして働くか」(『国語と国文学』二〇一七年五月)。
(4)石田あゆう『ミッチー・ブーム』文藝春秋、二〇〇六年。

〈作家と時代〉

堀辰雄(一九〇四～一九五三年)。第一高等学校では理科だったが、文学に傾倒する。関東大震災で母を亡くし、自身は肋膜炎にかかるなど、過酷な体験を経る。室生犀星や芥川龍之介と交流があり、東京帝国大学時代には、中野重治と詩誌『驢馬』を創刊。小説は、フランス文学からの影響を受けたモダン、あるいは瀟洒な作風だが、日本の古典文学を題材にしたものも多い。師事した芥川龍之介の死をきっかけにした『聖家族』(一九三〇年)、『かげろふの日記』(一九三七年)、『菜穂子』(一九四一年)など。

軽井沢は、犀星や芥川との交流の舞台にもなった。堀は浅草も描いているが、モダンなカフェや水族館、レビューは、多くの作家が好んで取り上げた。

主要参考文献

渡部麻実「批評と鑑賞　堀辰雄『風立ちぬ』再読――「いざ生きめやも」を問い直す」『国語教室』二〇一三年一一月

第12講

資料は、あなたに掘り起こされるのを待っている

大谷藤子を例に

●けっこういい作家なのに、研究がない……場合

第10講、11講では、久米正雄や堀辰雄という、既に有名な作家について、調査してみました。ただ、何かたまたま読んだ作品がおもしろかった、とか、他の作家との関係で知って興味深く感じた作家について、もう少し知りたいと思ったけれどあまり有名な作家でなかった、という場合はどうしたらよいでしょうか。この講の目的は、作家についての調査をすることだけではなく、雑誌を活用することなのですが、それは後でふれることにして、とりあえずは作家を切り口にしておきましょう。それで、有名な作家なら、先行研究がいろいろありますし、**個人全集**、たとえば『鷗外全集』とか『川端康成全集』をみれば、**年譜や著作年表**が備わっています。その作家が何年に何を書いたかがわかりますし、先行研究が引用している日記や書簡なども、たいていは載っています。今話題にしたいのは、そうした立派な全集がない作家についてです。

『近代文学研究叢書』（昭和女子大学近代文化研究所、一九五六年〜）で調査されていないか、また、雑誌論文で研究者による著作目録などが発表されていないか調べてください。そういうものもない、という作家に研究する価値があるか

どうか、まず考える必要はありますが、調査はすべての作家に行き渡っているわけではありません。自分で価値があると予想したら、やってみるのも大きな成果になります。宝探しのようでもあり、その作家と自分だけが対話しているような気もして、わくわくしますね。

ますは**文学事典を複数**あたりましょう。すべての事柄を網羅していなくても、主要な著作の情報や参考文献が載っているので、その作家について書いてある資料の検討がつきます。日本近代文学館をはじめとする大きな図書館の所蔵目録で、どんな単行本があり、どんなテクストが収録されているかも調べます。もちろん、その作家にくわしい郷土の**文学館**などが見つかれば、特集展示を行ったり、その図録が作成されているなど、資料がまとめられていることもあるので、活用しましょう。しかし、残念ながら、それもない場合。単行本の情報はある程度わかっても、それに収録されるには、長い年月が経っているかもしれないので、どんな雑誌に何年頃出たものか、つまり初出の調査を開始することになります。

◉新聞データベースや雑誌の総目次を使ってみる

今回は、「大谷藤子」という人について調べてみることにします。これは調査の例なので、他の作家でもかまいませんが、念のため大谷藤子（一九〇三〜一九七七年）の略歴を述べておきましょう。大谷は、埼玉県秩父の出身、東京の三田高等学校を卒業後、東洋大学の聴講生となり、海軍大尉井上良雄と結婚、呉に住みます。その後作品の投稿が認められ、『文芸尖端』の同人になるなどの活動の中で、離婚を決意し、東京に出ます。一九三三年、高見順らと『日暦』を創刊、『改造』の懸賞小説にも当選、武田麟太郎の『人民文庫』にも参加。矢田津世子や富本一枝との交流がありました。作品には、『須崎屋』（一九三五年）、『山村の母達』（一九三九年）、『青い果実』（一九五八年）などがあり、秩父の山村を舞台にした生き方などを描きました（日本近代文学館編『日本近代文学大辞典』講談社、一九七七年）。テクストに華やかさはないけれど、人間描写に心ひかれますし、大谷自身の人生も曲折があり、矢田津世子との深い交流など、女性作家表象を分析するのも、興味深い作家です。

まずはこの人について書いてある書籍を探します。有名でない作家の場合には、これ自体少しコツが必要ですが、小坂多喜子『わたしの神戸わたしの青春　わたしの逢った作家たち』(三信図書、一九八六年)、川端要壽『昭和文学の胎動　同人雑誌『日暦』初期ノート』(福武書店、一九九一年)、阿部光子『その微笑の中に』(新潮社、一九九二年)などが見つかりました。どういう雑誌の同人であったか、どんな作品があったか、いくつかは載っています。

こうしたものも手掛かりにしながら、いよいよ大谷が何を書いたかを探していくわけですが、現在では、国立国会図書館などで、古い書籍や雑誌の目次がデータベース化され、『朝日新聞』や『読売新聞』『毎日新聞』などの有名な新聞は、図書館の端末からデータベース検索したりできるようになっていますので、ある程度探すことができます。雑誌記事索引集成データベース「ざっさくプラス」なども使えます。使い方は図書館で尋ねましょう。他には何で調べられるでしょうか。

例えば、さきほど調べた文学事典や作家についての資料の中で、『日暦』の同人だということがわかりました。それなら、『日暦』には作品を発表していることになりますね。『日暦』を調べたいので、総目次があるのか、復刻版などがあるのかを調べます。同じく同人であった『人民文庫』も調べましょう。たいていは索引がありますが、目次を見ていくと、ありました、大谷藤子の作品が。でも、もう少し見られる雑誌の幅を増やしたいですね。そんなときは、小田切進編『現代日本文芸総覧』(増補改訂、一九九二年)も使ってみましょう。複数の雑誌の目次集成です。データベース化が進んだ現代といえども、たいへん便利な本です。『文藝年鑑』も、一年ごとの文芸関連のできごとや作品の掲載リストで、手間はかかりますが調べます。

図書館に何回も行くのはたいへんではありますが、時間と手間さえかければ、ある程度のものはできます。そうして作ってみたのが、巻末に附録としてつけている表です。これは、大学二年生と授業の一環で作成したものです。研究者から見れば、まだまだ完全なものとは言えません。もっと時間をかけるのであれば、当時の主要雑誌を片端からめくってみなければなりません。しかし、これでも第一歩としての成果はあります。だいたい、研究というのは一人では行いきれないので、学生であったとしても、こうした成果を発表しておけば、後で他の誰かが使ってくれたり、足りないところを指摘してくれたりするものです。自分の至らないところを指摘されるわけですが、文学研究全体のためには、そうした積み重ねが発展になるので、悔しくても、鷹揚にかまえてください。

もちろん、目録を作るだけでなく、発見した作品を読み、テクストの価値を確認していくことは、それをわざわざ**調査していることの意義づけ**を行うのに大切な作業です。さらに、当時はそんなに活躍していたのに、現在の研究では忘れ去られているのはどのような評価の偏りや、時代的な変化によるものか、を考えることも必要です。

こうした調査の手順は、**作家の著作目録を作るだけでなく、例えば何かテーマを立てて調査するときでも同じ**ですね。例えば〈国民文学〉について特定の期間にだれがどんな発言をしているかとか、〈文学における教養〉というテーマについてはどうか、とか、切り口を変えれば、調べられていない領域について、いろいろな調査ができます。それぞれの時代の文学が大事と考えていたことは何なのか、浮き彫りになってきます。

●マイナーなテーマは難しい？

ここで、自分で研究テーマを選ばなければならない場合によくされる質問、〈先行研究があまりない作家って、研究するの難しいですか？〉について答えておきましょう。〈難しい〉を字義通りに取るなら、難しくはありません。

先行研究の多い作家やテーマと、ない作家やテーマ、どちらも一長一短あります。先行研究が多ければ、自分がオリジナルな結果を出す隙間はあまり残されていませんが、書誌情報は完備していますし、考え方の指針もあり、何より、それだけの価値がある作家やテーマであることが分かっているのですから、心強いです。逆に先行研究が少ない場合は、自分で何を述べても成果になる自由さはありますが、価値自体を自分で作り出さなければならないのは不安ですし、本講で行ってきたような作業を一から自分でしなければならない面倒さはあります。結局、どちらが楽ということもないので、自分がやりたいことや、自分の能力（調査に向いているとか、ユニークな読解をするのが得意とか）によって決めるしかありません。

ただし、新奇な作家やテーマの場合は、多少注意も必要です。それらについて先行研究がない場合、新しいテクストやテーマだからなのか、対象に研究に耐える強度がないからなのかは、判断したほうがいいでしょう。また、問いは思いついたとしても、それは答えられる問いなのかを精査しましょう。もっと言えば、**調べてわかることなのか、考えなければわからないことなのか**を分けたうえで、特に前者については、適当な資料やデータが存在するのかを吟味しなければ、研究テーマの適正は判断できません。そもそも対応する資料がない場合、そのテーマは、理解や解決が困難であるという意味の〈難しい〉ではなく、実現不可能を意味する〈難しい〉になるのです。

というわけで、この講の説明は短いですが、解説を読むより自分の手足を動かす、という研究方法だからです。やってみると、いろいろな作家の情報をまとめた先人たちの仕事の大変さがわかるようにもなりますよ。

第13講

論争が読めれば、あなたはかなりのもの

倉橋由美子『暗い旅』論争を例に

●論争を読んでみよう

今回は、いわゆる小説で仮構された物語世界以外のものを対象に研究する例として、〈論争〉を取り上げてみましょう。近代においては、たとえば坪内逍遥と森鷗外によって行われた没理想論争、谷崎潤一郎と芥川龍之介による「小説の筋」論争、プロレタリア文学運動にかかわる有島武郎「宣言一つ」をめぐる論争や芸術大衆化論争、他にも、左翼的な立場の論者が多く参加する、政治と文学論争、国民文学論争など、数多くあります。以下は、古いものは活字が少し読みにくいかもしれませんが、これらの本文を収録している便利な本です。

①平野謙ほか　新版『現代日本文学論争史』上・下、未來社、二〇〇六年
②臼井吉見『近代文学論争』筑摩書房、一九七五年
③臼井吉見　『戦後文学論争』上・下、番町書房、一九七二年
④『近代文学評論大系』（大正期〜昭和期）角川書店、一九七八年

本文は収録しておらず、独自な切り口ではありますが、現代の事例を紹介している本に、小谷野敦『現代文学論争』（筑摩書房、二〇一〇年）もあります。

さて本講では、第9講で説明した、作家を取り上げながらもその意図にとどまらない読解を、論争に応用してみようというわけです。論争は、政治的な事柄をめぐるものが多いという印象です。それは当然で、たとえば作品解釈が異なる人々がいても、私はこう思う、でも、あなたのそういう考え方もあるか、と並立を受け入れられれば、論争にはなりません。現実世界をどちらに有利に運びたいのかという政治闘争の場合、あるいは、ことが作品解釈だとしても、文壇や学界での立ち位置や権力にかかわる場合にのみ、「論争」となるわけです。

論争と言うと、二者もしくは複数が対立する意見を表明し、そのやりとりの中で論点の整理がなされていくものとイメージするかもしれませんが、たいていの場合、参加者の論点は明確に対立するというわけでもありません。例えば日常的なけんかでは、相手の優位に立ちたいので、主題以外の部分で揚げ足取りをしたり、流れの中で別の話題が重要になってしまったりしますね。論争は、もちろんけんかではありませんが、敵対する動機や、対立しているようでも互いに言葉をつなぐ行為で守られている〈場〉は何か、といったことも重要なわけです。そして、どうしてそれぞれの論者がそんなに熱くなるのかは、当時の文学的、社会的文脈がわからなければ、さっぱりわかりません。その意味で、時代の中に置き戻してみる練習には、うってつけ、わかってきたら文学読みのプロっぽい領域です。

●『暗い旅』論争の経緯

今回は、例として、倉橋由美子『暗い旅』をめぐる論争を取り上げてみましょう。『暗い旅』（東都書房、一九六一年）は、「あなた」を主語に、失踪した「かれ」を訪ねる京都への旅が、回想を交えて語られる小説です。どんな文体か、ほんの少し引用してみましょう。引用は、河出文庫（二〇〇八年）を使用します。

「あなたはなにを信じているの？　何も信じてないのね、だからときどき笑うだけなのね、まるで、死んだ獣を嗅ぎつけたハイエナみたいに……」

「そういうきみはなにを信じているの？」

「あなたを」とあなたはいった、しかし正確には、あなた自身のかれへの愛を、というべきだっただろう、あなたはかれの愛を信じないことに慣れはじめていたのだ、相手を信じなくなり、それだけますます自分と自分の愛を信じることに。（一五四頁）

ちょっと気取っていますね。なじめない人がいることも、まあ理解できますが、この講の目的は、テクストに感動することではないので、少しおつきあいください。論争の経緯は、栗原裕一郎『〈盗作の文学史〉市場・メディア・著作権』（新曜社、二〇〇八年）が整理しているのが、以下です（番号は便宜上付け加えました）。

①白井健三郎「一種異常な愛の挫折　倉橋由美子著「暗い旅」」『週刊読書人』一九六一年一〇月一六日
②奥野健男「大胆な〝女の小説〟　倉橋由美子著「暗い旅」」『日本経済新聞』一九六一年一一月二〇日
③無署名「実験する愛　倉橋由美子「暗い旅」」『朝日新聞』一九六一年一二月三日
④江藤淳「海外文学とその模造品　上」『東京新聞』夕刊一九六一年一二月九日
　江藤淳「海外文学とその模造品　中」『東京新聞』夕刊一九六一年一二月一〇日
　江藤淳「海外文学とその模造品　下」『東京新聞』夕刊一九六一年一二月一一日
⑤白井健三郎「海外文学紹介の問題点」『東京新聞』夕刊一九六一年一二月一九日
⑥奥野健男「江藤淳氏の倉橋由美子論へ」『東京新聞』夕刊一九六一年一二月二五日
⑦伊藤整・埴谷雄高・平野謙「座談会　文壇一九六一年②」『東京新聞』夕刊一九六一年一二月二六日
⑧江藤淳「「海外文学とその模造品」再説」『東京新聞』夕刊一九六一年一二月二八日

⑨倉橋由美子「暗い旅の作者からあなたへ　上」『東京新聞』夕刊一九六二年二月八日
倉橋由美子「暗い旅の作者からあなたへ　下」『東京新聞』夕刊一九六二年二月九日
⑩白井浩司「模倣と独創　上」『東京新聞』夕刊一九六二年三月一日
白井浩司「模倣と独創　下」『東京新聞』夕刊一九六二年三月二日
⑪清水徹「「暗い旅」論争の問題点」『東京新聞』夕刊一九六二年三月二〇日

既にある調査だけを頼りにするのではなく、自分でも第12講で説明したような手順を踏めば、さらに、無署名「私を二人称で書いた異色作『暗い旅』倉橋由美子（作家）」（『婦人公論』一九六二年一月）、佐伯彰一「ニセモノ時代の喜劇」（『河北新報』一九六二年二月三日）、大岡昇平「文学的ニセモノ譚」（『新潮』一九六二年五月）などを付け加えられることがわかります。ともあれ、ここではメイン舞台の『東京新聞』を中心に見ていきましょう。

この論争は、厳しい批判をした江藤淳に対し、倉橋本人の正面からの応答がなされていますが、その応酬が複数続くわけではなく、周囲を巻き込んで終わっています。その点で、さきほど述べたあいまいな〈論争〉の特徴に合致します。前掲栗原裕一郎の要約もありますが、まずは、主な発言者の論旨を整理しましょう。

とは言っても、**要約に中立はない**、とも心得てください。偏らないように心掛けたとしても、要約が選択である以上、要約する人が何を重視しているかという価値観を反映してしまいます。こうした解説や論文についても、いったん読んだ後で、原文を自分で読み直すことは必須です。

●論旨を要約する

発端となったのは江藤淳です。江藤淳（一九三二～一九九九年）は、『夏目漱石』（一九五六年）、『小林秀雄』（一九六一年）、のちに『アメリカと私』（一九六五年）などを書いた批評家で、慶應義塾大学で教鞭をとりました。発言している人が何を大事にしているかは重要なので、略歴なども見ながらいきましょう。彼は、④で、『暗い旅』は、ミシェル・ビュトール『ラ・モディフィカシオン』（“*La Modification*”一九五七年。邦訳は清水徹訳『心変わり』河出書房新社、一九五九年）を取り入れた「速成模造品」であると批判しました。ともに主人公が「あなた」という二人称であること、『心変わり』では、主人公がパリからローマまで旅をし、『暗い旅』では東京から京都まで旅行をし、そこで美術論が展開される点が類似しているとし、両者には、「小説を書くのについやされた時間の重みのちがい、感受性の質の差、わけても自分の頭と心で考えぬかれた小説と、その技法をわきからひょいと借用してやぶにらみにひき写した小説の決定的な相違」があると、倉橋由美子を痛烈に批判しました。

『心変わり』では「まさに自分がパリからローマに旅をしていると感じ、同時に自分の内面にも旅をしてしまう」のに対し、『暗い旅』の旅は「薄手」で「テレビの広告」のようだと言い、二人称の工夫に言及する倉橋自身の「あとがき」や批評について、「極端に観念的な小説の読みかた」とし、ビュトールの成功は、二人称という新奇なしかけを読者に忘れさせるだけの「感受性と教養と体験の深さ」にあるとし、しかけに注目する知的好奇心でなく、「全人的な体験」があるのが文学なのだとしました。

その次に、⑤白井健三郎や⑥奥野健男が出てくるのは、江藤が『暗い旅』を「もてはやしている」『朝日新聞』や『婦人公論』の批評者、とくに功利的なジャーナリズムと化している「外国文学者」＝「海外文学紹介者」に苦言を呈したからです。白井健三郎（一九一七〜一九九八年）は、文芸評論家、フランス文学者で、サルトル、カミュ、フーコー、デリダなどの翻訳や、自著『実存と虚無』（朝日出版社、一九七二年）があります。当時は学習院大学教授です。奥野健男（一九二六〜一九九七年）は、『太宰治論』（近代生活社、一九五六年）などが有名な文芸評論家で、当時は多摩美術大学におりました。

白井健三郎は、⑤で、皮相的な海外文学紹介への批判については理解を示した上で、江藤が田山花袋や小林秀雄を引き合いに出して、彼らが誤訳でも「全人的な体験」を打ち出しているとして、正確な翻訳より評価したことに、反論しました。白井は、戦時中の小林秀雄の国策協力的なあり方を例に、「全人的」だからよいというわけではないと述べています。これには、一九五〇年代に、花袋ら近代作家の軌跡を、戦争への反省をこめて日本の方向性の過ちとして捉える文学史観が有力だったことが影響しているでしょう。倉橋に対しては、花袋らの私小説を否定する延長として、「私小説」脱却の努力をしていることを評価しながら、(『週刊読書人』から変節したわけではありませんが)「自己の実存的探求の希薄のままに、模造作品を書いたこっけいさ」、「この小説を上等なものとはみなさない」とネガティブです。

奥野は⑥で、倉橋を「文学少女趣味」、「幼稚でこちらがはずかしくなる」、また「安易に他人の文学に影響されることは苦々しいとはいうものの、『心変わり』との違いはあり、「このくらい女というものを感じさせられたのは、はじめて」、「女の生理的感覚や性的幻想が、体の内側から大胆にほしいままにとめどなく描かれて」いる、「臓器感覚によって原質化された女性、流動し形の定まらない原生動物的感覚」、「女の息づきを伝えるような文体」といったような点は、「芸術的感動」であるとして擁護します。

ここまでを簡単に整理すれば、江藤が小説を、形式の工夫という面と、実感や本気の取り組み方に分け、後者を重視するのに対し、白井健三郎は前者を擁護するのが対立点です。この二人は、どちらにしても倉橋が浅薄だという点では一致しています。奥野は、江藤の分け方に対し、形式の工夫はビュトールからとったとしても、倉橋にも実感の部分はあるという擁護、その実感の内容として、女性ならではの体験を挙げていることになります。

●何がそんなに気に入らない!?

⑧江藤淳の再論は、白井に「文意ははなはだ不明りょう」、奥野を「支離滅裂」とするなど、相手の価値を下げるための発言も見受けられます。そういうのが往々にして対立者を相手にしない態度であるのに比べると、江藤はさすがにちゃんと反駁を加えていますが、白井に対しては、「全人的」は誤訳のすすめではなく正確な翻訳の上に成り立つのは当然、自分は私小説の回復ではなく、私小説の二の舞をしないために言っている、と、白井の言ったことを取り入れて自説の定義を拡張するなど、けんかで優位に立とうとする方法が満載です。奥野に対しては、『心変わり』が〈も

の〉を取り上げるのは、「あるものはものだけだという絶望」によるもので、倉橋のは商品や店とのタイアップ広告か、実名を書けば「反小説＝新小説」になるという勘違いである、だから残るのは生理感覚的「女らしさ」だが、それと「「安易」な借り物」とが「無残に剝離」していると言います。

このあたりまでくると、微妙に論点がずれているような気もするけれど、さすがに評論家の文章なので滑らかにつながっていますし、自分でまとめるときには、むしろノイズは除去し、整合性のあるところを拾っていくことにもなるでしょう。ただ今回は、自分が納得しがたいところの方に注目しながら整理することにします。

江藤の評価は短い文章ですし、評論は研究論文と違ってそういうものかもしれないのですが、問題にしているのが「自分の頭と心で考え」たかどうかという、文章からは立証しえないことであるのは不公平だと私は思います。相手に、〈はい、自分の頭と心で考えました〉と言われれば、それも納得しなければならないように思われるのですが、それを許さないのは、形式の模倣は1かゼロかで、いったん模倣したら差異を生むことはありえないとでもいうような、厳格な考え方をとるからです。そしてそれは、具体例を検討しないことで成り立っています。実名を書けば「反小説＝新小説」になるという論理も、「小説」とはリアリズムのことなのか、実名を書くこととリアリズムはどう関係しているのかが懸けちがっているので、今一つ納得しがたいですが、ややこじつけめいていても、そうした操作が必要なのは、奥野の意見を経由して、「女らしさ」をどこに位置づけるかにかかわっているようです。

（男性と女性、という分け方だけで見るのも乱暴ですが、ひとまず）男性にとって不可知の女性の実感があるということは否定しないとき、それが表現されれば、表現そのものも『心変わり』と異なってくるのは当然です。が、小説の内容と形式が別々に成立するかのように、用心深く峻別されていることで、そうした事態は避けられています。表現の細部を問わず、あくまでも〈二人称〉というもっとも粗い共通点だけに限定しておくことも同様です。『暗い旅』に〈女らしさ〉という別の観点があったとしても、それが形式の領域では実を結ばず、常に二番煎じにとどめ置かれているのが、江藤の評論の特徴です。

すると、江藤は、「全人的」な体験に対して、知的好奇心を二義的なものとしているにもかかわらず、その知的好奇心の領域に女性が入ってくるのを好まないようです。外国と日本という違いについては、江藤が、『心変わり』の主人公を障壁なく実感できるように、男性同士なら乗り越えられるのに、男性と女性の違いは、解消できないもののようです（ついでに言えば、後に見るように倉橋は、「人は女に生まれるのではない、女になるのだ」と述べたボーヴォワールの影響を受けてもいるのですが、女性の模倣であることには目くじらを立てないようです）。もちろん、仮に江藤が、もっと理解の進んだ女性なら歓迎するはずだ、と考えることは可能ですが、こうした論理操作を見る限り、そんな女性が評論上に現れる保証はありません。こうして、中立的な文学的方法についての議論と見えていたものは、女性への排他的な姿勢と、その隠蔽でもあったことがわかります。急に小難しいことを言ったようですが、基本的には本書の始めに二項対立を整理した時のように、分類を重ねるだけです。

〈女らしさ〉が、実感や本気の取り組みの方に位置づけられることについては、次の倉橋の反論を見てから考えることにしましょう。倉橋は、反論では決して女性の感覚のことを問題にしないからです。

●模倣は盗作か芸術か

⑨倉橋の反論は、満を持して翌年二月に掲載されています。「あなた」に宛て、模倣を糾弾する江藤のことを「江藤検事」と呼ぶ挑発的な文章です。倉橋自身の整理によれば、江藤の問題点は、第一に、模倣を道学的に悪とみなすこと、第二は、文学に対する理解にかかわるものです。第一の点については、「どんな芸術も模倣なしにはありえない」として模倣の楽しさを説き、「画家はリンゴを食べたいからリンゴの絵を描くのではなくて、リンゴによってみえない世界のビジョンをみ、創造へとかりたてられるのです」、「独創」の掛け声は「無意識のうちに因習のとりこになって意識的に模倣することもできなくなった精神の気休め」だとします。

第二の点については、『暗い旅』の魅力は、「観念的なものと装飾的なものとのグロテスクな接合」、「性的な塗料」であり、「通俗的なリアリズム精神と「私小説」的土根性の野合」で裁断する江藤との価値観の違いを言います。「人間的真実」を「本物」とする江藤が、倉橋が書いたのは本物の鎌倉ではないと述べたのに対して、「あなたの鎌倉」「江藤氏の鎌倉」「わたしの鎌倉」しかないと「本物」の存在自体を否定し、「人間的真実」さえ発見すれば「本物」とする江藤の「本物」信仰の勘違いを、落語の「しびん」にまで譬えています。ついでに、江藤もビュトールに関しては、フランス文学紹介者を利用した程度の理解しか示していないではないかと攻撃しています。

ここにはまず、表現は現実を写すリアリズムで、作家のオリジナリティが不可欠だとする江藤と、芸術は形式の模倣であるとするポストモダン的な倉橋の対立を見出すことも可能です。言語において、他の人に意味が通じるということ自体、前に存在する意味体系の模倣であることに他なりません。仮にまったく独創的な言語があったとしても、そのひと一人にしかわからないでしょう。究極的には、オリジナリティというものはないことになります。芸術についても同じです。例えば著作権は、独創ということを前提にした近代的な考え方ですが、現代では、リミックスだとか、パロディだとかを芸術と考える人や場合もあるでしょう。こうした考え方は比較的新しいですが、当時は模倣がご法度であること、だから模倣の程度が問題になることは、次の二人の参加者も読めばわかります。

⑩白井浩司（一九一七〜二〇〇四年）は、フランス文学者、翻訳家。サルトル『嘔吐』の翻訳（青磁社、一九四七年）、カミュ、ロブ＝グリエ、マルグリット・デュラスなどの翻訳、自著『アルベール・カミュ――その光と影』（講談社、一九七七年）などがあります。当時は慶應義塾大学教授です。彼は、倉橋が、自然を模倣することと他人の芸術を模倣することを混同しているとし、作者の持つ世界観と芸術のスタイルは切っても切り離せないので、方法を模倣することが芸術だという倉橋の考え方はあり得ない、と否定します。

最後の⑪清水徹（一九三一〜）は文芸評論家、フランス文学者、ヴァレリーやマラルメも専門ですが、なにしろ、ビュトールの翻訳と研究の第一人者です。後に明治学院大学に移りますが、当時は、國學院大學講師でした。清水は、『心変わり』の二人称の意義について解説を加えます。主人公は自我を喪失し、「私」を名乗れないから「あなた」を採用し、作者は「私」の統一を求めても得られないために、小説を書くことに救いを求めた。認識論と小説的美学は切り離せず、知的関心を除いて「全人的」であることを論じる江藤は間違いだ、と述べています。

旧派リアリズムVS.ポストモダンだと、旗色ははっきりするのですが、ただ倉橋自身は、前述の反論で、たい焼きをつくるようにお手軽に小説ができるわけもないとその苦心も述べている通り、体験をまったく無意味と考えているわけでもなさそうです。ここでようやく『暗い旅』に立ち戻り、「あなた」がどのような機能をはたしているかを考えてみることにしましょう。論争の対象が具体的なテクストである場合は、論争の当事者たちに従って読むだけでなく、第一部で学んだ方法を使って自分の分析を行い、両者を照らし合わせてみてください。

●愛しているから、あいさない

まず、「あなた」は、本の前にいる読者への呼びかけで、読者を主人公として小説に引き入れるものであるとは考えつきます。ただし、『暗い旅』の場合、読者は「あなた」になりきれるものではなく、そもそも違和感を覚えるようにできている、ということも事実です。それが、とくに女であることをめぐってなのです。

> 女であるのではない、女であると宣告されたので、その宣告をひきうけるために女であることを演じているだけなのだ、という原則にあなたは固執する……その宣告をうけるまでのあなたはかわいい子どもにすぎなかった、
> （二二〇頁）

この前後、「あなた」には少女時代に、夏の海辺で少年たちに水着を脱ぐよう強要され、性の対象として見られた経験があることが語られます。それが初潮前であったことは、〈女〉というカテゴリーは、身体によって決まっているものではなく、人々がそうみなすことによるということです。その後も何回となく男性たちから性の対象として眺められた「あなた」は、そのことに違和感しか持てません。

こうしてあなたは実体のない人間に成長してきたのだ、（中略）あなたは肉体というものを信じない、できることならそんなものはないほうが好ましい（中略）あなたの容貌には個性的なところなど少しもありはしない、すべての部分が堅固な均斉に達していることから、それはひとつの仮面に似ているほどだ……（中略）これは贋の肉をまとった肉体だ、能面に似て、千変万化する仮面だ、あなたが女であることを演じるための……（一三四～一三五頁）

さらにこれは、「かれ」との関係に強く影響しています。愛している「かれ」とであればこそ、常套的な関係にはめ込んでしまうかもしれない肉体の関係を拒絶するのです。

かれの優しい――ああ、それはあまりに優しすぎた――愛撫の手を、瞼に、髪に、頸に、かんじながら、あなたはかれの、そしてたぶんかれはあなたの、性の配役に苦しい同情をおぼえていた……あなたは女であることを演じようとしていたし、かれは男であることを演じようとしていたのだ、愛しあっていたから、そしてあまりにも相手をよく理解しあっていたから。（一四五頁）

「あなた」は、そういう演技を断ち切るために、性的関係は持たない愛を契約します。「あなた」と「かれ」は、兄妹のようであり、よく似ている、と言われるのは、性的関係の常套から逃れるためです。

●「あなた」は演じられるにすぎない

さて、読者は、「あなた」と呼びかけられ、一定の行動や思念を追体験させられるわけですが、一般的に、自分の行動を決められていくことにまったく違和感を持たない人はないでしょう。もしも読者が男性であればなおさらとまどうでしょうし、女性読者だからといって没入できる保証はありません。実は読者は、この違和感を通じてのみ、自分の外から〈女〉と決めつけられることに抵抗する主人公の体験を、分かち持つことができると言えるでしょう。するとどうやら、この「あなた」という主語は、実感や共感といった、小説の一般的な回路からははずれた試みであることがわかります。江藤の批判とは食い違うわけです。

もちろん、「あなた」という変わった主語を採用しただけで、書かれているのが作者の体験だから押しつけがましいのだろう、と考えることもできますが、テクストには、〈女〉の仮面をつけるふるまいと、文章を書くことの相同性が書き込まれています。

そしてあなた自身も嘘の生活を創りはじめていた、あの十二歳の夏の事件からのち……あなたは日記を書きはじめた、嘘を書くための文体の練習としての日記……日記を書くためにあなたは生活していた……（一三三頁）

つまり、作者にとっても、描いたものが仮面であることは充分に意識されています。その意味で、「私」ではありえない、虚構の人称が必要なのです。「あなた」というのは、書き手が自分自身からの距離を明示する記号であり、それを逆説的な媒介として、読者とつながろうとする装置なのです。

関連して、このテクストでは、「かれ」は不在としてしか描かれない、というのも重要です。「あなた」が〈女〉の仮面をかぶり、常に受動態（一四六頁）を演じているのに対し、男性である「かれ」は、「兇暴な力であなたを切りひらく」（八〇頁）、「男はそのエゴを握って他者の征服にのりだす」（二四一頁）役割をもって描かれています。けれども、テクストの中に「かれ」は現れません。「あなた」が〈女〉を引き受けられなかったのと同じように、自明な男性役割も消し去られています。

こうしたあり方に、たとえば奥野健郎が述べていた、「女の生理的感覚や性的幻想が、体の内側から大胆にほしいままにとめどなく描かれて」いる、「臓器感覚によって原質化された女性、流動し形の定まらない原生動物的感覚」を読み取ることが、いかにちぐはぐなことか、明らかだろうと思います。倉橋自身、江藤への反論の際に、江藤の発言が女性差別にかかわるかもしれないことには、一言も触れていませんでした。『暗い旅』の内容が大きく女性をテーマにしていたのとは裏腹です。本人がどう意識していたかはわかりませんが、そういうことを言った瞬間に〈女〉とみなされてしまう事態は回避されたと言えるでしょう。

もちろん、論争を論じるのに、他の文脈を選択することは可能です。当時江藤淳がどのような文学観をもっていたのか、論争で自ら引き合いに出している『小林秀雄』を読んで考えてみることも可能でしょうし、同時代的に、自分を小説に書くことの扱いがどうだったのかを調査することもできます。今回の例は、第一部の第6講で見た〈共感できない〉を研究にしていく方法を、小説ではなく、評論に適用したものであり、作家の発言を扱ってはいますが、作家や評論家の意図の解読を目的にしたものではありません。どちらかといえば第8講でやったように、自分の生き方を研究に反映することを試みたものである、ということを理解してください。私は、〈あなた〉とは一致もしない別の女性の一人として読みましたが、どのような方向性、どのような立場で論じるかは、やはりあなた次第です。

〈作家と時代〉

倉橋由美子（一九三五〜二〇〇五年）。明治大学在学中に『パルタイ』（一九六〇年）で注目を浴び、カフカ的な不条理な島で主人公の権力観が溶解させられる『スミヤキストQの冒険』（一九六九年）や、女性ばかりの星を舞台にする『アマノン国往還記』（一九八六年）など。

同時代には、大江健三郎などが活躍している。人々の関心が、政治運動から個人の生活へと変化してゆく時期、小説のテーマや表現にも大きな変化が見てとれる。

主要参考文献

栗原裕一郎『〈盗作〉の文学史　市場・メディア・著作権』新曜社、二〇〇八年
榊敦子「倉橋由美子」『国文学解釈と鑑賞別冊　女性作家〈現在〉』二〇〇四年三月
鈴木直子「リブ前夜の倉橋由美子　女性身体をめぐる政治」『カルチュラル・ポリティクス 1960/70』せりか書房、二〇〇五年
吉目木晴彦「小説家の冒険、批評家の物語――倉橋由美子と江藤淳の模造品論争」『安田女子大学紀要』二〇一五年二月
片野智子「〈女の仮面〉を被るとき――倉橋由美子『暗い旅』と初期短篇」『日本近代文学』二〇一七年一一月

第14講
文学史をどのように考えるか

◉文学史の困難

第一部の小説読解から、作家たちを複数で扱う前講まで進み、本書もそろそろ終わりになるので、ここで文学史について注を加えましょう。第一部のように、課題のテクストが与えられているときはよいですが、先行研究を探していくと、読む小説の範囲をもう少し広げたい、その対象を気まぐれでなく選びたい、という気にもなるでしょう。第10〜13講のようなテーマは、どこから探してくるのか？　あるいは、テクストが扱っているテーマが、その時代に一般的なのか、独創なのかを知りたい、というようなとき、文学史を読もうかな、と思い始めます。

ところが、みなさんが、日本の近代文学史を一冊くらいで簡単に解説してくれている本はないかと探しても、実はあまり新しい本は出ていません。もちろん、高校の便覧や、大学受験のための文学史の本は、情報が凝縮されて便利であることでは右に出るものはありません。しかし、例えば、島崎藤村が自然主義、谷崎潤一郎が耽美主義、のように、それらが教えてくれる定まった定義は、第一部で行ってきたような読む行為とどのように関係するのでしょうか。一方で、「文学史」とタイトルにつく研究書は現在もたくさん出されているのですが、「○○の文学史」というようにテーマが細分化され、内容も専門的な分析であり、刺激的ではありますが、今述べたような用途には不向きに見えます。例えば、『自己表象の文学史』（日比嘉高、翰林書房、二〇〇二年）、『〈獄中〉の文学史』（副田賢二、笠間書院、二〇一六年）、はては『読まれなかった〈明治〉――新しい文学史へ』（日本文学協会近代部会編、双文社出版、二〇一四年）、「読まれなかった」って、文学史なの？　となります。しかし、このような状況は、ゆえないことではありません。

文学史の難しいところは、対象に対する評価が含まれる余地が大きい、ということです。文学に関連するできごとなら、羅列することはできます。しかしながら、その中から順位づけして選ぶ基準が問題です。過去の時期に文学的評価の高かった作家や作品についてのできごとを選ぶ場合、それは当時誰がどのような基準で評価したのかは、後世から見ると偏っていると思われる場合もあります。例えばですが、女性作家は旧来の文学史にあまり挙げられていませんが、女性の書き手はいなかったわけではありません。男性中心の文壇が、女性にとって重要な問題を理解できず、評価していなかったのです。

だから、現在、文学史を編むとすれば、あったのになかったことにされている物事は、組み入れるべきだということになります。女性の作家に限りません。高い教育を受けられない、あるいは貧しい書き手、ゲイやレズビアンを扱ったテクスト、また、植民地出身の作家など、日本国の範囲や評価が戦争の前後で激変したために、日本文学史への編入・排除に翻弄された書き手……、さまざまな観点からの問い直しが行われています。それらを網羅することはできないので、文学史は各論にならざるをえません。

そもそも、〈日本文学史〉と簡単に言うけれど、その〈日本〉や〈文学〉がどの範囲のことか、考えるとわからなくなる素朴な経験は、多くの人が持っているのではないでしょうか？〈文学〉という概念が成立したのは近代のことだ、と習います。それならば、古典を〈文学〉と呼ぶのは転倒ではないのか？　また、古典に関しては残っているものしか読めないので限定はしかたないとしても、例えば、平安貴族の文学を〈日本人〉なら知っているべき教養とか言われたとき、時代の問題だけではなく、地域的にも身分的にも、この人たちと何かを共有している気分になれない……とか。これは極端な例ですが、〈日本文学史〉は近代に成立した、一つの制度であることがわかります。

例えば佐藤泉は、一九五〇年代の文学史というのは、実証的記述であるよりも、解釈がまさっていたことを述べています（『戦後批評のメタヒストリー』岩波書店、二〇〇五年）。そのころ、中村光夫『風俗小説論』（一九五〇年）をはじめとして、明治期からの日本の近代文学は、西洋の文学を輸入する際に、中途半端な理解をしてきてしまった、というような捉え方が多く行われたのですが、それには、終戦後という時期がかかわっています。敗戦によって、戦争に進んだ日本人のメンタリティを反省したことが、理解が中途半端でしっかりした自分自身の判断を育ててこなかった近代日本文学史の物語に投影されているのです。単純化しましたが、いつ、どのようなときに書かれた文学史なのかは、注意してみないといけません。

◉文学史入門編

とはいえ、手掛かりは必要なので、古いものも含めて、現在買いやすい数冊を挙げておきます（が、大部なものや、絶版のものは、もっとあります。図書館でいろいろ探してみてください）。文学史の本を読み、**小説そのものを読まずにレポートを書くことなどありえない**ことは、本書をここまで読んできた方には、言う必要はありませんね。

○奥野健男『日本文学史――近代から現代へ』中公新書、一九七〇年

現在から見ると、〈日本〉の〈あるべき近代小説〉を一元的に捉えており、それとの比較で個別のテクストへの「くだらない作品」「中途半端」などの極端な評価が目につきはしますが、大きな流れから作品のあらすじまで、コンパクトにまとまっています。比較的、作家の人物本位ですが、詩や短歌などへも目配りがあります。

○三好行雄『日本の近代文学』塙書房、一九七二年

もともとは文学史として企図されたものではないとのことですが、そのためにかえって各項目が短くまとまって

いて、勉強しやすいです。雑誌への言及も多く、詩歌にもページが割かれています。

○三好行雄編『近代日本文学史』有斐閣双書、一九七五年

近世からの過渡期から昭和四〇年代まで、詩歌、演劇までもコンパクトな中に含み、たいへん充実しています。社会的状況の一般的説明や、〇〇主義とは、といった説明はあまりないので、とりつきにくく感じるかもしれませんが、その分、作家の発言やテクストの引用を短く効果的に使い、本書執筆当時の文学研究上の課題を盛り込んでいます。短い本なので、どれもこれも盛り込めないのは、しかたありません。

○大久保典夫編『現代日本文学史』笠間書院、一九八八年

特に昭和以降にページを割いています。作家の生没年などが、欄外に注としてまとまっているので、便利です。書影や作家の肖像写真もあります。この本に限らず、やや古い本で「女流作家」という言葉を使っているものは多いのですが、この言葉自体、最近は使いません。単に〈女性の〉作家という意味ではなく、歴史的には女性に別席を用意し、差別的に使われてきた語だからです（文学全集で、別々に分けられている作風や文学的潮流のところには配列されず、「女流作家集」という一巻にまとめられているものなどは、性別でしか評価していないことになるので、その例です）。それを除けば、女性作家の紹介も、短い中にだいぶ工夫がなされています。

○岩淵宏子・北田幸恵編著『はじめて学ぶ日本女性文学史』【近現代編】ミネルヴァ書房、二〇〇五年

言うまでもありませんが、男性だけの文学史、女性だけの文学史というのはナンセンスです。創作に書く・現れるのは、ジェンダーにかかわる話題だけでなく、共有している時代状況や思潮だからです。しかし、それでも、この本がなければ、半分を補えません。小説だけでなく、短歌、俳句、詩、評論、翻訳、というジャンルにしたがって記述しており、こんなに多くの人が文学史に載っていないことに、改めて驚くことになります。

○鈴木貞美『入門　日本近現代文芸史』平凡社新書、二〇一三年

「近代化すなわち西洋化」という構図では捉えそこなう作品や作家の再評価に力をそそぐ、と「はじめに」にあります。「序章」では、さきほど本講で〈文学〉概念について呈した素朴な疑問について解説してあり、その問題意識に照らして「文芸」の用語を採用しています。制度の解明の姿勢と、大正生命主義などへの着目が個性的な本です。

○安藤宏『日本近代小説史』中公選書、二〇一五年

扱う数は多くはありませんが、著名な小説テクストの表現を分析し、解説しています。文学史の一言のまとめだけで、読みもせずに小説を知ったつもりにならないために、重要な一歩です。

ついでに言えば、それぞれの作家の作風を実際に読んで知っておきたい、という方は、各種文学全集を活用していただけばよいのですが、それはわかっているけど気軽な短編くらいでなんとか……という場合は、『日本近代短編小説選』（明治編・大正編・昭和編。岩波文庫）が時代順に短編を収録しているので便利です。池内紀・松田哲夫・川本三郎編『日本文学一〇〇年の名作』（全一〇巻、新潮文庫）などもあるので、好きな作家を見つけてみてください。

◉思想・表現・制度

こうしてみると、文学史というのは、大きく分けて、思想（思潮）と、表現、制度の側面から捉えられます。思想あるいは文芸思潮は、〈何を伝えたいか〉の集団的な傾向のことで、比較的おなじみの考え方です。明治期の近代小説確立期の浪漫主義から、自然主義へ、といったように。表現は〈どのように伝えたいか〉で、思想（思潮）と不可分な場合も多いです。この短い本では述べきれないので参考文献を挙げているのですが、思想と表現の流れのイメージは、簡単には以下のようなものです。

明治二〇年代くらいまでは、芸術としての「文学」「小説」という概念を西洋から移入、定着させた点で近代文学確立期と言えます。芸術であるゆえんは、荒唐無稽な娯楽ではなく、人間や社会のしくみを分析することで、そのためにはありそうなこととして書かなくてはならない、すなわちリアリズム、これが近代小説の大きな方向性を決定づけました。この時期には、坪内逍遥でも二葉亭四迷でも尾崎紅葉でも、何を書くかという問題は、それまで読本や人情本などのジャンルごとに異なっていた文体を、広く共有される小説の文体として練りあげることと一体だったと言えます。地の文とセリフの形式や、語り手の処理などが模索されました。

この時期の中で、特に周囲とは隔絶した、自我を持つ個人というものを作り出そうとした作風を浪漫主義と言っていますが、自己を縛る周囲との違和感や戦いは、明治三〇年代から四〇年代の自然主義にも引き継がれるものでした。自然主義は、田山花袋や島崎藤村ですね。日本では自己暴露の方向に若干異なる発展をしましたが、もともと西洋の自然主義の〈自然〉とは、自然科学的な観察のイメージで、日本では、自分のことを書くとしても、客観的でなければならない、という問題として、表現の方法についての議論も活性化させました。

一方で、耽美派と呼ばれる人たちも出てきます。整序された社会の方から見れば堕落にも見える官能を描くことでは、自然主義との共通点もありながら、自然主義が実態ということを重視するのに対しては表現法がだいぶ異なり、美的な世界の構築のためには、あるときには人工的な細工も厭いません。永井荷風や谷崎潤一郎です。また、夏目漱石や森鷗外は、同時代として、自然主義が考えようとしていたことを共有もしていますが、その独自性を論じられることが多いです。

明治末から大正期にかけては、自然主義は、主義というようなお題目から離れて、自己の身辺を描く私小説になっていきます。これらでは、醜い、とか恥ずかしいことも小説の味になっています。しかし、そうした人間の態度に対する批判が生じ、前向きに人格を高めようとする白樺派や、哲学の領域にまたがる大正教養派が出て、自己の内省を書きます。芥川龍之介のように、理知的に、小説的な構成に盛って描く作家も現れます。芥川と大学での仲間であった菊池寛や久米正雄が方向性を違えていき、通俗小説というジャンルも確立します。

思潮より「思想」がぴったりして感じられるのは、大正期中ごろくらいから、世界をも席捲した「マルクス主義」という思想が輸入されることです。大正期には、芥川龍之介などが花形であった一方で、民衆に対する注目も高まってくるのです。ここから昭和初期にかけて、マルクス主義を基盤にしたプロレタリア文学の隆盛を迎えます。プロレタリア文学は、労働者が直面する問題や、経済的格差の解消を実践したり考えたりするもので、小林多喜二などが有名です。国語の教科書などにあまり載っていないので、なじみが薄いですが、近代日本文学の膨大な一角を形成しています。生活や社会の窮状を考えるので、基本的にはリアリズムです。

一方に、こうした労働者を生み出す都市そのものの発達、機械化、スピード化などを共有しながら、その都市文化的側面に比重を置く、新感覚派のようなグループもいます。こちらは、映画や絵画または科学的知識などから、当時としてはやや奇抜な表現方法を発明していきます。川端康成や横光利一がいるので有名ですね。新感覚派だけではないのですが、表現の技法自体にこだわる人たちは、作中人物の意識だけでなく無意識がだだ洩れになる小説を書いてみたり、描かれる内容に比して語りが饒舌だと思えるような小説を書いてみたり、さまざまな実験も行われます。また、都市化が進めば、大衆文学も盛んになってきます。江戸川乱歩など、見知らぬ人同士が寄り集まる都会でこそ成立するミステリーや、『キング』のような大衆雑誌が売れたりします。

昭和期になり、現行の政治体制に批判的なプロレタリア文学は国家によって弾圧され、その後には、さまざまな抵抗や個人的な模索もあるとはいえ、全体的には、戦争に向かう国家の方針に即した国策文学や、戦争文学が主流になっていきます。こうした国策文学や戦争文学も、現在読まれていませんが、歴史的なできごととして重要です。その膨大な数が忘却されていることの方が問題です。文学者は、戦争などの大きな社会的事件については、果敢に批判したというイメージも大きいですが、当時に生きていたとしたら、そうできる場合だけとは限りません。戦争で兵士や重工業などが重視される時期、それが気持ちの問題だけでなく実際の生活を規制してくる時期に、文学者が自己の存在意義を、また仕事できる場を確保するためには、どうしなければならないかは明白だからです。

ただし、これ以前にマルクス主義的な左翼活動に参加して挫折した世代は、戦争に対して、世の中に対して、複雑な考えを抱いていました。代表的なのは、太宰治で、彼らは戦後にわたり、独特な反逆的なテクストをものしています。こうしてようやく戦後になります。戦争体験がようやく直接に書ける時期になり、政治運動の時期も到来、一方ではそうした社会的なできごとから脱して個人的なことを書きたい世代が出てくるなど、目まぐるしく変化します。

短すぎて役に立たないことは承知で、このように主に戦前の文学史をさらってみたのは、テクストの成り立ちが、作家自身の動機や自己表現だけで語れるわけではないことに気づくためです。というより、作家自身の動機や自己表現（は重要な問題ですが）を論じるのが文学であるかのように思うことで、実は文学史の半分くらいが見えなくなっていたのかもしれません。例えば、プロレタリア文学のように、政治運動だから、個人としての考え方だけではなく、集団の考え方を書くべきである場合。今度はそれらが、政府によって危険な思想とみなされ、検閲によって発表できない場合。検閲は戦争の際に強化され、日本国家によるものだけではなく、戦後の占領期には、アメリカ占領軍による検閲もあります。

こうしてみると、思想と表現、と言いますが、表現はかならずどこまで書いてよいかという制度との交渉であり、文学史には制度という観点を付け加えなければならないことがわかります。もちろん、テーマ的な家族制度、恋愛という制度、などもあり、これらは制度という言葉こそ使わなくても、第一部で少しずつふれてきたのですが、本講で述べているのは、出版自体を支える制度のことです。このあと参考文献を挙げますが、それらは当然、一つずつの小さな調査の積み重ねから始まっているものですので、小さい単位から始めれば、みなさんが自分のレポートや研究のテーマとして考えてみることも可能です。そんな観点も経由しながら、制度についての研究も紹介しましょう。

●テクストの成立経緯と検閲

例えば、原稿や校正刷などの調査からも、制度を覗き見ることはできます。第5講で、本文校異についてふれましたが、その際には、多くの人に読まれているものとして、初出以降の本文しか挙げませんでした。ただ、本文は、作家の手書きの**草稿**や**原稿**、**校正刷り**への書き込みなどに遡れます。校正刷りとは、原稿から活字を組んで、試し刷りしたもので、作家はこれに赤字を入れて、最終的に整えます。編集側が字の統一などの指示をしている場合もあります。

草稿・原稿は、作家の身体性を感じとることができ、特定の作家の書き癖や、崩し字の解読には、技能が必要ですので、旧来から研究の重要な一角でした。近年改めて注目されているのは、かつては、貴重かつ高価で、一部の人の目にしかふれえなかったそれらが、技術の発達によって、デジタルデータなどで複製され、鮮明に読めるようになったことも影響しています。具体的な作家ごとの草稿・原稿の傾向や、原稿の所在などについては、日本近代文学館編『近代文学草稿・原稿研究辞典』（八木書店、二〇一五年）などをご覧ください。作家ごとの個別の研究であれば、第15講で紹介するようなデータベースで、先行研究を調査してください。

草稿や原稿の調査は、主として作家の作品完成の経緯を明らかにしてきたのですが、すでに述べたような検閲などとのかかわりで言えば、流布した本では削除されている部分を、原稿などから復元することができる場合もあります。作家の試行錯誤を知るための草稿研究などとは性質が異なりますが、検閲本への検閲官の書き入れの調査なども行われており、検閲の制度や具体的な処理を知ることができます。

検閲については、制度の変遷を知らないと調査のしようがないので、戦前については、大部な書ですがジェイ・ルービン『風俗壊乱』（世織書房、二〇一二年）や、紅野謙介『検閲と文学』（河出書房新社、二〇〇九年）、鈴木登美・十重田裕一・堀ひかり・宗像和重編『検閲・メディア・文学』（新曜社、二〇一二年）などが勉強になります。

●文学の中身を支える制度

もし、できあがったテクストが、作家の自由に自己表現できたわけではないとすると、検閲の例だけではなく、ほかにも、作家が意識しているかいないかにかかわらず、テクストを成り立たせる条件について考える必要も出てきます。すでに第11講で、雑誌に着目しましたが、これなども条件の一つと言えるでしょう。読者を限定する雑誌の傾向に合わせて書くということだけではありません。雑誌も、本も、売れて、消費者の手元に届かなければ、読まれない商品です。そうした本の形態や、制作の条件、流通のあり方はどうなっていたかという研究方法もあります。これらは、中学や高校の国語の授業でも学んだ作品の読解ということとは異なり、新しい知識や方法を仕入れなければならないので、本書では、実践を示さず、参考文献を挙げるにとどめます。

例えば田坂憲二『日本文学全集の時代――戦後出版文化史を読む』（慶應義塾大学出版会、二〇一八年）は、文学全集の作家選びや作品選びの特徴（偏り）を調査しており、文学は、だれが選んだどんなセットとして読者に手渡されるのかを意識させてくれます。

浅岡邦雄『〈著者〉の出版史』（森話社、二〇〇九年）は、出版契約書や印税領収書などから、つまり著者の権利の範囲を規定する法律などの整備の観点から、作家というもの自体が成り立つ制度について研究したものです。メディア史や出版史の領域で、永嶺重敏、柴野京子などが、読書という習慣を成り立たせる制度について多くの成果をあげているので、覗いてみるのもよいでしょう。文学も経済行為だという観点からは、山本芳明『文学者はつくられる』（ひつじ書房、二〇〇〇年）、『カネと文学』（新潮社、二〇一三年）が、作家という職業が自立してきた経緯について教えてくれます。言うまでもなく、何かを書く人は、食べていければ作家ですが、自分で書くだけなら、自称・作家にすぎません。思潮や表現も、こうした制度に乗ったものだけが、それとして認められているのです。

また、本の流通を考えれば、日本の範囲内では済まなくなります。これもまた分厚い本ですが、和田敦彦『書物の日米関係』（新曜社、二〇〇七年）は、戦中戦後にアメリカに渡った日本語の書物の所蔵を調査し、日本語のリテラシー（読み書き能力）の形成を跡づけた研究です。このように、文学研究には、制度の視点も必要なのです。

◉あなたは文学史を書きかえている

さて、例えば、第一部で行ったように、自分なりの読み方をしてテクスト評価を変えてしまったとき、また第12講で行ったように新たに作家を発掘してしまったとき、第13講でその時代の考え方の偏向を見出したとき、他のいずれの場合でも、その場で文学史は書きかえられているということになります。書きかえというのは、起こったできごとをなかったことにしたり、捻じ曲げて伝えることとはまったく異なる営みであることは、もはや説明するまでもありません。そしてこれは、半分は書いてくれた作家、残してくれた誰かの偉大な功績なのですが、半分は、今を生きている私たちがかかわった成果なのです。私たちの文学研究は、単に過去の宝を受け継いでいる以上の営みをしています。おもしろいと思えてきたあなたは、すでに文学研究の入門を果たしています。

第15講

参考文献の探し方

さて、最後の講義では、参考文献の見つけ方と、最終的にレポートにまとめるやり方について、最低限の説明をしておきましょう。

本書では、意図があって、あえて参考文献を調べないで小説を読むところから始めましたが、客観性を確保する手段の一つとして、**参考文献**は当然必要です。参考文献は、大きく分けて、特定のテクストや文化状況などについて行われてきた先行研究と、歴史的過去当時の状況を直接記録したもの・それらを調べやすく集成したものがあります。

◉先行研究の調査法

ここまでテクストについて分析を行ってきた最終目標は、論文・レポート・発表などにまとめることですが、大学以上の課程では、これらにオリジナリティが重視されます。つまり、あなた自身が何を調べ、考えたのか、ということです。他の誰かが考えたり書いたりしたことを、鵜呑みにしてまとめたものは、評価されません。また、執筆者や作成者を明示せずに引用、または要約して使用することは、盗用・剽窃と呼ばれ、絶対にしてはいけない行為です。

一方、オリジナルであるかどうかは、他との関係で測られるものでもあります。オリジナルであるといっても、何も天才のように誰も考えつかなかったことが求められているわけではありません。何も参照せずに自力で考察したものが、たまたま大変独創的だと認められることは稀で、似たようなものが既にあることが多く、その場合はせっかくの努力が無駄になってしまいます。他の人の説を知った上で、自分の良いところを意識的に伸ばすためにも、先行研究の網羅は必要です。先行研究が用いていない当時の資料も、近代の場合にはたくさんあります。後の「便利な資料集」も参考にして、新たな成果を出してください。

先行研究には、㋐図書と、㋑雑誌などに掲載された論文、があります。論文は多くの場合、雑誌などに掲載された後、そのいくつかが集約され、本として出版されるので、その間にタイムラグが生じます。マンガを、最新作を雑誌で読むか（しかし他の作品と一緒）、好きな作品や作家を単行本でまとめて読むか（しかし最新ではない）、のようなものだとイメージしてください。一つのテーマについてまとめて読める点では㋐が便利ですし、最新の成果を知りたい場合は㋑が役に立ちます。ただし、マンガと違い、研究は単行本化に相当時間がかかりますので、両方使いましょう。

また、データベースはそれぞれ特色がありますので、複数使うのがよいでしょう。

【探すためのツール】

○国立国会図書館サーチ　http://iss.ndl.go.jp/
○国文学研究資料館国文学論文目録　http://base1.nijl.ac.jp/infolib/meta_pub/G0038835RBN
○国立情報学研究所論文情報ナビゲータ（CiNii）　http://ci.nii.ac.jp/
○J-STAGE　https://www.jstage.jst.go.jp/browse/-char/ja/
→後者二つは本文が読める場合もあります。

【先行研究の読み方】

先行研究を読むときは、

㋐**全体**の要旨をまとめる。

㋑直接啓発された**部分**にアンダーラインを引く、あるいは抜き書きする。

二段構えで理解しましょう。㋐を怠ると、文脈を無視した自分勝手な使用になりがちです。

また、できれば、初めから納得できない部分を探すつもりで読んでみましょう。研究者の論文はちゃんとできていますので、あれを読んでも納得、これを読んでも納得、いろいろ取り入れると、異なる方法がごちゃ混ぜになったレポートができあがってしまいます。

●研究の前提

①基本情報の把握

テクストの発表年（出版年）と、どの本を使うのかを確認し、レポートや発表資料に明記しましょう。

②全集の活用

文学テクストの場合は、まず**個人全集**を見ましょう。文庫本では、字句などが変わっていることがあります。研究での引用は、全集本文を使用します。また全集で、**作家の年譜**、**著作目録**、**本文校異**などがわかります。研究者が引用している作家の**エッセイ**や**日記**や**書簡**などは、全集に収録されています。**孫引き**（他の書物に引用されたものを、そのまま引用すること）でなく、原典にあたりましょう。

本文校異とは、自筆原稿、初出（最初に雑誌などで公表されたもの）、単行本などの本文間の異同（削除・加筆・訂正など）を調査することです。最良の本文を確定するために行いますが、成立過程などをめぐって、思わぬ発見もあるので、目を通しましょう。

③語釈
わからない言葉の意味を調べるのはもちろん、背後の文化的事象などを掘り下げ、考察につなげることができます。引用文献は必ず明記します。孫引きはせず、原典にあたりましょう。

インターネットの利用は、上記のデータベースなどを使い、GoogleやYahoo!でいきなりキーワード検索することはやめましょう。サイトを利用する場合は、作成者の実名や連絡先など、責任の所在が明確なものに限定する必要があります。参照した資料が明示されているかどうかも確認してください。

「**ウィキペディア**」は、調査の手がかりにはなりますが、研究やレポートで使うことはしません。執筆者が明示されないなど、責任主体が不明確であり、また、内容も大変流動的だからです。

●参考文献の入手

先ほどのデータベースなどで目指す資料が決まったら、どこの図書館に行けばあるのかを確認して、行きましょう。

①大学図書館
→大学図書館は、専門的な文献を多く集めているにもかかわらず、開架式で、自分でコピーがとれるという利点があります。大学に所属している場合は、最も便利です。レファレンス・サービスも利用しましょう。文献を他から取り寄せることもできます（相互利用）。
また、他大学の図書館へ行く時は、紹介状を書いてもらいましょう。

②地域図書館

③中央の図書館

都立図書館・県立図書館
国立国会図書館（一八歳以上）

③専門図書館

日本近代文学館（駒場東大前）・神奈川近代文学館（横浜）
国文学研究資料館（立川）
文京区立鷗外記念館（千駄木）・坪内逍遥博士記念演劇博物館（早稲田大学）・大宅壮一文庫（雑誌・八幡山）・明治新聞雑誌文庫（東京大学大学院法学政治学研究科附属近代日本法政資料センター）・一般財団法人石川武美記念図書館（女性文学関係・御茶ノ水）……など多数。データベースも充実しています。東京を中心に挙げましたが、それぞれの地域にもあります。

大きな図書館はたいてい閉架式です（本棚に自分では行けず、書籍は係の人に出納してもらう）。目指す文献は何なのか、所蔵されているか、利用方法など、事前に調べていきましょう。図書館横断検索のサイトや、CiNii Books（大学図書館の本を探す）などを使います。中央の図書館や、専門図書館は、なんでもあるからと出かけて行かず、そこでしか見られないものをみる場合に限りましょう。時間もお金もかかりますし（コピー代も一枚一〇円とはいきません）、他の人の迷惑にもなります。

また、コピーをとる場合、著作権があり、本なら半分までしかコピーできないなどの制限がありますので、注意しましょう。

古書で購入、手元におけるものもありますので、古書店のサイトなども活用し、必要度に合わせて工夫しましょう。何を行うにしても、研究は、それなりに、ですが、時間もお金もかかります。

◉参考文献の示し方

【注について】

どこが人の意見で、どこが自分の調査・意見であるかはっきりさせることを重視するなら、参考文献リストのみを文末に掲げるのは、望ましくありません。それからの影響（盗用）を不明確にするからです。どこに何を参照したかの対応関係が明確になるように、参照番号をつけ、注の形式にしましょう。第10講・11講では、注をつけましたので、形式の参考にしてください（本書の〈主要参考文献〉の書き方は、〈おすすめの本〉というような意味ですので、正確な参考文献の示し方とは異なります）。

①注の内容は、大きく㋐引用・参考文献の書誌、㋑本文に組み込むと煩雑になる補足的情報、に分けられます。多くは両者を同居させています。

②本文の当該箇所に、本文とまぎれないような注番号をつけ（「注1」「＊1」など）、注は本文末に一括して示します（頭注、脚注などの方法もあります）。

③㋐を示す場合は、**執筆者・編者名、論文や本のタイトル、出版社、発行年**（雑誌の場合は巻・号も記す）、**引用ページ**、は必須。

④原則として、**本のタイトルは『　』、論文のタイトルは「　」**でくくります。新聞・雑誌のタイトルも多くの場合『　』です。発行年などは、西暦か元号かで統一すること。一冊の文献であっても数人で執筆していれば、引用した部分の執筆者とタイトルを挙げること。

例　〇山×子「日本近代文学にみる性別役割分業」（△川◆太郎編『日本のジェンダー』慶應出版社、二〇五〇年）

⑤**注番号は通し番号**とします。例えば、「注2」というのが二回も三回もあるのはありえません。同じ文献を使う場**復刻版**を使用する場合は、元の書誌情報と、復刻版の情報の双方が必要です。

合は、例えば「注4　注2と同じ。」とか、「注4　注2前掲書、○○ページ」などと書きます。

⑥何回も引用する作品については、⑤のようにする必要はありません。使用テクストを最初に本文中で断る、もしくは、注か文末の「付記」で、「「○○」の本文は、すべて『××全集　第六巻』（慶應出版社、二〇五〇年）による。」というように書きます。

⑦先行研究などにふれる際は、詳細を注に記したとしても、本文中に最初に示す箇所で、執筆者名をフルネームで示すこと。いきなり「小平氏は～」と氏名を省略したり、引用だけ示したりしないこと。要するに、本文だけ読んでも、ある程度の情報が伝わるように。

○示し方の例

> 大正期は、個の尊重を背景に恋愛論がブームになり、実際の事件も数多く語り継がれている。[*1]その中でも特に、鈴木悦の手紙は、黒澤亜里子によって、「フェミニスティックで拡張高く（中略）大正期の日本の男性のなかで際立っていた」[*2]と評価もされている。
>
> 〈注〉
>
> ＊1　菅野聡美『消費される恋愛論　大正知識人と性』青弓社、二〇〇一年。
>
> ＊2　黒澤亜里子「解説」、青木生子・原田夏子・岩淵宏子編『日本女子大学叢書5　阿部次郎をめぐる手紙』翰林書房、二〇一〇年。

【引用について】

①引用は、短いものは「　　」でくくります。長いものはカッコでくくらずに、二字下げで示します（インデントのこと）。これを直接引用と言います。注などで必ず書誌情報を明記すること。字句は正確に引用すること。旧漢字については、新漢字に直してかまいませんが、その際は「引用に際し、旧漢字は新漢字に改めた」など、注や「付記」で明記してください。仮名遣いは原文通りにするのが一般的です。

②引用するには長すぎる場合、または主旨が必要な場合は要約します。これを間接引用と言います。「　　」や二字下げは行いませんが、書誌情報を明記することは①と同じです。

③**テレビ番組や映画**であれば、放送日時、放送局名、監督や製作年など。**インターネット**の場合はサイトの運営主体、記事の日付、情報テーマ、ＵＲＬ、最終閲覧日になります。

【書式について】

①書式は所属先や授業の規定を守ること。必ず**総字数**を明記します。もしも手書きの場合は原稿用紙を使用。黒または青のペン書き。鉛筆書きは不可。

②ページ数を見やすい位置につけます。

③表紙をつけ、紙で提出する場合は、必ずホッチキスなどで綴じます。レポートなどの場合、表紙には、科目、担当教員名、提出日時、タイトル（分析した作品名、著者名、分析テーマなど必要事項）、提出者の所属・学籍番号・氏名などを明記すること。

◉便利な資料集

最後に、近代文学で何かを調べようと思ったとき、まず手に取る資料集を挙げておきます。活用してください。

○『国文学年次別論文集』学術文献刊行会編、朋友出版
→学術論文を年毎に収録（紀要などのバックナンバーを一つ一つ探す手間が省けます）。
○『近代文学研究叢書』昭和女子大学近代文化研究所、一九五六年〜
→作家別の著作目録と資料目録。同時代評を探す際に便利。作家の名前順や時代順に収録されているわけではないので、要注意。
○『日本文学研究文献要覧』日外アソシエーツ編集、一九七六年〜
→日本文学関連の研究書、雑誌論文を収集、体系的に分類した目録。
○『文藝年鑑』
→作家・作品に関する前年の情報、著作権者の情報など。
○『日本文学研究資料叢書』有精堂、一九六九〜一九八六年、『日本文学研究資料新集』有精堂、一九八六年〜一九九四年
→作家・テーマ別の論文集成。
○学燈社『国文学』〜必携、至文堂『国文学　解釈と鑑賞』の特集など（現在は休刊）。
○日本近代文学館編『日本近代文学大事典』講談社、一九七七〜一九七八年
○三好行雄他編『日本現代文学大事典』明治書院、一九九四年
○浅井清・佐藤勝編『日本現代小説大辞典』増補縮刷版、明治書院、二〇〇九年
○村松定孝・渡辺澄子編『現代女性文学大辞典』東京堂出版、一九九〇年
○小田切進編『日本近代文学年表』小学館、一九九三年
→以上はとにかく手始めに。

○『明治文学全集』筑摩書房、一九六五〜一九八三年
↓作家や作品だけでなく、語彙で引ける総索引が便利。
○『新日本古典文学大系』明治編、岩波書店、二〇〇一〜二〇一三年
○『日本近代文学大系』角川書店、一九六九〜一九七五年
↓いずれも詳しい注釈がついた本文。
○『近代文学評論大系』角川書店、一九七一〜一九七五年
↓明治から昭和の評論を収載。論争などの調査に便利。
○『文藝時評大系』全七三巻・別巻五（索引）、（明治編・中島国彦編、大正編・宗像和重編、昭和編1・池内輝雄編、昭和編2・曽根博義編）ゆまに書房、二〇〇五〜二〇一〇年
↓同時代評を探す際に便利。
○小田切進編『現代日本文芸総覧』増補改訂、明治文献資料刊行会、一九九二年
↓文学雑誌の目次集成。作家別ではなく、話題になっていた事柄などを調査するのに便利。
○日外アソシエーツ株式会社編『文芸雑誌小説初出総覧』紀伊國屋書店、二〇〇五年
↓戦後の小説の初出総覧。
○高木健夫編『新聞小説史年表』国書刊行会、一九八七年
↓新聞に掲載された小説の調査に便利。一八七五年〜一九五五年までが年表化されています。
○日本近代文学館編『近代文学草稿・原稿研究事典』八木書店、二〇一五年
↓さまざまな作家の草稿や原稿の研究成果や所在がわかります。
○国立国会図書館デジタルコレクション　http://dl.ndl.go.jp/

○国文学研究資料館近代書誌・近代画像データベース　base1.nijl.ac.jp/~kindai/
↓いずれも著作権の切れた図書の本文が自宅からでも閲覧可能。
○『新聞集成　明治編年史』林泉社、一九三六～一九四〇年、『新聞集成　大正編年史』大正昭和新聞研究会、一九六九～一九八七年
○『明治ニュース事典』『大正ニュース事典』『昭和ニュース事典』毎日コミュニケーションズ、一九八三～一九九四年
○下川耿史『明治・大正家庭史年表』二〇〇〇年、『昭和・平成家庭史年表』河出書房新社、二〇〇一年
↓いずれも、当時どんなニュースがあったか知りたいときに。

新聞のバックナンバーは、縮刷版だけでなく、図書館などの端末からオンラインで利用できることもあります（「聞蔵Ⅱ（朝日新聞）」「ヨミダス歴史館（読売新聞）」「毎策（毎日新聞）」など）。
○森永卓郎監修『物価の文化史事典』展望社、二〇〇八年
○週刊朝日編『値段史年表』朝日新聞社、一九八八年
↓当時の物の値段が知りたい場合に。
○青空文庫　http://www.aozora.gr.jp/
↓著作権の切れた作品をネット上で無料で読めます。
○Google ブックス　無料アクセス/Free Access
↓書籍の全文検索サービスです。

あとがき

さて、一通りの講義はこれで終わりです。じっくり取り組んだ方には一冊でも案外長い道のりだったかもしれません。おつかれさまでした。何か今後の研究のヒントは得られたでしょうか。それとも、〈おもしろい〉のは目次だけで、だまされた、と思ったでしょうか。文学って、〈わかってくる〉までが本当にめんどうなのです。

本書で中心的に述べたのは、自分の生き方やアイデンティティにかかわるテーマや立場というよりも、それらを具体的なテクストを媒介に展開する際の、客観性の確保のしかたや、資料探索の方法でした。もちろん、思想や立場については、「方法論」として多くの概説書が出ており、たいへん参考になります。しかし、その書き手の多くが述べているように、「方法」だけが、学界における重要性や流行りとして応用されるなら、文学が頑固にもこだわってきた、〈自分〉とはどういうものか、他の人たちとどのような関係を結べるかを探求することから離れてしまうことになるでしょう。テーマや立場は、結局は、時間はかかりますが自分で探していくしかないものです（その意味では、第二部の例に女性ジェンダーの話題が多めなのは、私という研究者の特色です）。

一方で、個別のテクストの読み解きは、高校までで体験済みですが、使うテクストの傾向が決まっていることや、試験に直結することから、自分にかかわる本質というよりは、方便と捉えられることも多いでしょう。いくら身につけても、本質に迫れていないような気がします。しかしながら、それらは、自分を他の人に説明するための共通言語であり、それぞれのテーマに合わせて無限に開けてくる資料体を読むための技術でもあります。今述べたようにテーマや立場は人に教えられませんが、本書では、そこへ行くための継ぎ目となるように、客観性の確保や資料探索など、具体的なやり方を伝達することを心がけました。そういう点で、何か大切なことを教えてくれた一冊になることよりは、卒業して忘れ去られることを目指した本だと言えるでしょう。

文学をめぐる制度や、出会う場というのはどんどん変わっていきます。これまでは前提だからつまらないと思っていた、文学についての基本的な読解の技術ですらも、例えばこれからの国語教育が社会における実用性を優先すれば、ふれる機会が減ってしまうことも考えられます。そうなれば、文学テクストの読み方はわからなくなり、文学は新しく生き返ることもなくなり、単に昔からあるからという理由で保管されるだけの骨董のようなものになってしまうでしょう。それはまことに残念なことです。

本書を手に取った方は、おそらく、小説をめぐって、なんらかのたいせつな体験をしたことがあり、さらにその〈何か〉にふれるために、手がかりをつかみたいと考えている方なのだと思います。成果が結実するのは、大学でのレポートだけとは限りません。その〈何か〉を、これからもお互い別々の場所で、それぞれの形にしていくことができたらいいな、と思います。

本書の第1～2講、第4～7講は、それぞれ以下に基づいています。
「研究へのいざない　志賀直哉「小僧の神様」を読む」『語文』第一三九輯、二〇一一年三月
「研究へのいざない　夢野久作「瓶詰地獄」を読む」『語文』第一三五輯、二〇〇九年一二月
「研究へのいざない　中島敦「文字禍」を読む」『語文』第一三七輯、二〇一〇年六月
「研究へのいざない　井伏鱒二「朽助のゐる谷間」を読む」『語文』第一四二輯、二〇一二年三月
「研究へのいざない　川端康成「水月」を読む」『語文』第一四〇輯、二〇一一年六月
「研究へのいざない　有吉佐和子「亀遊の死」を読む」『語文』第一四一輯、二〇一一年一二月
ただし、全面的に書きかえました。他はすべて書き下ろしです。

授業に熱心につきあってくれた学生（あるいは既に卒業生）のみなさんをはじめ、本書の完成まで応援してくださったすべての方に、また煩瑣な作業をいとわず実現してくださった慶應義塾大学出版会の平原友輔さんに、感謝いたします。

二〇一八年一一月

小平麻衣子

対象テクスト

志賀直哉『小僧の神様』
夢野久作『瓶詰地獄』
太宰治『葉桜と魔笛』
中島敦『文字禍』
川端康成『水月』
有吉佐和子『亀遊の死』

小僧の神様

志賀直哉

一

仙吉《せんきち》は神田のある秤屋《はかりや》の店に奉公している。

それは秋らしい柔かな澄んだ陽《ひ》ざしが、紺の大分《だいぶん》はげ落ちた暖簾《のれん》の下から静かに店先に差し込んでいる時だった。店には一人の客もない。帳場格子《ちょうばごうし》の中に坐って退屈そうに巻煙草《まきたばこ》をふかしていた番頭が、火鉢の傍《そば》で新聞を読んでいる若い番頭にこんな風に話しかけた。

「おい、幸《こう》さん。そろそろお前の好きな鮪《まぐろ》の脂身《あぶらみ》が食べられる頃だネ」

「ええ」

「今夜あたりどうだね。お店をしまってから出かけるかネ」

「結構ですな」

「外濠《そとぼり》に乗って行けば十五分だ」

「そうです」

「あの家《うち》のを食っちゃア、この辺のは食えないからネ」

「全くですよ」

若い番頭からは少し退《さが》った然《しか》るべき位置に、前掛の下に両手を入れて、行儀よく坐っていた小僧の仙吉は、「ああ鮨屋《すしや》の話だな」と思って聴いていた。京橋にSという同業の店がある。その店へ時々使《つかい》に遣《や》られるので、その鮨屋の位置だけはよく知っていた。仙吉は早く自分も番頭になって、そんな通《つう》らしい口をききながら、勝手にそういう家《うち》の暖簾をくぐる身分になりたいものだと思った。

「何でも、与兵衛《よへえ》の息子が松屋の近所に店を出したという事だが、幸さん、お前は知らないかい」

「へえ存じませんな。松屋というと何処《どこ》のです」

「私もよくは聞かなかったが、いずれ今川橋の松屋だろうよ」

「そうですか。で、其処《そこ》は旨《うま》いんですか」

「そう云う評判だ」

「やはり与兵衛ですか」

「いや、何とかいった。何屋とかいったよ。聴いたが忘れた」

仙吉は「色々そういう名代《なだい》の店があるものだな」と思って聴いていた。そして、

「しかし旨いというと全体どういう具合に旨いのだろう」そう思いながら、口の中に溜《たま》って来る唾《つばき》を、音のしないように用心しい飲み込んだ。

二

それから二、三日した日暮だった。京橋のSまで仙吉は使に出された。出掛けに彼は番頭から電車の往復代だけを貰って出た。

外濠の電車を鍛冶橋《かじばし》で降りると、彼は故《わざ》と鮨屋の前を通って行った。彼は鮨屋の暖簾を見ながら、その暖簾を勢《いきおい》よく分けて入って行く番頭たちの様子を想《おも》った。その時彼はかなり腹がへっていた。脂で黄がかった鮪の鮨が想像の眼に映ると、彼は「一つでもいいから食いたいものだ」と考えた。彼は前から往復の電車賃を貰うと片道を買って帰りは歩いて来る事をよくした。今も残った四銭が懐《ふところ》の裏隠しでカチャカチャと鳴っている。

「四銭あれば一つは食えるが、一つ下さいともいわれないし」彼はそう諦《あきら》めながら前を通り過ぎた。

Sの店での用はすぐ済んだ。彼は真鍮《しんちゅう》の小さい分銅《ふんどう》のいくつか入った妙に重味のある小さいボール函《ばこ》を一つ受取ってその店を出た。

彼は何かしら惹《ひ》かれる気持で、もと来た道の方へ引きかえして来た。そして何気なく鮨屋の方へ折れようとすると、ふとその四つ角の反対側の横町に屋台で、同じ名の暖簾を掛けた鮨屋のある事を発見した。彼はノソノソとその方へ歩いて行った。

三

若い貴族院議員のAは同じ議員仲間のBから、鮨の趣味は握るそばから、手摑《てづか》みで食う屋台の鮨でなければ解らないというような通《つう》を頻《しき》りに説かれた。Aは何時《いつ》かその立食いをやってみようと考えた。そして屋台の旨いという鮨屋を教わっておいた。

ある日、日暮間もない時であった。Aは銀座の方から京橋を渡って、かねて聞いていた屋台の鮨屋へ行って見た。其処には既に三人ばかり客が立っていた。彼はちょっと躊躇《ちゅうちょ》した。しかし思い切ってとにかく暖簾を潜《くぐ》った。が、その立っている人と人との間に割り込む気がしなかったので、彼は少時《しばらく》暖簾を潜ったまま、人の後《うしろ》に立っていた。

その時不意に横合いから十三、四の小僧が入って来た。小僧はAを押し退《の》けるようにして、彼の前の僅《わずか》な空《す》きへ立つと、五つ六つ鮨の乗っている前下《まえさ》がりの厚い欅板《けやきいた》の上を忙《せわ》しく見廻した。

「海苔巻《のりまき》はありませんか」

「ああ今日は出来ないよ」肥《ふと》った鮨屋の主《あるじ》は鮨を握りながら、なおジロジロと小僧を見ていた。

小僧は少し思い切った調子で、こんな事は初めてじゃないというように、勢よく手を延ばし、三つほど並んでいる鮪の鮨の一つを摘《つま》んだ。ところが、何故《なぜ》か小僧は勢よく延ばした割にその手をひく時、妙に躊躇した。

「一つ六銭だよ」と主がいった。

小僧は落すように黙ってその鮨をまた台の上へ置いた。

「一度持ったのを置いちゃあ、仕様《しよう》がねえな」そういって主は握った鮨を置くと引きかえに、それを自分の手元へかえした。

小僧は何もいわなかった。小僧はいやな顔をしながら、その場がちょっと動けなくなった。しかし直ぐある勇気を振るい起して暖簾の外へ出て行った。

「当今は鮨も上りましたからね。小僧さんには中々《なかなか》食べきれませんよ」主は少し具合悪そうにこんな事をいった。そして一つを握り終ると、その空《あ》いた手で今小僧の手をつけた鮨を器用に自分の口へ投げ込むようにして直ぐ食ってしまった。

四

「このあいだ君に教わった鮨屋へ行って見たよ」

「どうだい」

「中々旨かった。それはそうと、見ていると、皆《みんな》こういう手つきをして、魚の方を下にして一ぺんに口へ抛《ほう》り込むが、あれが通なのかい」

「まあ、鮪は大概ああして食うようだ」

「何故魚の方を下にするのだろう」

「つまり魚が悪かった場合、舌へヒリリと来るのが直ぐ知れるからなんだ」

「それを聞くとBの通も少し怪しいもんだな」

Aは笑い出した。

Aはその時小僧の話をした。そして、

「何だか可哀想《かわいそう》だった。どうかしてやりたいような気がしたよ」といった。

「御馳走《ごちそう》してやればいいのに。いくらでも、食えるだけ食わしてやるといったら、さぞ喜んだろう」

「小僧は喜んだろうが、こっちが冷汗《ひやあせ》ものだ」

「冷汗？　つまり勇気がないんだ」

「勇気かどうか知らないが、ともかくそういう勇気はちょっと出せない。直ぐ一緒に出て他所《よそ》で御馳走するなら、まだやれるかも知れないが」

「まあ、それはそんなものだ」とBも賛成した。

五

Aは幼稚園に通《かよ》っている自分の小さい子供が段々大きくなって行くのを数《すう》の上で知りたい気持から、風呂場へ小さな体量秤《たいりょうばかり》を備えつける事を思いついた。そしてある日彼は偶然神田の仙吉のいる店へやって来た。

仙吉はAを知らなかった。しかしAの方は仙吉を認めた。

店の横の奥へ通ずる三和土《たたき》になった所に七つ八つ大きいのから小さいのまで荷物秤が順に並んでいる。Aはその一番小さいのを選んだ。停車場《ていしゃじょう》の運送屋にある大きな物と全く同じで小さい、その可愛《かわい》い秤を妻や子供がさぞ喜ぶ事だろうと彼は考えた。

番頭が古風な帳面を手にして、

「お届け先きは何方様《どちら》でございますか」といった。

「そう……」とAは仙吉を見ながらちょっと考えて、「その小僧さんは今、手隙《てすき》かネ?」といった。

「へえ別に……」

「そんなら少し急ぐから、私と一緒に来てもらえないかネ」

「かしこまりました。では、車へつけて直ぐお供をさせましょう」

Aは先日御馳走出来なかった代り、今日何処かで小僧に御馳走してやろうと考えた。

「それからお所とお名前をこれへ一つお願い致します」金を払うと番頭は別の帳面を出して来てこういった。

Aはちょっと弱った。秤を買う時、その秤の番号と一緒に買手の住所姓名を書いて渡さねばならぬ規則のある事を彼は知らなかった。名を知らしてから御馳走するのは同様如何《いか》にも冷汗の気がした。仕方なかった。彼は考え考え出鱈目《でたらめ》の番地と出鱈目の名を書いて渡した。

六

客は加減をしてぶらぶらと歩いている。その二、三間後《うしろ》から秤を乗せた小さい手車を挽《ひ》いた仙吉がついて行く。

ある俥宿《くるまやど》の前まで来ると、客は仙吉を待たせて中へ入って行った。間もなく秤は支度の出来た宿俥に積み移された。

「では、頼むよ。それから金は先で貰ってくれ。その事も名刺に書いてあるから」といって客は出て来た。そして今度は仙吉に向って、「お前も御苦労。お前には何か御馳走してあげたいからその辺まで一緒においで」と笑いながらいった。

仙吉は大変うまい話のような、少し薄気味悪い話のような気がした。しかし何しろ嬉《うれ》しかった。彼はペコペコと二、三度続《つづ》け様《ざま》にお辞儀をした。

蕎麦屋《そばや》の前も、鮨屋の前も、鳥屋の前も通り過ぎてしまった。「何処《どこ》へ行く気だろう」仙吉は少し不安を感じ出した。神田駅の高架線の下を潜って松屋の横へ出ると、電車通を越して、横町のある小さい鮨屋の前へ来てその客は立ち止った。

「ちょっと待ってくれ」こういって客だけ中へ入り、仙吉は手車の梶棒《かじぼう》を下して立っていた。

間もなく客は出て来た。その後《あと》から、若い品のいいかみさんが出て来て、

「小僧さん、お入りなさい」といった。

「私は先へ帰るから、充分食べておくれ」こういって客は逃げるように急ぎ足で電車通の方へ行ってしまった。

仙吉は其処で三人前の鮨を平《たい》らげた。餓え切った痩《や》せ犬が不時の食にありついたかのように彼はがつがつと忽《たちま》ちの間に平げてしまった。他《ほか》に客がなく、かみさんが故《わざ》と障子を締め切って行ってくれたので、仙吉は見得《みえ》も何もなく、食いたいようにして鱈腹《たらふく》に食う事が出来た。

茶をさしに来たかみさんに、

「もっとあがれませんか」といわれると、仙

吉は赤くなって、

「いえ、もう」と下を向いてしまった。そして、忙《せわ》しく帰り支度を始めた。

「それじゃあネ、また食べに来て下さいよ。お代《だい》はまだ沢山頂いてあるんですからネ」

仙吉は黙っていた。

「お前さん、あの旦那とは前からお馴染《なじみ》なの？」

「いえ」

「へえ……」こういって、かみさんは、其処へ出て来た主《あるじ》と顔を見合せた。

「粋《いき》な人なんだ。それにしても、小僧さん、また来てくれないと、こっちが困るんだからネ」

仙吉は下駄を穿《は》きながらただ無闇《むやみ》とお辞儀をした。

七

Aは小僧に別れると追いかけられるような気持で電車通に出ると、其処へ丁度《ちょうど》通りかかった辻自動車を呼び止めて、直ぐBの家《いえ》へ向った。

Aは変に淋しい気がした。自分は先の日小僧の気の毒な様子を見て、心から同情した。そして、出来る事なら、こうもしてやりたいと考えていた事を今日は偶然の機会から遂行出来たのである。小僧も満足し、自分も満足していいはずだ。人を喜ばす事は悪い事ではない。自分は当然、ある喜びを感じていいわけだ。ところが、どうだろう、この変に淋しい、いやな気持は。何故《なぜ》だろう。何から来るのだろう。丁度それは人知れず悪い事をした後《あと》の気持に似通っている。

もしかしたら、自分のした事が善事だという変な意識があって、それを本統の心から批判され、裏切られ、嘲《あざけ》られているのが、こうした淋しい感じで感ぜられるのかしら？　もう少し仕《し》た事を小さく、気楽に考えていれば何でもないのかも知れない。自分は知らず知らずこだわっているのだ。しかしとにかく恥ずべき事を行《おこな》ったというのではない。少くとも不快な感じで残らなくてもよさそうなものだ、と彼は考えた。

その日行く約束があったのでBは待っていた。そして二人は夜になってから、Bの家《うち》の自動車で、Y夫人の音楽会を聴きに出掛けた。

晩《おそ》くなってAは帰って来た。彼の変な淋しい気持はBと会い、Y夫人の力強い独唱を聴いている内に殆《ほとん》ど直ってしまった。

「秤どうも恐れ入りました」細君は案《あん》の定《じょう》、その小形なのを喜んでいた。子供はもう寝ていたが、大変喜んだ事を細君は話した。

「それはそうと、先日鮨屋で見た小僧ネ、また会ったよ」

「まあ。何処《どこ》で？」

「はかり屋の小僧だった」

「奇遇ネ」

Aは小僧に鮨を御馳走してやった事、それから、後《あと》、変に淋しい気持になった事などを話した。

「何故でしょう。そんな淋しいお気になるの、不思議ネ」善良な細君は心配そうに眉をひそめた。細君はちょっと考える風だった。すると、不意に、「ええ、そのお気持わかるわ」といい出した。

「そういう事ありますわ。何でだか、そんな事あったように思うわ」

「そうかな」

「ええ、本統にそういう事あるわ。Bさんは何て仰有《おっしゃ》って？」

「Bには小僧に会った事は話さなかった」

「そう。でも、小僧はきっと大喜びでしたわ。そんな思い掛ない御馳走になれば誰でも喜びますわ。私でも頂きたいわ。そのお鮨電話で取寄せられませんの？」

八

仙吉は空車《からぐるま》を挽いて帰って来た。彼の腹は十二分に張っていた。これまでも腹一杯に食った事はよくある。しかし、こんな旨いもので一杯にした事はちょっと憶《おも》い出せなかった。

彼はふと、先日京橋の屋台鮨屋で恥をかいた事を憶い出した。漸《ようや》くそれを憶い出した。すると、初めて、今日の御馳走がそれにある関係を持っている事に気がついた。もしかしたら、あの場にいたんだ、と思った。きっとそうだ。しかし自分のいる所をどうして知ったろう？　これは少し変だ、と彼は考えた。そういえば、今日連れて行かれた家《うち》はやはり先日番頭たちの噂《うわさ》をしていた、あの家だ。全体どうして番頭たちの噂まであの客は知ったろう？

仙吉は不思議でたまらなくなった。番頭たちがその鮨屋の噂をするように、AやBもそんな噂をする事は仙吉の頭では想像出来なかった。彼は一途《いちず》に自分が番頭たちの噂話を聴いた、その同じ時の噂話をあの客も知っていて、今日自分を連れて行ってくれたに違いないと思い込んでしまった。そうでなければ、あの前にも二、三軒鮨屋の前を通りながら、通り過ぎてしまった事が解らないと考えた。

とにかくあの客は只者《ただもの》ではないという風に段々考えられて来た。自分が屋台鮨屋で恥をかいた事も、番頭たちがあの鮨屋の噂をしていた事も、その上第一自分の心の中まで見透《みとお》して、あんなに充分、御馳走をしてくれた。到底それは人間業《にんげんわざ》ではないと考えた。神様かも知れない。それでなければ仙人だ。若しかしたらお稲荷《いなり》様かも知れない、と考えた。

彼がお稲荷様を考えたのは彼の伯母《おば》で、お稲荷様信仰で一時気違いのようになった人があったからである。お稲荷様が乗り移ると身《から》体《だ》をブルブル震わして、変な予言をしたり、遠い所に起った出来事をいい当てたりする。彼はそれをある時見ていたからであった。しかしお稲荷様にしてはハイカラなのが少し変にも思われた。それにしろ、超自然なものだという気は段々強くなって行った。

九

Aの一種の淋しい変な感じは日とともに跡《あと》方《かた》なく消えてしまった。然し、彼は神田のその店の前を通る事は妙に気がさして出来なくなった。のみならず、その鮨屋にも自分から出掛ける気はしなくなった。

「丁度ようございますわ。自家《うち》へ取り寄せれば、皆《みんな》もお相伴《しょうばん》出来て」と細君は笑った。

するとAは笑いもせずに、

「俺のような気の小さい人間は全く軽々しくそんな事をするものじゃあ、ないよ」といった。

十

仙吉には「あの客」が益々《ますます》忘れられないものになって行った。それが人間か超自然のものか、今は殆ど問題にならなかった、ただ無闇とありがたかった。彼は鮨屋の主人夫婦に再三いわれたにかかわらず再び其処へ御馳走になりに行く気はしなかった。そう附け上《あが》る事は恐ろしかった。

彼は悲しい時、苦しい時に必ず「あの客」を想った。それは想うだけである慰めになった。彼は何時《いつ》かはまた「あの客」が思わぬ恵みを持って自分の前に現れて来る事を信じていた。

作者は此処《ここ》で筆を擱《お》く事にする。実は小僧が「あの客」の本体を確《たしか》めたい要求から、番頭に番地と名前を教えてもらって其処を尋ねて行く事を書こうと思った。小僧は其処へ行って見た。ところが、その番地には人の住いがなくて、小さい稲荷の祠《ほこら》があった。小僧は吃驚《びっくり》した。――とこういう風に書こうと思った。しかしそう書く事は小僧に対し少し惨酷な気がして来た。それ故《ゆえ》作者は前の所で擱筆《かくひつ》する事にした。

『小僧の神様　他十篇』
一九二八年八月二五日第一刷発行、二〇〇二年一〇月一六日改版第一刷発行
岩波文庫、岩波書店

瓶詰地獄

夢野久作

拝呈　時下益々《ますます》御清栄、奉慶賀候《けいがたてまつりそうろう》。陳者《のぶれば》、予《かね》てより御通達《ごつうたつ》の、潮流研究用と覚《おぼ》しき、赤封蠟《ふうろう》附きの麦酒瓶《ビールびん》、拾得次第届告仕《とどけつげつかまつ》る様、島民一般に申渡置候処《もうしわたしおきそうろうところ》、此程《このほど》、本島南岸に、別小包の如《ごと》き、樹脂《じゅし》封蠟附きの麦酒《ビール》瓶が三個漂着致《ひょうちゃくいた》し居《お》るを発見、届出申候《とどけいでもうしそうろう》。右は何《いず》れも約半里、乃至《ないし》、一里余を隔《へだ》てたる個所に、或《ある》は砂に埋《う》もれ、又《また》は岩の隙間《すきま》に固く挟《はさ》まれ居りたるものにて、よほど以前に漂着致したるものらしく、中味も、御高示の如き、官製端書《はがき》とは相見えず、雑記帳の破片様のものらしく候為《そうろうた》め、御下命の如き漂着の時日等の記入は不可能と被為存候《ぞんぜられそうろう》。然《しか》れ共《ども》、尚《なお》何かの御参考と存じ、三個とも封瓶のまま、村費にて御送附申上候間《もうしあげそうろうあいだ》、何卒《なにとぞ》御落手相願度《あいねがいたく》、此段得貴意候《きいをえそうろう》　敬具

月　日

××島村役場㊞

海洋研究所　御中

◇第一の瓶の内容

ああ……この離《はな》れ島《じま》に、救いの舟《ふね》がとうとう来ました。

大きな二本のエントツの舟から、ボートが二艘《そう》、荒波《あらなみ》の上におろされました。舟の上から、それを見送っている人々の中にまじって、私たちのお父《とう》さまや、お母《かあ》さまと思われる、なつかしいお姿が見えます。そうして……おお……私たちの方に向って、白いハンカチを振《ふ》って下さるのが、ここからよくわかります。

お父さまや、お母さまたちはきっと、私たちが一番はじめに出した、ビール瓶の手紙を御覧になって、助けに来て下すったに違《ちが》いありませぬ。

大きな船から真白い煙《けむり》が出て、今助けに行くぞ……と云《い》うように、高い高い笛《ふえ》の音が聞こえて来ました。その音が、この小さな島の中の、禽鳥《とり》や昆虫《むし》を一時に飛び立たせて、遠い海中《わだなか》に消えて行きました。

けれども、それは、私たち二人《ふたり》に取って、最後の審判《しんぱん》の日の箛《らっぱ》よりも怖《おそ》ろしい響《ひびき》でございました。私たちの前で天と地が裂《さ》けて、神様のお眼《め》の光りと、地獄《じごく》の火焔《ほのお》が一時《いっとき》に閃《ひら》めき出たように思われました。

ああ。手が慄《ふる》えて、心が倉皇《あわて》て書かれませぬ。涙《なみだ》で眼が見えなくなります。

私たち二人は、今から、あの大きな船の真正面に在る高い崖《がけ》の上に登って、お父様や、お母様や、救いに来て下さる水夫さん達によく見えるように、シッカリと抱《だ》き合ったまま、深い淵《ふち》の中に身を投げて死にます。そうしたら、いつも、あそこに泳いでいるフカが、間もなく、私たちを喰《た》べてしまってくれるでしょう。そうして、あとには、この手紙を詰《つ》めたビール瓶が一本浮《う》いているのを、ボートに乗っている人々が見つけて、拾い上げて下さるでしょう。

ああ。お父様。お母様。すみません。すみませんすみませんすみません。私たちは初めから、あなた方の愛子《いとしご》でなかったと思って諦《あき》らめて下さいませ。

また、せっかく、遠い故郷《ふるさと》から、私たち二人を、わざわざ助けに来て下すった皆様《みなさま》のご親切に対しても、こんなことをする私たち二人はホントにホントに済みません。どうぞどうぞお赦《ゆる》し下さい。そうして、お父様と、お母様に懐《いだ》かれて、人間の世界へ帰る、喜びの時が来ると同時に、死んで行かねばならぬ、不倖《ふしあわせ》な私たちの運命を、お矜恤《あわれみ》下さいませ。

私たちは、こうして私たちの肉体と霊魂《たましい》を罰《ばっ》せねば、犯した罪の報償《つぐのい》が出来ないのです。この離れ島の中で、私たち二人が犯した、それはそれは恐《おそ》ろしい悖戻《よこしま》の報責《むくい》なのです。

どうぞ、これより以上《うえ》に懺悔《ざんげ》することを、おゆるし下さい。私たち二人はフカの餌食《えじき》になる価打《ねうち》しか無い、狂妄《しれもの》だったのですから……。

ああ。さようなら。

神様からも人間からも救われ得ぬ
哀《かな》しき二人より

お父様
お母様
皆々様

◇第二の瓶の内容

ああ。隠微《かくれ》たるに鑒《み》たまう神様よ。

この困難《くるしみ》から救わるる道は、私が死ぬよりほかに、どうしても無いのでございましょうか。

私たちが、神様の足発《あしだい》と呼んでいる、あの高い崖の上に私がたった一人で登って、いつも二三匹のフカが遊び泳いでいる、あの底なしの淵の中を、のぞいてみた事は、今までに何度あったかわかりませぬ。そこから今にも身を投げようと思ったことも、いく度《たび》であったか知れませぬ。けれども、そのたんびに、あの憐憫《あわれ》なアヤ子の事を思い出しては、霊魂《たましい》を滅亡《ほろぼ》す深いため息をしいしい、岩の圭角《かど》を降りて来るのでした。私が死にましたならば、あとから、きっと、アヤ子も身を投げるであろうことが、わかり切っているからでした。

＊

私と、アヤ子の二人が、あのボートの上で、附添《つきそ》いの乳母《ばあや》夫婦や、センチョーサンや、ウンテンシュさん達を、波に浚《さら》われたまま、この小さな離れ島に漂《なが》れついてから、もう何年になりましょうか。この島は年中夏のようで、クリスマスもお正月も、よくわかりませぬが、もう十年ぐらい経《た》っているように思います。

その時に、私たちが持っていたものは、一本のエンピツと、ナイフと、一冊のノートブックと、一個のムシメガネと、水を入れた三本のビール瓶と、小さな新約聖書《バイブル》が一冊と……それだけでした。

けれども、私たちは幸福《しあわせ》でした。

この小さな、緑色に繁茂《しげ》り栄えた島の中には、稀《まれ》に居る大きな蟻《あり》のほかに、私たちを憂患《なやま》す禽《とり》、獣《けもの》、昆虫《はうもの》は一匹も居ませんでした。そうして、その時、十一歳であった私と、七ツになったばかりのアヤ子と二人のために、余るほどの豊饒《ゆたか》な食物が、みちみちておりました。キュウカンチョウだの鸚鵡《おうむ》だの、絵でしか見たことの無いゴクラク鳥だの、見たことも聞いたことも無い華麗《はなやか》な蝶だのがおりました。おいしいヤシの実だの、パイナプルだの、バナナだの、赤と紫《むらさき》の大きな花だの、香気《かおり》のいい草だの、または、大きい、小さい鳥の卵だのが、一年中、どこかにありました。鳥や魚なぞは、棒切れでたたくと、何ほどでも取れました。

私たちは、そんなものを集めて来ると、ムシメガネで、天日《てんぴ》を枯《か》れ草《くさ》に取って、流れ木に燃やしつけて、焼いて喰べました。

そのうちに島の東に在る岬《みさき》と磐《いわ》の間から、キレイな泉が潮《うしお》の引いた時だけ湧《わ》いているのを見付けましたから、その近くの砂浜の岩の間に、壊《こわ》れたボートで小舎《こや》を作って、柔《やわ》らかい枯れ草を集めて、アヤ子と二人で寝られるようにしました。それから小舎のすぐ横の岩の横腹を、ボートの古釘《ふるくぎ》で四角に掘《ほ》って、小さな倉庫《くら》みたようなものを作りました。しまいには、外衣《うわぎ》も裏衣《したぎ》も、雨や、風や、岩角に破られてしまって、二人ともホントのヤバン人のように裸体《はだか》になってしまいましたが、それでも朝と晩には、キット二人で、あの神様の足発《あしだい》の崖に登って、聖書《バイブル》を読んで、お父様やお母様のためにお祈りをしました。

私たちは、それから、お父様とお母様にお手紙を書いて大切なビール瓶の中の一本に入れて、シッカリと樹脂《やに》で封じて、二人で何遍《なんべん》も何遍も接吻《くちづけ》をしてから海の中に投げ込みました。そのビール瓶は、この島のまわりを環《めぐ》る、潮の流れに連れられて、ズンズンと海中《わだなか》遠く出て行って、二度とこの島に帰って来ませんでした。私たちはそれから、誰かが助けに来て下さる目標《めじるし》になるように、神様の足凳の一番高い処へ、長い棒切れを樹《た》てて、いつも何かしら、青い木の葉を吊《つる》しておくようにしました。

　私たちは時々争論《いさかい》をしました。けれどもすぐに和平《なかなおり》をして、学校ゴッコや何かをするのでした。私はよくアヤ子を生徒にして、聖書の言葉や、字の書き方を教えてやりました。そうして二人とも、聖書を、神様とも、お父様とも、お母様とも、先生とも思って、ムシメガネや、ビール瓶よりもズット大切にして、岩の穴の一番高い棚《たな》の上に上げて置きました。私たちは、ホントに幸福で、平安《やすらか》でした。この島は天国のようでした。

＊

　かような離れ島の中の、たった二人切りの幸福の中に、恐ろしい悪魔《あくま》が忍《しの》び込《こ》んで来ようと、どうして思われましょう。

　けれども、それは、ホントウに忍び込んで来たに違い無いのでした。

　それはいつからとも、わかりませんが、月日の経つのにつれて、アヤ子の肉体が、奇蹟《きせき》のように美しく、麗沢《つややか》に長《そだ》って行くのが、アリアリと私の眼に見えて来ました。ある時は花の精のようにまぶしく、また、ある時は悪魔のようになやましく……そうして私はそれを見ていると、なぜかわからずに思念《おもい》が曚昧《くら》く、哀しくなって来るのでした。

「お兄さま……」

　とアヤ子が叫びながら、何の罪穢《けが》れもない瞳《め》を輝《かがや》かして、私の肩《かた》へ飛び付いて来るたんびに、私の胸が今までとはまるで違った気もちでワクワクするのが、わかって来ました。そうして、その一度《ひとたび》一度ごとに、私の心は沈淪《ほろび》の患難《なやみ》に付《わた》されるかのように、畏懼《おそ》れ、慄《ふる》えるのでした。

　けれども、そのうちにアヤ子の方も、いつとなく態度《ようす》がかわって来ました。やはり私と同じように、今までとはまるで違った……もっともっとなつかしい、涙にうるんだ眼で私を見るようになりました。そうして、それにつれて何となく、私の身体《からだ》に触《さわ》るのが恥《はず》かしいような、悲しいような気もちがするらしく見えて来ました。

　二人はちっとも争論《いさかい》をしなくなりました。その代り、何となく憂容《うれいがお》をして、時々ソッと嘆息《ためいき》をするようになりました。それは、二人切りでこの離れ島に居るのが、何とも云いようの無いくらい、なやましく、嬉《うれ》しく、淋《さび》しくなって来たからでした。そればかりで無く、お互《たが》いに顔を見合っているうちに、眼の前が見る見る死陰《かげ》のように暗くなって来ます。そうして神様のお啓示《しめし》か、悪魔の戯弄《からかい》かわからないままに、ドキンと、胸が轟《とどろ》くと一緒にハッと吾《われ》に帰るような事が、一日のうち何度となくあるようになりました。

　二人は互いに、こうした二人の心をハッキリと知り合っていながら、神様の責罰《いましめ》を恐れて、口に出し得ずにいるのでした。万一《もし》、そんな事をし出かしたアトで、救いの舟が来たらどうしよう……と云う心配に打たれていることが、何にも云わないまんまに、二人同志の心によくわかっているのでした。

　けれども、ある静かに晴れ渡った午後の事、ウミガメの卵を焼いて食べたあとで、二人が砂原に足を投げ出して、はるかの海の上を辷《すべ》って行く白い雲を見つめているうちにアヤ子はフイと、こんな事を云い出しました。

「ネエ。お兄様。あたし達二人のうち一人が、もし病気になって死んだら、あとは、どうしたらいいでしょうネエ」

　そう云ううちアヤ子は、面《かお》を真赤《まっか》にしてうつむきまして、涙をホロホロと焼け砂の上に落しながら、何とも云えない、悲しい笑い顔をして見せました。

＊

　その時に私が、どんな顔をしたか、私は知りませぬ。ただ死ぬほど息苦しくなって、張《は》り裂《さ》けるほど胸が轟いて、啞《おし》のように何の返事もし得ないまま立ち上りますと、ソロソロとアヤ子から離れて行きました。そうしてあの神様の足凳《だい》の上に来て、頭を搔《か》き挘《むし》り搔き挘りひれ伏《ふ》しました。

「ああ。天にまします神様よ。

アヤ子は何も知りませぬ。ですから、あんな事を私に云ったのです。どうぞ、あの処女《むすめ》を罰《ばっ》しないで下さい。そうして、いつまでもいつまでも清浄《きよらか》にお守り下さいませ。そうして私も……。

ああ。けれども……けれども……。

ああ神様よ。私はどうしたら、いいのでしょう。どうしたらこの患難《なやみ》から救われるのでしょう。私が生きておりますのはアヤ子のためにこの上も無い罪悪《つみ》です。けれども私が死にましたならば、なおさら深い、悲しみと、苦しみをアヤ子に与えることになります、ああ、どうしたらいいでしょう私は……。

おお神様よ……。

私の髪毛《かみのけ》は砂にまみれ、私の腹は岩に押《お》しつけられております。もし私の死にたいお願いが聖意《みこころ》にかないましたならば、ただ今すぐに私の生命《いのち》を、燃ゆる閃電《いなずま》にお付《わた》し下さいませ。

ああ。隠微《かくれ》たるに鑒《み》たまう神様よ。どうぞどうぞ聖名《みな》を崇《あが》めさせたまえ。み休徴《しるし》を地上にあらわしたまえ……」

けれども神様は、何のお示しも、なさいませんでした。藍色《あいいろ》の空には、白く光る雲が、糸のように流れているばかり……崖の下には、真青《まっさお》く、真白く渦捲《うずま》きどよめく波の間を、遊び戯《たわむ》れているフカの尻尾《しっぽ》やヒレが、時々ヒラヒラと見えているだけです。

その青澄《あおず》んだ、底無しの深淵《ふち》を、いつまでもいつまでも見つめているうちに、私の目は、いつとなくグルグルと、眩暈《くる》めき初めました。思わずヨロヨロとよろめいて、漂《ただよ》い砕《くだ》くる波の泡《あわ》の中に落ち込みそうになりましたが、やっとの思いで崖の端《はし》に踏《ふ》み止《とど》まりました。……と思う間もなく私は崖の上の一番高い処まで一跳《ひとと》びに引き返しました。その絶頂に立っておりました棒切れと、その尖端《さき》に結びつけてあるヤシの枯れ葉を、一思《ひとおも》いに引きたおして、眼の下はるかの淵に投げ込んでしまいました。

「もう大丈夫《だいじょうぶ》だ。こうしておけば、救いの船が来ても通り過ぎて行くだろう」

こう考えて、何かしらゲラゲラと嘲《あざけ》り笑いながら、残狼《おおかみ》のように崖を馳《か》け降りて、小舎の中へ馳け込みますと、詩篇の処を開いてあった聖書を取り上げて、ウミガメの卵を焼いた火の残りの上に載《の》せ、上から枯れ草を投げかけて焰《ほのお》を吹《ふ》き立《た》てました。そうして声のある限り、アヤ子の名を呼びながら、砂浜の方へ馳け出して、そこいらを見まわしました……が……。

見るとアヤ子は、はるかに海の中に突き出ている岬の大磐《おおいわ》の上に跪《ひざまず》いて、大空を仰《あお》ぎながらお祈りをしているようです。

＊

私は二足三足うしろへ、よろめきました。荒浪に取り捲かれた紫色の大磐の上に、夕日を受けて血のように輝いている処女の背中の神々《こうごう》しさ……。

ズンズンと潮が高まって来て、膝《ひざ》の下の海藻《かいそう》を洗い漂わしているのも心付かずに、黄金色《こがねいろ》の滝浪《たきなみ》を浴びながら一心に祈っている、その姿の崇高《けだか》さ……まぶしさ……。

私は身体《からだ》を石のように固《こわ》ばらせながら、しばらくの間、ボンヤリと眼をみはっておりました。けれども、そのうちにフィッと、そうしているアヤ子の決心がわかりますと、私はハッとして飛び上がりました。夢中《むちゅう》になって馳け出して、貝殻《かいがら》ばかりの岩の上を、傷だらけになって辷りながら、岬の大磐の上に這《は》い上りました。キチガイのように暴《あ》れ狂《くる》い、哭《な》き喚《さけ》ぶアヤ子を、両腕《りょううで》にシッカリと抱《だ》き抱《かか》えて、身体中血だらけになって、やっとの思いで、小舎の処へ帰って来ました。

けれども私たちの小舎は、もうそこにはあ

りませんでした。聖書や枯れ草と一緒《いっしょ》に、白い煙となって、青空のはるか向うに消え失せてしまっているのでした。

＊

それから後《のち》の私たち二人は、肉体《からだ》も霊魂《たましい》も、ホントウの幽暗《くらやみ》に逐《お》い出《だ》されて、夜となく昼となく哀哭《かなし》み、切歯《はがみ》しなければならなくなりました。そうしてお互い相抱《あいいだ》き、慰《なぐ》さめ、励《はげ》まし、祈り、悲しみ合うことは愚《おろ》か、同じ処に寝る事さえも出来ない気もちになってしまったのでした。

それは、おおかた、私が聖書を焼いた罰《ばつ》なのでしょう。

夜になると星の光りや、浪の音や、虫の声や、風の葉ずれや、木の実の落ちる音が、一ツ一ツに聖書の言葉を囁《ささ》やきながら、私たち二人を取り巻いて、一歩一歩と近づいて来るように思われるのでした。そうして身動き一つ出来ず、微睡《まどろ》むことも出来ないままに、離れ離れになって悶《もだ》えている私たち二人の心を、窺視《うかがい》に来るかのように物怖《ものおそ》ろしいのでした。

こうして長い長い夜が明けますと、今度は同じように長い長い昼が来ます。そうするとこの島の中に照る太陽も、唄う鸚鵡《おうむ》も、舞《ま》う極楽鳥も、玉虫も、蛾《が》も、ヤシも、パイナプルも、花の色も、草の芳香《かおり》も、海も、雲も、風も、虹《にじ》も、みんなアヤ子の、まぶしい姿や、息苦しい肌《はだ》の香《か》とゴッチャになって、グルグルグルグルと渦巻《うずま》き輝やきながら、四方八方から私を包み殺そうとして、襲《おそ》いかかって来るように思われるのです。その中から、私とおんなじ苦しみに囚《とら》われているアヤ子の、なやましい瞳《め》が、神様のような悲しみと悪魔のようなホホエミとを別々に籠《こ》めて、いつまでもいつまでも私を、ジイッと見つめているのです。

＊

鉛筆が無くなりかけていますから、もうあまり長く書かれません。

私は、これだけの虐遇《なやみ》と迫害《くるしみ》に会いながら、なおも神様の禁責《いましめ》を恐れている私たちのまごころを、この瓶に封じこめて、海に投げ込もうと思っているのです。

明日《あした》にも悪魔の誘惑《いざない》に負けるような事がありませぬうちに……。

せめて二人の肉体だけでも清浄《きよらか》で居りますうちに……。

＊

ああ神様……私たち二人は、こんな苛責《くるしみ》に会いながら、病気一つせずに、日に増《ま》し丸々と肥《ふと》って、康強《すこやか》に、美しく長《そだ》って行くのです、この島の清らかな風と、水と、豊穣《ゆたか》な食物《かて》と、美しい、楽しい、花と鳥とに護《まも》られて……。

ああ。何という恐ろしい責め苦でしょう。この美しい、楽しい島はもうスッカリ地獄です。

神様、神様。あなたはなぜ私たち二人を、一思いに屠殺《ころ》して下さらないのですか……。

——太郎記す……

◇第三の瓶の内容

オ父サマ。オ母サマ。ボクタチ兄ダイワ、ナカヨク、タッシャニ、コノシマニ、クラシテイマス。ハヤク、タスケニ、キテクダサイ。

市川　太　郎
イチカワ　アヤコ

『夢野久作　ちくま日本文学031』
二〇〇九年一月一〇日第一刷発行
ちくま文庫、筑摩書房

葉桜と魔笛

太宰治

桜が散って、このように葉桜のころになれば、私は、きっと思い出します。――と、その老夫人は物語る。――いまから三十五年まえ、父はその頃まだ存命中でございまして、私の一家、と言いましても、母はその七年まえ私が十三のときに、もう他界なされて、あとは、父と、私と妹と三人きりの家庭でございましたが、父は、私十八、妹十六のときに島根県の日本海に沿った人口二万余りの或るお城下まちに、中学校長として赴任して来て、恰好《かっこう》の借家もなかったので、町はずれの、もうすぐ山に近いところに一つ離れてぽつんと建って在るお寺の、離れ座敷、二部屋拝借して、そこに、ずっと、六年目に松江の中学校に転任になるまで、住んでいました。私が結婚致しましたのは、松江に来てからのことで、二十四の秋でございますから、当時としてはずいぶん遅い結婚でございました。早くから母に死なれ、父は頑固一徹の学者気質で、世俗のことには、とんと、うとく、私がいなくなれば、一家の切りまわしが、まるで駄目になることが、わかっていましたので、私も、それまでにいくらも話があったのでございますが、家を捨ててまで、よそへお嫁に行く気が起らなかったのでございます。せめて、妹さえ丈夫でございましたならば、私も、少し気楽だったのですけれども、妹は、私に似ないで、たいへん美しく、髪も長く、とてもよくできる、可愛い子でございましたが、からだが弱く、その城下まちへ赴任して、二年目の春、私二十、妹十八で、妹は、死にました。そのころの、これは、お話でございます。妹は、もう、よほどまえから、いけなかったのでございます。腎臓結核という、わるい病気でございまして、気のついたときには、両方の腎臓が、もう虫食われてしまっていたのだそうで、医者も、百日以内、とはっきり父に言いました。どうにも、手のほどこし様が無いのだそうでございます。ひとつき経ち、ふたつき経って、そろそろ百日目がちかくなって来ても、私たちはだまって見ていなければいけません。妹は、何も知らず、割に元気で、終日寝床に寝たきりなのでございますが、それでも、陽気に歌をうたったり、冗談言ったり、私に甘えたり、これがもう三、四十日経つと、死んでゆくのだ、はっきり、それにきまっているのだ、と思うと、胸が一ぱいになり、総身を縫針で突き刺されるように苦しく、私は、気が狂うようになってしまいます。三月、四月、五月、そうです。五月のなかば、私は、あの日を忘れません。

　野も山も新緑で、はだかになってしまいたいほど温く、私には、新緑がまぶしく、眼にちかちか痛くって、ひとり、いろいろ考えごとをしながら帯の間に片手をそっと差しいれ、うなだれて野道を歩き、考えること、考えること、みんな苦しいことばかりで息ができなくなるくらい、私は、身悶えしながら歩きました。どおん、どおん、と春の土の底の底から、まるで十万億土から響いて来るように、幽《かす》かな、けれども、おそろしく幅のひろい、まるで地獄の底で大きな大きな太鼓でも打ち鳴らしているような、おどろおどろした物音が、絶え間なく響いて来て、私には、その恐ろしい物音が、なんであるか、わからず、ほんとうにもう自分が狂ってしまったのではないか、と思い、そのまま、からだが凝結して立ちすくみ、突然わあっ！　と大声が出て、立って居られずぺたんと草原に坐って、思い切って泣いてしまいました。

　あとで知ったことでございますが、あの恐ろしい不思議な物音は、日本海大海戦、軍艦の大砲の音だったのでございます。東郷提督の命令一下で、露国のバルチック艦隊を一挙に撃滅なさるための、大激戦の最中だったのでございます。ちょうど、そのころでございますものね。海軍記念日は、ことしも、また、そろそろやってまいります。あの海岸の城下まちにも、大砲の音が、おどろおどろ聞えて来て、まちの人たちも、生きたそらが無かったのでございましょうが、私は、そんなこととは知らず、ただもう妹のことで一ぱいで、半気違いの有様だったので、何か不吉な地獄の太鼓のような気がして、ながいこと草原で、顔もあげずに泣きつづけて居りました。日が暮れかけて来たころ、私はやっと立ちあがって、死んだように、ぼんやりなってお寺へ帰ってまいりました。

「ねえさん。」と妹が呼んでおります。妹も、そのころは、痩《や》せ衰えて、ちから無く、自分でも、うすうす、もうそんなに永くないことを知って来ている様子で、以前のように、あまり何かと私に無理難題いいつけて甘ったれるようなことが、なくなってしまって、私には、それがまた一そうつらいのでございます。

「ねえさん、この手紙、いつ来たの？」

　私は、はっと、むねを突かれ、顔の血の気が無くなったのを自分ではっきり意識いたしました。

「いつ来たの？」妹は、無心のようでございます。私は、気を取り直して、

「ついさっき。あなたが眠っていらっしゃる間に。あなた、笑いながら眠っていたわ。あたし、こっそりあなたの枕もとに置いといたの。知らなかったでしょう？」

「ああ、知らなかった。」妹は、夕闇の迫った薄暗い部屋の中で、白く美しく笑って、「ねえさん、あたし、この手紙読んだの。おかしいわ。あたしの知らないひとなのよ。」

　知らないことがあるものか。私は、その手紙の差出人のM・Tという男のひとを知っております。ちゃんと知っていたのでございます。いいえ、お逢いしたことは無いのでございますが、私が、その五、六日まえ、妹の箪《たん》笥《す》をそっと整理して、その折に、ひとつの引き出しの奥底に、一束の手紙が、緑のリボンできっちり結ばれて隠されて在るのを発見いたし、いけないことでしょうけれども、リボンをほどいて、見てしまったのでございます。およそ三十通ほどの手紙、全部がそのM・Tさんからのお手紙だったのでございます。もっとも手紙のおもてには、M・Tさんのお名前は書かれておりませぬ。手紙の中にちゃんと書かれてあるのでございます。そうして、手紙のおもてには、差出人としていろいろの女のひとの名前が記されてあって、それがみんな、実在の、妹のお友達のお名前でございましたので、私も父も、こんなにどっさり男のひとと文通しているなど、夢にも気附かなかったのでございます。

　きっと、そのM・Tという人は、用心深く、妹からお友達の名前をたくさん聞いて置いて、つぎつぎとその数ある名前を用いて手紙を寄こしていたのでございましょう。私は、それにきめてしまって、若い人たちの大胆さに、ひそかに舌を巻き、あの厳格な父に知れたら、どんなことになるだろう、と身震いするほどおそろしく、けれども、一通ずつ日附にしたがって読んでゆくにつれて、私まで、なんだか楽しく浮き浮きして来て、ときどきは、あまりの他愛なさに、ひとりでくすくす笑ってしまって、おしまいには自分自身にさえ、広い大きな世界がひらけて来るような気がいたしました。

　私も、まだそのころは二十になったばかりで、若い女としての口には言えぬ苦しみも、いろいろあったのでございます。三十通あまりの、その手紙を、まるで谷川が流れ走るような感じで、ぐんぐん読んでいって、去年の秋の、最後の一通の手紙を、読みかけて、思わず立ちあがってしまいました。雷電に打たれたときの気持って、あんなものかも知れませぬ。のけぞるほどに、ぎょっと致しました。妹たちの恋愛は、心だけのものではなかったのです。もっと醜くすすんでいたのでござい

ます。私は、手紙を焼きました。一通のこらず焼きました。M・Tは、その城下まちに住む、まずしい歌人の様子で、卑怯《ひきょう》なことには、妹の病気を知るとともに、妹を捨て、もうお互い忘れてしまいましょう、など残酷なこと平気でその手紙にも書いてあり、それっきり、一通の手紙も寄こさないらしい具合でございましたから、これは、私さえ黙って一生ひとに語らなければ、妹は、きれいな少女のままで死んでゆける。誰も、ごぞんじ無いのだ、と私は苦しさを胸一つにおさめて、けれども、その事実を知ってしまってからは、なおのこと妹が可哀そうで、いろいろ奇怪な空想も浮んで、私自身、胸がうずくような、甘酸っぱい、それは、いやな切ない思いで、あのような苦しみは、年ごろの女のひとでなければ、わからない、生地獄でございます。まるで、私が自身で、そんな憂き目に逢ったかのように、私は、ひとりで苦しんでおりました。あのころは、私自身も、ほんとに、少し、おかしかったのでございます。

「姉さん、読んでごらんなさい。なんのことやら、あたしには、ちっともわからない。」

　私は、妹の不正直をしんから憎く思いました。

「読んでいいの?」そう小声で尋ねて、妹から手紙を受け取る私の指先は、当惑するほど震えていました。ひらいて読むまでもなく、私は、この手紙の文句を知っております。けれども私は、何くわぬ顔してそれを読まなければいけません。手紙には、こう書かれてあるのです。私は、手紙をろくろく見ずに、声立てて読みました。

　――きょうは、あなたにおわびを申し上げます。僕がきょうまで、がまんしてあなたにお手紙差し上げなかったわけは、すべて僕の自信の無さからであります。僕は、貧しく、無能であります。あなたひとりを、どうしてあげることもできないのです。ただ言葉で、その言葉には、みじんも嘘が無いのでありますが、ただ言葉で、あなたへの愛の証明をするよりほかには、何ひとつできぬ僕自身の無力が、いやになったのです。あなたを、一日も、いや夢にさえ、忘れたことはないのです。けれども、僕は、あなたを、どうしてあげることもできない。それが、つらさに、僕は、あなたと、おわかれしようと思ったのです。あなたの不幸が大きくなればなるほど、そうして僕の愛情が深くなればなるほど、僕はあなたに近づきにくくなるのです。おわかりでしょうか。僕は、決して、ごまかしを言っているのではありません。僕は、それを僕自身の正義の責任感からと解していました。けれども、それは、僕のまちがい。僕は、はっきり間違って居りました。おわびを申し上げます。僕は、あなたに対して完璧《かんぺき》の人間になろうと、我慾を張っていただけのことだったのです。僕たち、さびしく無力なのだから、他になんにもできないのだから、せめて言葉だけでも、誠実こめてお贈りするのが、まことの、謙譲の美しい生きかたである、と僕はいまでは信じています。つねに、自身にできる限りの範囲で、それを為し遂げるように努力すべきだと思います。どんなに小さいことでもよい。タンポポの花一輪の贈りものでも、決して恥じずに差し出すのが、最も勇気ある、男らしい態度であると信じます。僕は、もう逃げません。僕は、あなたを愛しています。毎日、毎日、歌をつくってお送りします。それから、毎日、毎日、あなたのお庭の塀のそとで、口笛吹いて、お聞かせしましょう。あしたの晩の六時には、さっそく口笛、軍艦マアチ吹いてあげます。僕の口笛は、うまいですよ。いまのところ、それだけが、僕の力で、わけなくできる奉仕です。お笑いになっては、いけません。いや、お笑いになって下さい。元気でいて下さい。神さまは、きっとどこかで見ています。僕は、それを信じています。あなたも、僕も、ともに神の寵児《ちょうじ》です。きっと、美しい結婚できます。

待ち待ちて　ことし咲きけり　桃の花
　白と聞きつつ　花は紅なり

　僕は勉強しています。すべては、うまくいっています。では、また、明日。M・T。

「姉さん、あたし知っているのよ。」妹は、澄んだ声でそう呟《つぶや》き、「ありがとう、姉さん、これ、姉さんが書いたのね。」

　私は、あまりの恥ずかしさに、その手紙、千々に引き裂いて、自分の髪をくしゃくしゃ引き捲《むし》ってしまいたく思いました。いても立ってもおられぬ、とはあんな思いを指して言うのでしょう。私が書いたのだ。妹の苦しみを見かねて、私が、これから毎日、M・Tの筆蹟《ひっせき》を真似て、妹の死ぬる日まで、手紙を書き、下手な和歌を、苦心してつくり、それから晩の六時には、こっそり塀の外へ出て、口笛吹こうと思っていたのです。

　恥かしかった。下手な歌みたいなものまで書いて、恥ずかしゅうございました。身も世も、あらぬ思いで、私は、すぐには返事も、できませんでした。

「姉さん、心配なさらなくても、いいのよ。」妹は、不思議にも落ちついて、崇高なくらいに美しく微笑していました。「姉さん、あの緑のリボンで結んであった手紙を見たのでしょう？　あれは、ウソ。あたし、あんまり淋しいから、おととしの秋から、ひとりであんな手紙書いて、あたしに宛《あ》てて投函していたの。姉さん、ばかにしないでね。青春というものは、ずいぶん大事なものなのよ。あたし、病気になってから、それが、はっきりわかって来たの。ひとりで、自分あての手紙なんか書いてるなんて、汚い。あさましい。ばかだ。あたしは、ほんとうに男のかたと、大胆に遊べば、よかった。あたしのからだを、しっかり抱いてもらいたかった。姉さん、あたしは今までいちども、恋人どころか、よその男のかたと話してみたこともなかった。姉さんだって、そうなのね。姉さん、あたしたち間違っていた。お悧巧《りこう》すぎた。ああ、死ぬなんて、いやだ。あたしの手が、指先が、髪が、可哀そう。死ぬなんて、いやだ。いやだ。」

　私は、かなしいやら、こわいやら、うれしいやら、はずかしいやら、胸が一ぱいになり、わからなくなってしまいまして、妹の痩せた頬に、私の頬をぴったり押しつけ、ただもう涙が出て来て、そっと妹を抱いてあげました。そのとき、ああ、聞えるのです。低く幽《かす》かに、でも、たしかに、軍艦マアチの口笛でございます。妹も、耳をすましました。ああ、時計を見ると六時なのです。私たち、言い知れぬ恐怖に、強く強く抱き合ったまま、身じろぎもせず、そのお庭の葉桜の奥から聞えて来る不思議なマアチに耳をすまして居りました。

　神さまは、在る。きっと、いる。私は、それを信じました。妹は、それから三日目に死にました。医者は、首をかしげておりました。あまりに静かに、早く息をひきとったからでございましょう。けれども、私は、そのとき驚かなかった。何もかも神さまの、おぼしめしと信じていました。

　いまは、――年とって、もろもろの物慾が出て来て、お恥かしゅうございます。信仰とやらも少し薄らいでまいったのでございましょうか、あの口笛も、ひょっとしたら、父の仕業《しわざ》ではなかったろうかと、なんだかそんな疑いを持つこともございます。学校のおつとめからお帰りになって、隣りのお部屋で、私たちの話を立聞きして、ふびんに思い、厳酷の父としては一世一代の狂言したのではなかろうか、と思うことも、ございますが、まさか、そんなこともないでしょうね。父が在世中なれば、問いただすこともできるのですが、父がなくなって、もう、かれこれ十五年にもなりますものね。いや、やっぱり神さまのお恵みでございましょう。

　私は、そう信じて安心しておりたいのでございますけれども、どうも、年とって来ると、物慾が起り、信仰も薄らいでまいって、いけないと存じます。

『太宰治全集2』
一九八八年九月二七日第一刷発行
ちくま文庫、筑摩書店

文字禍

中島敦

文字の霊などというものが、一体、あるものか、どうか。

アッシリヤ人は無数の精霊を知っている。夜、闇の中を跳梁《ちょうりょう》するリル、その雌《めす》のリリツ、疫病をふり撒《ま》くナムタル、死者の霊エティンム、誘拐者ラバス等、数知れぬ悪霊共がアッシリヤの空に充ち満ちている。しかし、文字の精霊に就いては、まだ誰も聞いたことがない。

其《そ》の頃――というのは、アシュル・バニ・アパル大王の治世第二十年目の頃だが――ニネヴェの宮廷に妙な噂《うわさ》があった。毎夜、図書館の闇の中で、ひそひそと怪しい話し声がするという。王兄シャマシュ・シュム・ウキンの謀叛《むほん》がバビロンの落城で漸《ようや》く鎮《しず》まったばかりのこととて、何か又、不逞《ふてい》の徒の陰謀ではないかと探って見たが、それらしい様子もない。どうしても何かの精霊どもの話し声に違いない。最近に王の前で処刑されたバビロンからの俘囚《ふしゅう》共の死霊の声だろうという者もあったが、それが本当でないことは誰にも判る。千に余るバビロンの俘囚は悉《ことごと》く舌を抜いて殺され、その舌を集めた所、小さな築山《つきやま》が出来たのは、誰知らぬ者のない事実である。舌の無い死霊に、しゃべれる訳がない。星占や羊肝卜《ようかんぼく》で空しく探索した後、之《これ》はどうしても書物共或《ある》いは文字共の話し声と考えるより外はなくなった。ただ、文字の霊（というものが在るとして）とは如何《いか》なる性質をもつものか、それが皆目《かいもく》判らない。アシュル・バニ・アパル大王は巨眼縮髪の老博士ナブ・アヘ・エリバを召して、此《こ》の未知の精霊に就いての研究を命じ給うた。

その日以来、ナブ・アヘ・エリバ博士は、日毎問題の図書館（それは、其の後二百年にして地下に埋没し、更に二千三百年にして偶然発掘される運命をもつものであるが）に通って万巻の書に目をさらしつつ研鑽《けんさん》に耽《ふけ》った。両河地方《メソポタミヤ》では埃及《エジプト》と違って紙草《パピルス》を産しない。人々は、粘土の板に硬筆を以て複雑な楔《くさび》形《がた》の符号を彫りつけておった。書物は瓦であり、図書館は瀬戸物屋の倉庫に似ていた。老博士の卓子《テーブル》（その脚《あし》には、本物の獅子の足が、爪さえ其の儘《まま》に使われている）の上には、毎日、累々たる瓦の山がうずたかく積まれた。其等《それら》重量ある古知識の中から、彼は、文字の霊に就《つ》いての説を見出そうとしたが、無駄であった。文字はボルシッパなるナブウの神の司《つかさど》り給う所とより外には何事も記されていないのである。文字に霊ありや無しやを、彼は自力で解決せねばならぬ。博士は書物を離れ、唯一つの文字を前に、終日それと睨《にら》めっこをして過した。卜者《ぼくしゃ》は羊の肝臓を凝視することによって凡《すべ》ての事象を直観する。彼も之《これ》に倣《なら》って凝視と静観とによって真実を見出そうとしたのである。その中に、おかしな事が起った。一つの文字を長く見詰めている中に、何時《いつ》しか其の文字が解体して、意味の無い一つ一つの線の交錯としか見えなくなって来る。単なる線の集りが、何故、そういう音とそういう意味とを有《も》つことが出来るのか、どうしても解らなくなって来る。老儒《ろうじゅ》ナブ・アヘ・エリバは、生れて初めて此の不思議な事実を発見して、驚いた。今迄七十年の間当然と思って看過していたことが、決して当然でも必然でもない。彼は眼から鱗《うろこ》の落ちた思がした。単なるバラバラの線に、一定の音と一定の意味とを有たせるものは、何か？ ここまで思い到った時、老博士は躊躇《ためらい》なく、文字の霊の存在を認めた。魂によって統《す》べられない手・脚・頭・爪・腹等が、人間ではないように、一つの霊が之を統べるのでなくて、どうして単なる線の集合が、音と意味とを有つことが出来ようか。

　この発見を手始めに、今迄知られなかった文字の霊の性質が次第に少しずつ判って来た。文字の精霊の数は、地上の事物の数程多い、文字の精は野鼠のように仔《こ》を産んで殖《ふ》える。

　ナブ・アヘ・エリバはニネヴェの街中を歩き廻って、最近に文字を覚えた人々をつかまえては、根気よく一々尋ねた。文字を知る以前に比べて、何か変ったような所はないかと。之《これ》によって文字の霊の人間に対する作用《はたらき》を明らかにしようというのである。さて、斯《こ》うして、おかしな統計が出来上った。それに依《よ》れば、文字を覚えてから急に蝨《しらみ》を捕《と》るのが下手《へた》になった者、眼に埃《ほこり》が余計はいるようになった者、今迄良く見えた空の鷲《わし》の姿が見えなくなった者、空の色が以前程碧《あお》くなくなったという者などが、圧倒的に多い。「文字ノ精ガ人間ノ眼ヲ喰イアラスコト、猶《なお》、蛆虫《うじむし》ガ胡桃《くるみ》ノ固キ殻ヲ穿《うが》チテ、中ノ実ヲ巧《たくみ》ニ喰イツクスガ如シ」と、ナブ・アヘ・エリバは、新しい粘土の備忘録に誌《しる》した。文字を覚えて以来、咳《せき》が出始めたという者、くしゃみが出るようになって困るという者、しゃっくりが度々《たびたび》出るようになった者、下痢《げり》するようになった者なども、かなりの数に上る。「文字ノ精ハ人間ノ鼻・咽喉《のど》・腹等ヲモ犯スモノノ如シ」と、老博士は又誌した。文字を覚えてから、俄《にわ》かに頭髪の薄くなった者もいる。脚の弱くなった者、手足の顫《ふる》えるようになった者、顎《あご》がはずれ易くなった者もいる。しかし、ナブ・アヘ・エリバは最後に斯う書かねばならなかった。「文字ノ害タル、人間ノ頭脳ヲ犯シ、精神ヲ痲痺《まひ》セシムルニ至ッテ、スナワチ極マル。」文字を覚える以前に比べて、職人は腕が鈍《にぶ》り、戦士は臆病になり、猟師は獅子を射損うことが多くなった。之は統計の明らかに示す所である。文字に親しむようになってから、女を抱いても一向楽しゅうなくなったという訴えもあった。もっとも、斯う言出したのは、七十歳を越した老人であるから、之は文字の所為《せい》ではないかも知れぬ。ナブ・アヘ・エリバは斯う考えた。埃及《エジプト》人は、ある物の影を、其の物の魂の一部と見做《みな》しているようだが、文字は、その影のようなものではないのか。

　獅子という字は、本物の獅子の影ではないのか。それで、獅子という字を覚えた猟師は、本物の獅子の代りに獅子の影を狙い、女という字を覚えた男は、本物の女の代りに女の影を抱くようになるのではないか。文字の無かった昔、ピル・ナピシュチムの洪水以前には、歓びも智慧もみんな直接に人間の中にはいって来た。今は、文字の薄被《ヴェイル》をかぶった歓びの影と智慧の影としか、我々は知らない。近頃人々は物憶えが悪くなった。之も文字の精の悪戯《いたずら》である。人々は、最早、書きとめて置かなければ、何一つ憶えることが出来ない。着物を着るようになって、人間の皮膚が弱く醜くなった。乗物が発明されて、人間の脚が弱く醜くなった。文字が普及して、人々の頭は、最早、働かなくなったのである。

　ナブ・アヘ・エリバは、或る書物狂の老人を知っている。其の老人は、博学なナブ・アヘ・エリバよりも更に博学である。彼は、スメリヤ語やアラメヤ語ばかりでなく、紙草《パピルス》や羊皮紙《ようひし》に誌された埃及文字まですらすらと読む。凡《およ》そ文字になった古代のことで、彼の知らぬことはない。彼はツクルチ・ニニブ一世王の治世第何年目の何月何日の天候まで知っている。しかし、今日《きょう》の天気は晴か曇か気が付かない。彼は、少女サビツがギルガメシュを慰めた言葉をも諳《そら》んじている。しかし、息子をなくした隣人を何と言って慰めてよいか、知らない。彼は、アダッド・ニラリ王の后《きさき》サンムラマットがどんな衣裳を好んだかも知っている。しかし、彼自身が今どんな衣服を着ているか、まるで気が付いていない。何と彼は文字と書物とを愛したであろう！　読み、諳んじ、愛撫するだけではあきたらず、それを愛するの余りに、彼は、ギルガメシュ伝説の最古版の粘土板を噛砕き、水に溶かして飲んで了《しま》ったことがある。文字の精は彼の眼を容赦なく喰い荒し、彼は、ひどい近眼である。

余り眼を近づけて書物ばかり読んでいるので、彼の鷲形の鼻の先は、粘土板と擦れ合って固い胼胝《たこ》が出来ている。文字の精は、また、彼の脊骨をも蝕《むしば》み、彼は、臍《へそ》に顎《あご》のくっつきそうな傴僂《せむし》である。しかし、彼は、恐らく自分が傴僂であることを知らないであろう。傴僂という字なら、彼は、五つの異った国の字で書くことが出来るのだが。ナブ・アヘ・エリバ博士は、此の男を、文字の精霊の犠牲者の第一に数えた。ただ、斯うした外観の惨《みじ》めさにも拘わらず、此の老人は、実に――全く羨ましい程――いつも幸福そうに見える。之が不審といえば、不審だったが、ナブ・アヘ・エリバは、それも文字の霊の媚薬《びやく》の如き奸猾《かんかつ》な魔力の所為《せい》と見做した。

偶々《たまたま》アシュル・バニ・アパル大王が病に罹《かか》られた。侍医のアラッド・ナナは、此の病軽からずと見て、大王のご衣裳を借り、自ら之をまとうて、アッシリヤ王に扮《ふん》した。之によって、死神エレシュキガルの眼を欺《あざむ》き、病を大王から己の身に転じようというのである。此の古来の医家の常法に対して、青年の一部には、不信の眼を向ける者がある。之は明らかに不合理だ、エレシュキガル神ともあろうものが、あんな子供瞞《だま》しの計に欺かれる筈《はず》があるか、と、彼等は言う。碩学《せきがく》ナブ・アヘ・エリバは之を聞いて厭《いや》な顔をした。青年等の如く、何事にも辻褄《つじつま》を合せたがることの中には、何かしらおかしな所がある。全身垢《あか》まみれの男が、一ヶ所だけ、例えば足の爪先だけ、無闇に美しく飾っているような、そういうおかしな所が。彼等は、神秘の雲の中に於ける人間の地位をわきまえぬのじゃ。老博士は浅薄な合理主義を一種の病と考えた。そして、其の病をはやらせたものは、疑もなく、文字の精霊である。

或日若い歴史家（或いは宮廷の記録係）のイシュデイ・ナブが訪ねて来て老博士に言った。歴史とは何ぞや？　と。老博士が呆《あき》れた顔をしているのを見て、若い歴史家は説明を加えた。先頃のバビロン王シャマシュ・シュム・ウキンの最期《さいご》について色々な説がある。自ら火に投じたことだけは確かだが、最後の一月《ひとつき》程の間、絶望の余り、言語に絶した淫蕩《いんとう》の生活を送ったというものもあれば、毎日ひたすら潔斎《けっさい》してシャマシュ神に祈り続けたというものもある。第一の妃唯一人と共に火に入ったという説もあれば、数百の婢妾《ひしょう》を薪の火に投じてから自分も火に入ったという説もある。何しろ文字通り煙になったこととて、どれが正しいのか一向見当がつかない。近々、大王は其等《それら》の中の一つを選んで、自分にそれを記録するよう命じ給うであろう。これはほんの一例だが、歴史とは之でいいのであろうか。

賢明な老博士が賢明な沈黙を守っているのを見て、若い歴史家は、次の様な形に問を変えた。歴史とは、昔、在った事柄をいうのであろうか？　それとも、粘土板の文字をいうのであろうか？

獅子狩と、獅子狩の浮彫とを混同しているような所が此の問の中にある。博士はそれを感じたが、はっきり口で言えないので、次の様に答えた。歴史とは、昔在った事柄で、かつ粘土板に誌されたものである。この二つは同じことではないか。

書洩らしは？　と歴史家が聞く。

書洩らし？　冗談ではない、書かれなかった事は、無かった事じゃ。芽の出ぬ種子は、結局初めから無かったのじゃわい。歴史とはな、この粘土板のことじゃ。

若い歴史家は情なさそうな顔をして、指し示された瓦を見た。それは此の国最大の歴史家ナブ・シャリム・シュヌ誌《しる》す所のサルゴン王ハルディア征討行の一枚である。話しながら博士の吐き棄てた柘榴《ざくろ》の種子が其《そ》の表面に汚《きたな》らしくくっついている。

ボルシッパなる明智の神ナブウの召使い給う文字の精霊共の恐しい力を、イシュディ・ナブよ、君はまだ知らぬと見えるな。文字の精共が、一度或る事柄を捉えて、之を己の姿で現すとなると、その事柄は最早、不滅の生命を得るのじゃ。反対に、文字の精の力ある手に触れなかったものは、如何なるものも、その存在を失わねばならぬ。太古以来のアヌ・エンリルの書に書上げられていない星は、何故に存在せぬか？　それは、彼等がアヌ・エンリルの書に文字として載せられなかったからじゃ。大マルズック星（木星）が天界の牧羊者（オリオン）の境を犯せば神々の怒が降《くだ》るのも、月輪の上部に蝕《しょく》が現れればフモオル人が禍を蒙《こうむ》るのも、皆、古書に文字として誌されてあればこそじゃ。古代スメリヤ人が馬という獣を知らなんだのも、彼等の間に馬という字が無かったからじゃ。此の文字の精霊の力程恐ろしいものは無い。君やわしらが、文字を使って書きものをしとるなどと思ったら大間違い。わしらこそ彼等文字の精霊にこき使われる下僕《しもべ》じゃ。しかし、又、彼等精霊の齎《もたら》す害も随分ひどい。わしは今それに就いて研究中だが、君が今、歴史を誌した文字に疑を感じるようになったのも、つまりは、君が文字に親しみ過ぎて、その霊の毒気に中《あた》ったためであろう。

　若い歴史家は妙な顔をして帰って行った。老博士は尚暫く、文字の霊の害毒があの有為な青年をも害《そこな》おうとしていることを悲しんだ。文字に親しみ過ぎて却《かえ》って文字に疑を抱くことは、決して矛盾ではない。先日博士は生来の健啖《けんたん》に任せて羊の炙肉《あぶりにく》を殆ど一頭分も平らげたが、その後当分、生きた羊の顔を見るのも厭になったことがある。

　青年歴史家が帰ってから暫くして、ふと、ナブ・アヘ・エリバは、薄くなった縮《ちぢ》れっ毛の頭を抑えて考え込んだ。今日は、どうやら、わしは、あの青年に向って、文字の霊の威力を讃美しはせなんだか？　いまいましいことだ、と彼は舌打をした。わし迄が文字の霊にたぶらかされておるわ。

　実際、もう大分前から、文字の霊が或る恐しい病を老博士の上に齎《もたら》していたのである。それは彼が文字の霊の存在を確かめるために、一つの字を幾日もじっと睨み暮した時以来のことである。其《そ》の時、今迄一定の意味と音とを有《も》っていた筈の字が、忽然《こつぜん》と分解して、単なる直線どもの集りになって了《しま》ったことは前に言った通りだが、それ以来、それと同じ様な現象が、文字以外のあらゆるものに就いても起るようになった。彼が一軒《けん》の家をじっと見ている中に、その家は、彼の眼と頭の中で、木材と石と煉瓦《れんが》と漆喰《しっくい》との意味もない集合に化けて了う。之《これ》がどうして人間の住む所でなければならぬか、判らなくなる。人間の身体を見ても、其の通り。みんな意味の無い奇怪な形をした部分部分に分析されて了う。どうして、こんな恰好《かっこう》をしたものが、人間として通っているのか、まるで理解できなくなる。眼に見えるものばかりではない。人間の日常の営み、凡《すべ》ての習慣が、同じ奇体な分析病のために、全然今迄の意味を失って了った。最早、人間生活の凡ての根柢が疑わしいものに見える。ナブ・アヘ・エリバ博士は気が違いそうになって来た。文字の霊の研究をこれ以上続けては、しまいに其の霊のために生命をとられて了うぞと思った。彼は怖くなって、早々に研究報告を纏《まと》め上げ、之をアシュル・バニ・アパル大王に献じた。但し、中に、若干の政治的意見を加えたことは勿論である。武の国アッシリヤは、今や、見えざる文字の精霊のために、全く蝕《むしば》まれて了った。しかも、これに気付いている者は殆ど無い。今にして文字への盲目的崇拝を改めずんば、後に臍《ほぞ》を噬《か》むとも及ばぬであろう云々。

　文字の霊が、此の讒謗者《ざんぼうしゃ》をただで置く訳が無い。ナブ・アヘ・エリバの報告は、いたく大王の御機嫌を損じた。ナブウ神の熱烈な讃《さん》仰者《ぎょうしゃ》で当時第一流の文化人たる大王にして見れば、之は当然のことである。老博士は即日謹慎を命ぜられた。大王の幼時からの師傅《しふ》たるナブ・アヘ・エリバでなかったら、恐らく、生きながらの皮剝《かわはぎ》に処せられたであろう。思わぬ御不興に愕然《がくぜん》とした博士は、直ちに、これが奸譎《かんけつ》な文字の霊の復讐であることを悟った。

　しかし、まだ之だけではなかった。数日後ニネヴェ・アルベラの地方を襲った大地震の時、博士は、たまたま自家の書庫の中にいた。彼の家は古かったので、壁が崩れ書架が倒れた。夥しい書籍が――数百枚の重い粘土板が、文字共の凄まじい呪の声と共に此の讒謗者の上に落ちかかり、彼は無慙《むざん》にも圧死した。

『中島敦全集1』
一九九三年一月二一日第一刷発行
ちくま文庫、筑摩書房

水月

川端康成

二階のベツドにゐる夫に、京子は自分の菜園を手鏡に寫して見せることを、ある日思ひついた。寢たきりの夫にとつては、これだけで、新しい生活がひらけたやうなものだつた。決して「これだけ」とは言へなかつた。

京子の嫁入道具の鏡臺についてゐた手鏡である。鏡臺はさう大きくないが桑で、手鏡も桑だつた。新婚のころ、うしろ髪を見るために、合はせ鏡をしてゐると、袖口がすべつて、肘まで出ることがあり、恥づかしかつたのをおぼえてゐる。その手鏡だつた。

湯あがりの時など、

「不器用だね。どれ、僕が持つてやる。」と手鏡を奪つて、京子のうなじをいろいろな角度から鏡臺に寫してみては、夫自身が樂しんでゐるかのやうなこともあつた。鏡に寫して初めて發見するものもあるらしい。京子は不器用なわけではないが、うしろから夫に見られて、かたくなつたのだつた。

それから引出しのなかで、手鏡の桑の色が變るほど、まだ年月はたつてゐない。しかし、戰爭だ、疎開だ、夫の重態だで、京子が菜園を寫して見せることを、初めて思ひついた時には、手鏡の表は曇り、ふちは白粉のこぼれやほこりでよごれてゐた。勿論、ものを寫すのにさしつかへるほどではなかつたから、京子は氣にしないといふよりも氣がつかぬくらゐだつたが、その時以來、手鏡を枕もとから放さない夫は、所在なさと病人の神經質とで、鏡も縁もきれいに磨き上げた。もう鏡に曇りはないのに、夫が息を吹きかけては拭いてゐるのを、京子はよく見かけたものだ。鏡をはめこんだふちの、目に見えぬほどの隙間に、結核菌がはいつてゐるだらうと、京子は思つたりした。京子が夫の髪に少し椿油をつけてくしけづつた後、夫は髪を掌でなでてから手鏡の桑をこすることもあつた。鏡臺の桑はぼそつと濁つてゐるのに、手鏡の桑はつやつや光り出した。

京子は同じ鏡臺を持つて再婚した。

しかし、手鏡は前の夫の棺に入れて燒いた。その代りに鎌倉彫りの手鏡が鏡臺に添へてある。そのことは今の夫に話してない。

前の夫は死んですぐ、習はし通りに手を合はせ指を組ませられたので、棺に納めてからも、手鏡を持たせるわけにはゆかなかつた。胸に載せた。

「あなたは胸がお苦しかつたのに、これだけでも重いでせう。」

京子はそつとつぶやいて、腹の上におきかへた。手鏡は二人の結婚生活にだいじなものだつたと思ふので、京子ははじめ胸の上においたのだつた。手鏡を棺に入れるのは、夫の親きやうだいにもなるべく目に觸れないやうにしたかつた。手鏡の上には白い菊の花を盛り重ねた。誰も氣がつかなかつた。骨上げの時、火の熱で鏡のガラスがだいぶとろけてゆがみ、でこぼこ厚く圓まり、煤けたり黄ばんだりしてゐるのを見て、

「ガラスですね。なんでせう。」と言ふ人があつた。

じつは手鏡の上に、もう一つ小さい鏡が重ねてあつた。洗面道具入れのなかの鏡である。小さい短册型で、ガラスの裏表とも鏡になつてゐる。新婚旅行に使へるかと京子は夢見たものだ。しかし、戰爭中で新婚旅行には出られなかつた。前の夫が生きてゐるうち、旅行に使へたことは一度もなかつた。

後の夫とは新婚旅行もした。前の洗面道具入れの皮はひどくかびてゐたので、これは新しいのを買つた。勿論、鏡もはいつてゐた。

新婚旅行の初めの日、夫は京子に手をふれてみて、

「娘さんのやうだね。可哀想に――。」と言つ

た。皮肉な調子ではなく、むしろ思ひがけないよろこびを含めてゐるやうだつた。二度目の夫にしてみれば、京子が娘に近い方がいいのかもしれない。しかし、京子はその短い言葉を聞くと、とつぜん烈しいかなしみにおそはれた。言ひやうのないかなしさで涙があふれて身を縮めた。それも娘のやうだと夫は思つたかもしれない。

　京子は自分のために泣いたのか、前の夫のために泣けたのかもわからないほどだつた。そのどちらかをはつきり分けられるものでもなかつた。さう感じると、新しい夫にひどく惡い氣がして、媚びなければならないと思つた。

「ちがひますわ。こんなにちがふものでせうか。」と後で言つた。言つてしまつてから、これはまづいやうで、火の出るほど恥ぢたが、夫は滿足らしく、

「子供も出來なかつたやうだね。」

　これがまた京子の胸をゑぐつた。

　前の夫とちがふ男の力に出會つて、むしろ京子は自分が玩弄されてゐるやうな屈辱を感じた。

「でも、子供をかかへてゐたやうなものでしたわ。」

　京子は反抗のつもりで、それだけ言つた。長い病人の夫は死んでからも、京子のなかにゐる子供のやうであつた。

　しかし、いづれにしろ死ぬのだつたら、嚴格な禁慾はなんの役に立つたのだらう。

「森は上越線の汽車の窓から見ただけだが……。」と新しい夫は京子の故郷の町の名を言つて、また抱き寄せた。

「その名のやうに森のなかの、きれいな町らしいね。いくつまでゐたの？」

「女學校を出るまでです。三條の軍需工場へ徵用で行つて……。」

「さう、三條の近くだつた。越後の三條美人といふが、それで京子もからだがきれいなんだね。」

「きれいぢやありません。」

　京子は胸の襟に手をあてた。

「手足がきれいだから、からだもきれいだと思つた。」

「いいえ。」

　京子はやはり胸の手がじやまになつて、そつと拔いた。

「京子に子供があつても、僕は結婚してゐただらうと思ふんだ。引き取つて可愛がれるな。女の子だとなほいい。」と夫は京子の耳もとで言つた。自分に男の子があるからだらうが、愛情の表現だとしても、京子には異樣に聞えた。しかし、新婚旅行を十日間も長くつづけてくれるのは、家に子供がゐるからといふ思ひやりかもしれなかつた。

　夫は上等の皮らしい、旅行用の洗面道具入れを持つてゐた。京子のとはくらべものにならなかつた。大きくて丈夫さうだつた。しかし新しくはなかつた。夫は旅が多いのか、手入れがよいのか、古びたつやが出てゐた。京子はたうとう一度も使はないで、ひどく黴びさせてしまつた、自分の古いのを思ひ出した。それでもなかの鏡だけは前の夫に使はせ、あの世へ道づれもさせた。

　その小さいガラスは鏡の上で燒け流れて、手鏡のガラスにひつついて、京子のほかの誰一人、二つのものだつたとわかりやうもなかつた。ガラスの妙なかたまりが鏡だつたと、京子は言ひもしなかつたから、鏡だと感づいた縁者もあつたかどうか。

　しかし、京子は二つの鏡に寫つた多くの世界が、無慚に燒けくづれてゐるやうに感じた。夫のからだが消えて灰になつてゐるのと同じやうな喪失を感じた。初め京子が菜園を寫して見せたのは、鏡臺に添へた手鏡で、夫はそれを枕もとから放さなかつたが、手鏡も病人には重過ぎるらしく、京子は夫の腕や肩をもまなければならなかつた。輕く小さい鏡をもう一つ渡した。

　夫が命のあるかぎり、二つの鏡に寫してながめたのは、京子の菜園ばかりではなかつた。

空も雲も雪も、遠くの山も近くの林も寫した。月も寫した。野の花も渡り鳥も鏡のなかにながめた。鏡のなかの道を人が通り、鏡のなかの庭で子供たちが遊んだ。

　小さい鏡のなかに見える世界の廣さ、豊かさには、京子もおどろいた。鏡はただ化粧道具、みめかたちをつくらふためのもの、まして手鏡など、頭と首のうしろを寫すに過ぎないものとしてゐたのに、病人には新しい自然と人生になつた。京子は夫の枕もとに腰かけて、いつしよに鏡をのぞきながら鏡に寫る世界の話をし合つた。やがて京子も、肉眼でぢかに見る世界と鏡に寫して見る世界との區別がつかないやうになり、別々の二つの世界があるやうになり、鏡のなかに新しい世界が創造されて、鏡のなかの方が眞實の世界とさへ思へるやうになつた。

「鏡のなかは、空が銀色に光つてゐるのね。」と京子は言つた。そして窓の外を見上げて、

「灰色に曇つた空ですのに……。」

　そのどんよりとした重苦しさは、鏡の空にはなかつた。ほんたうに光つてゐた。

「あなたが鏡をよくみがいてらつしやるからでせうか。」

　寝たままの夫も首を動かして空は見られた。

「さうだね。鈍い灰色だ。しかし、人間の目と、たとへば犬や雀の目と、空の色が同じに見えるとはかぎらない。どの目の見たものがほんたうなのだかわからない。」

「鏡のなかのは、鏡といふ目……？」

　それが二人の愛情の目と京子は言ひたい思ひがした。鏡のなかの木々の緑は實際よりもしたたるやうで、ゆりの花の白は實際よりもあざやかだつた。

「これが京子の親指の指紋だね、右の……。」と夫は鏡の端を見せた。京子はなにかはつとして、鏡に息を吹きかけると指あとを拭いた。

「いいよ。野菜畑を初めて見せてくれた時にも、京子の指紋が鏡に殘つてゐたよ。」

「氣がつかなかつたわ。」

「京子は氣がつかないだらう。僕は京子の親指や人差指の指紋は、この鏡のおかげで、すつかりおぼえこんでしまつたね。女房の指紋をおぼえてゐたりするのは、まあ長わづらひの病人くらゐのものだらう。」

　夫は京子と結婚してから、病氣のほかはなにもしなかつたと言へないこともなかつた。あの戰時に戰爭さへしなかつた。戰爭の終りに近いころ、夫も應召のやうなことになつたが、飛行場の土工を幾日かしただけで倒れ、終戰と同時に歸つて來た。夫は歩けないので、京子は夫の兄と迎へに行つた。京子は夫が兵隊のやうなものに取られてから、實家の疎開先きに身を寄せた。夫と京子の荷物も前に大方そこへ運んであつた。新婚の家は燒け、京子の友だちの家の一間を借りて、夫は勤めに通つてゐた。新婚の家に一月あまり、そして友だちの家に二月ほど、つまりそれだけが病人でない夫と暮せた、京子の月日だつた。

　夫は高原に小さい家を借りて、療養をすることになつた。その家にも疎開家族がはいつてゐたのだが、戰爭が終つたので東京へ歸つて行つた。京子は疎開者の野菜畑も受けついだ。雜草の庭を三間四方ほど掘り起しただけのものだ。

　田舎だから二人分の野菜ぐらゐ買へぬこともなかつたが、せつかくの畑は捨てにくい時で、京子は庭に出て立ち働いた。京子の手で育つて來る野菜に興味もわいた。病人のそばをはなれてゐたいといふのではない。しかし、縫ひものとか編みものとかは氣が滅入つた。同じ夫を思ふにしても、畑仕事をしながらの方が心明るい希望が持てた。京子は無心で夫にたいする愛情にひたるために菜園へ出た。讀書も夫の枕もとで讀んで聞かせるだけでたくさんだつた。京子は看病づかれのせゐか、いろいろ失つてゆきさうな自分を、菜園で取りもどせさうな思ひもあつた。

　高原に移つて來たのは九月の中ごろだつたが、避暑客もひきあげた後、秋口の長雨が薄寒くじめじめと降りつづいた、ある日の夕暮

前、澄み通つた小鳥の聲に空が晴れて來て、強い日光のさす菜園に出ると、青い菜がかがやいてゐた。山際の桃色の雲にも京子はうつとりした。夫の聲にあわてて、土の手のまま二階に上ると、夫は苦しい息をしてゐた。

「あんなに呼んでも聞えないのか。」

「すみません。聞えなかつたの。」

「畑はやめてもらはう。こんな風に、五日も呼んだら、死んでしまふ。第一、京子がどこでなにをしてゐるか、見えやしない。」

「お庭よ。でも、畑はもうよします。」

夫は落ちついた。

「日雀《ひがら》が鳴いたの聞いたか。」

夫が呼んだのは、それだけのことだつた。さう言つてゐるうちにも、日雀はまた近くの林で鳴いた。その林は夕映のなかに浮き出てゐた。京子は日雀といふ鳥の鳴聲をおぼえた。

「鈴のやうに鳴るものがあるとお樂ね。鈴を買ふまで、なにかお投げになるものを枕もとに置いたらどうでせう。」

「二階から茶碗でも投げるのか。それはおもしろさうだね。」

そして京子の畑仕事はつづけてもいいことになつたが、その菜園を鏡に寫して夫に見せることを思ひついたのは、高原のきびしく長い冬が過ぎて、春が來てからだつた。

一つの鏡で病人にも若葉の世界がよみがへつたやうなよろこびだつた。京子が野菜の蟲を取つてゐる、その蟲はさすがに鏡に寫らなくて、京子が持つて二階へ見せに行かなければならなかつたが、土を掘り起して、

「みみずは鏡でも見えるね。」と夫は言つた。

日の光りのななめの時間、菜園の京子はふつと明るくて二階を見上げると、夫が鏡で反射させてゐることもあつた。夫は學生時代の紺がすりを京子のもんぺに直せと言つて、それを着て畑で立ち働く京子が鏡のなかに見えるのも樂しみのやうだつた。

京子は鏡のなかで夫に見られてゐるのを知つて、半ばはそれを思ひながら、半ばはそれを忘れながら、菜園で働いてゐた。合はせ鏡の片肘が出るのをはにかんだ、新婚のころとはなんといふちがひだらうと、京子は溫い心になつた。

しかし、合はせ鏡をしての化粧と言つたところで、あの敗戰のさなかだから、滿足に紅白粉をつけたこともなかつたやうだ。その後は看病、また夫の喪のはばかりで、京子が滿足に化粧するやうになつたのは、再婚してからだつた。目に見えて美しくなるのが、京子は自分でもわかつた。今の夫との初めの日に、からだがきれいだと言はれたのも、ほんたうだと思へて來た。

湯あがりなど、京子は鏡臺に肌を寫してももう恥ぢなかつた。自分の美しさを見た。しかし、鏡のなかの美しさに、京子は人とちがふ感情を前の夫から植ゑつけられて、今も消えてはゐなかつた。鏡のなかの美しさを信じないわけではなかつた。むしろその逆で、鏡のなかに別の世界のあることを疑はなかつた。けれども、灰色の空が手鏡のなかでは銀色に光つたほどのちがひは、目でぢかに見る肌と鏡臺の鏡に寫して見る肌とのあひだにはなかつた。それは距離のちがひだけではないかもしれなかつた。ベツドに寢たきりの前の夫の渴望と憧憬とが働いてゐたかもしれなかつた。してみると、二階の夫の手鏡のなかに菜園の京子がどれほど美しく見えてゐたか、これこそ今はもう京子自身知りやうがなかつた。前の夫が生きてゐた時だつて、京子自身はわからなかつたのだ。

死ぬ前の夫が手にした鏡のなかの菜園に立ち働いてゐた自分の姿、その鏡のなかのたとへば螢草の花の藍やゆりの花の白、野邊にたはむれる村の子供の群れ、遠い雪の山にのぼる朝日、つまり前の夫との別な世界に、京子は追懷といふよりも憧憬を感じた。なまなましい渴望になりさうなのを、京子は今の夫のためにおさへて、神の世界の遠望とでも思ふやうにつとめた。

京子は五月のある朝、野鳥の鳴き聲をラヂ

オで聞いた。前の夫が死ぬまで暮した高原に近い山の放送だつた。今の夫が勤めに出るのを送つてから、京子は鏡臺の手鏡を取り出して、よく晴れた空をうつしてみた。また、自分の顔を手鏡のなかにながめた。奇怪なことを發見した。自分の顔は鏡に寫してでなければ見えない。自分の顔だけは自分に見えないのだ。鏡にうつる顔を、目でぢかに見る自分の顔であるかのやうに信じて、毎日いぢくつてゐる。神は人間を自分の顔が自分で見えないやうにつくつたのに、どういふ意味があるのだらうかと、京子はしばらく考へこんでゐた。

「自分の顔が見えたら、氣でも狂ふのかしら。なんにも出來なくなるのかしら。」

　しかし、おそらく人間自身が自分の顔の見えないやうな形に進化して來たのだらう。とんぼやかまきりなどは自分で自分の顔が見えるのかもしれないと京子は思つた。

　最も自分のものである自分の顔は、どうやら他人に見せるためのものであるらしかつた。それは愛に似てゐるだらうか。

　京子は手鏡を鏡臺にしまひながら、鎌倉彫りと桑とちぐはぐになつてゐることが、今も目についた。手鏡は前の夫に殉じたので、鏡臺の方が後家といふのかもしれなかつた。しかし、あの手鏡やもう一つの小さい鏡を、寢たきりの夫に渡したのは、たしかに一利一害だつた。夫は自分の顔も始終寫して見てゐたのだ。鏡のなかの顔で病氣の悪化におびえつづけてゐたのは、死神の顔と向ひ合つてゐるやうなものではなかつたらうか。もし鏡による心理的な自殺であつたなら、京子が心理的な殺人を犯したことになる。京子はその一害にも思ひあたつて、夫から鏡を取りあげようとした時もあつたが、夫はもう放すはずがなかつた。

「僕になにも見えなくするのか。生きてゐるあひだは、なにか見えるものを愛してゐたいよ。」と夫は言つた。鏡のなかの世界を存在させるためには、夫は命を犠牲にしたのかもしれなかつた。大雨の後、庭の水たまりにうつる月を鏡に寫してながめたりもしたが、影のまた影とも言ひ去れないその月が、今も京子の心にありありと浮んで來る。

「健全な愛は健全な人にしか宿らないものだよ。」と後の夫が言ふと、當然京子は恥ぢらふやうにうなづくけれども、心底にうべなはないところもある。病氣の夫との嚴格な禁慾がなんの役に立つたかと、夫の死んだ時は思ひもしたが、しばらく後にはそれがせつない愛の思ひ出となり、その思ひ出の月日にも愛はうちに滿ちてゐたと思はれて來て、悔いはなかつた。後の夫は女の愛を簡單に見過ぎてゐないだらうか。

「あなたはやさしい方なのに、どうして奥さんとお別れになつたの。」と京子は後の夫にたづねてみた。夫は話さなかった。京子は前の夫の兄にしきりとすすめられて、後の夫と結婚したのだつた。四月あまりつきあつてゐた。年は十五ほどちがつた。

　京子は姙娠すると、人相が變るほどおびえた。

「こはいわ。こはいわ。」と夫にすがりついたりした。ひどいつはりで、頭もをかしくなつた。庭へはだしで出て、松の葉をむしつたりした。義理の子供が學校へゆくのに、辨當箱を二つ渡したりした。二つとも飯がはいつてゐた。鏡臺のなかの鎌倉彫りの手鏡を、ふつと透視したと思つて、目をすゑてゐた。夜なかに起き上ると、ふとんの上に坐つて、夫の寢顔を見おろしてゐた。人間の命なんてたわいないものだといふやうな恐怖におそはれながら、寢間着の帯をほどいてゐた。夫の首をしめるしぐさらしい。不意に京子はあつと聲を上げて泣きくづれた。夫が目をさまして、やさしく帯を結んでくれた。眞夏の夜だつたが、京子は寒さうにふるへた。

「京子、腹のなかの子どもを信じなさい。」と夫は京子の肩をゆすぶつた。

　醫者は入院をすすめた。京子はいやがつた

が說き伏せられて、

「病院へはいりますから、その前に二三日だけ、さとへ行かせてちやうだい。」

　夫が實家へ送つて來た。あくる日、京子は實家を拔け出して、前の夫と暮した高原へ行つた。九月のはじめで、前の夫と移つて來た日よりは十日ほど早かつた。京子は汽車のなかでも吐き氣がし、目まひがし、汽車から飛びおりさうな不安を感じてゐたが、高原の驛を出て清涼の空氣に觸れると、すうつと樂になつた。つきものがおりたやうに我にかへつた。京子は不思議な思ひで立ちどまつて、高原をかこむ山々を見まはした。少し紺がかつた青い山の輪郭が空にあざやかで、京子は生きた世界を感じた。温くぬれて來る目をふきながら、もとの家の方へ歩いて行つた。あの日桃色の夕映に浮んだ林からは、今日も日雀の鳴き聲が聞えた。

　もとの家には誰かが住んでゐて、二階の窓に白いレエスのカアテンが見えた。京子はあまり近よらないでながめながら、

「子供があなたに似てゐたらどうしませう。」

と、自分でもおどろくやうなことをふとつぶやいたが、温く安らかな氣持で引きかへした。

『川端康成全集第八巻』
一九八一年三月二〇日発行
新潮社

亀遊の死

有吉佐和子

亀遊《きゆう》さんが死んだのを、最初に見《め》っけたのは私です。この日は岩槻屋《いわつきや》の旦那もお座敷に見えておいでになりまして、私どもは伊留宇《いるう》須《す》さんを床の間に据えて、三味線鳴り物賑々しく勤めていました。伊留宇須さんは異人さんに稀な金離れのいい人でしたから、その日は日頃の念願かなった喜びで大盤振舞いをしていたわけなんです。

　伊留宇須さんは髪の毛の赤い、眼の色の薄い人でして、躰は恰幅《かっぷく》が仲々いいんですが、背は異人さん並よりちいと低かったんじゃないでしょうか。ずぼんてんでしょうか、たっつけ袴のようなものをはいた足も、あんまり長くなかったように思います。初めのうちは、すぐにも亀遊さんが来ると思ったんでしょう、肥った腿に両手を置いて、日本人のように正座して頑張ってたんですが、すぐ痺《しび》れを切らしちまって、騒ぎでしたね。私たちが手伝って、脚を伸ばさせてあげたんですよ。伊留宇須さんは、「きゅう、きゅう」って云いながら、笑っていました。有りがとうっていう言葉なんですってね。いいえ、私は普段は滅多に唐人口《とうじんぐち》のお座敷には出ないものですから、横浜にいても異人さんをあまり知らないんですよ。この日のお座敷も、実は亀遊さんが異人さんに連れて行かれるっていうんで、お花《はな》はいりませんからと頼みこんで出ていたんです。

　亀遊さんの旦那になる人なんだから、という親しい気持からではなくって、どんな相手で亀遊さんは苦労しなきゃならないんだろうと、私は見ないうちは伊留宇須さんを人喰鬼のように思っていました。私は横浜には長くないんですが、ここの人たちはそんなことないって云いますけれど、私が前に働いていた吉原なんぞじゃ、異人さんは人間の血を啜るんで色が白いんだなんて云われてたものなんです。だから、亀遊さんが、あんなに嫌っていた伊留宇須という人なら、そりゃもう亀遊さんを取って喰うかもしれないぐらいのことは考えていました。

　ですが、片目をつぶって足の痺れを我慢している伊留宇須さんを見ていますと、異人さんだって鬼でも蛇でもないって気がしてきました。肥っているし、まる顔だから、伊留宇須さんは子供みたいに可愛らしかったんです。商売も横浜《はま》に多い船乗りやどぎつい商人と違って、薬屋さんだということでした。まったく薬種問屋の若旦那と呼んでよさそうな、人の好い、優しい性格《ひととなり》に見えました。

　岩槻屋の旦那が足の方ではない痺れを大分前から切らしていて、

「遅いな。亀遊は何をしているんだい」

　と鴇母《やりて》のお咲さんに催促してたんですが、お咲さんは亀遊さんの部屋に行っては戻って来て、「お化粧《めかし》なんでございますよ。もうちいとばかりお待ちんなって。殿方が、ここで急《せ》いちゃあいけないって、伊留宇須さんに云って下さいよ」

　と、通訳の藤吉《とうきち》どんに頼んでいました。

　藤吉どんというのは、私が岩亀楼《がんきろう》の内芸者であるように、岩亀楼が抱えている通訳なんですが、こんな遊廓には似合わしくない武骨な人なので、皆が面白がって藤吉どん、藤吉どんと呼んでいたものです。

　その藤吉どんが通訳すると、伊留宇須さんは喉までまっ赤になって笑い出しました。異人さんの言葉は難かしいので、藤吉どんがとんだイキなことを間違って云ってしまったんでしょうね。私たちは何も分りませんけれど、そこはカンの利く者が揃っていましたから、手を拍《う》って、

「ヨオ、ヨオ、色男さま、色男さま」

なんて囃し立てたりしていました。

それにしても、ちょっと亀遊さんは遅すぎる、と私が思ったときと、旦那が、

「お咲、まだかい」

と仰言《おっしゃ》ったときが一緒でした。虫が知らしたのかもしれません、私はお咲婆さんより早く立上って、

「その御使者は、この園《その》が」

芝居もどきに台詞を云って、口三味線で廊下へ出ました。

日和《ひより》が続いていましたけれど、まだ寒くって、だから客が長居して困るなんて華魁《おいらん》たちはこぼしていました。亀遊さんの部屋は、中でも一番北側の廊下の突き当りにあったんです。品川の岩槻屋から横浜へ移るについて、亀遊さんが唐人口の遊女になるのを嫌がったので、日本口《にほんぐち》の華魁部屋でも一番粗末な部屋に入れられてしまったからでした。亀遊さんほどの容貌なら、もちろん日本口にきまっていたんですが、当人の口から日本口でなきゃ嫌だと云い出したものだから、これは我儘というもので、旦那は見せしめにこんな部屋しかあてがって下さらなかったんです。もっとも、亀遊さんは美しいけれど、ひっそり寂しい顔だち人となりでしたから、客受けはあまりよくなかったようです。間違っても伊留宇須さんのような大尽振舞をする客は、日本人の中からは出なかったでしょう。旦那の方でもそう見極めて、こんな部屋へ入れてしまったのかもしれません。

「亀遊さん、私ですよ。お迎えに来ましたよ」

私は、部屋の前からもう声をかけていました。顔を合わせたら「華魁、伊留宇須さんというのはね、まるで初心《うぶ》みたいな殿方ですよ。そりゃ可愛い花婿さん。御安心なって、おいでなさいな」と云うつもりでした。遊女と内芸者の関係は、遊廓の中では主従のようなものですが、私は吉原の頃からの亀遊さんを知っているもので、こんな馴れ馴れしい口がきけたんです。

でも、障子を開けた途端から、私の軽口は封じられたような気がします。小部屋一つおいて襖の向うに亀遊さんがいる筈なのに、なんだかしいんと不気味に鎮まって、人気のない様子です。

「華魁《おいらん》」

襖をあけると、屛風を取廻してあって、なまぐさい妙な匂いがぷんとしました。屛風なんてものは、そんなところに置くものじゃないんですから、もう私は直ぐ変だと思って、端から掻き除《の》けて見ると、血の海の中に亀遊さんが横倒しになって倒れているじゃありませんか。

大変と叫んだつもりですが、声が出なかったかもしれません。おそろしいと思うのに逆に私はまじまじと亀遊さんの死顔を見てしまったんです。よほど力を入れてやったんでしょう、剃刀を両手で摑みしめ、首筋に当て、もろに血管を掻き切って倒れたらしく、胸の上で両手は剃刀を握ったまんまになっていました。血がさっきまで噴き出していたんでしょう、顔は右半面どっぷり赤く染まり、喉から胸、繻子《しゅす》衿《えり》の裲襠《うちかけ》と帯のあたりは血でどろどろでした。

これだけはっきり見たというのも、実は腰が抜けてしまったからなんですね。後から来たお咲婆さんは部屋の入口からこっちの様子を見て、声をあげて人を呼びました。

表の若い者より早く、お座敷の衆が飛込んで来たように覚えています。まっ先に藤吉どんが来たような気がしますが、はっきりしません。何しろ、ごった返しになりました。私がやっと人心地ついたときには、伊留宇須さんも帰ったあとで、それでも岩亀楼の中は上を下への騒ぎが続いていました。

「何も死ぬまでのことはないんだよ。異人さんたって、毛物《けもの》じゃないんだから」

唐人口の遊女たちは、そんなことを云っていたそうですが、私たちには亀遊さんの気持は痛いほど分っていました。殊に私は、亀遊さんの生い立ちから知っていましたから、何故、亀遊さんが死んだのか本当のところが

分っているような気がするんです。

生い立ちといっても、私が亀遊さんを初めてみたのは、あれは吉原の火事のずっと前ですから、火事は万延元年ですから、こうっと、ええ、安政には間違いありませんね。亀遊さんは、深川でお医者をしていた太田正庵先生の一人娘だったんですが、安政元年に両親とも死んで、それからは人手に渡されたんでしょう、親御さんに借金があったのかもしれません。新吉原江戸町二丁目の甲子屋という遊女屋で禿《かむろ》に出たのが苦界《くがい》勤めの始まりです。私もむろんその頃は吉原で芸者をしていました。亀遊さんは子供の頃から細面で憂いのきいた顔をしてましたから、禿らしい可愛らしさというのはなくて、そのかわりおしゃまなとこもなく、せいぜい行儀のいいので、目立っていたくらいです。

亀遊さんの本名は「ちゑ」というんですが、禿の頃は小猿《こえん》と呼ばれていました。音からくる感じが粋で子供にそぐわないし、およそ亀遊さんに似合わなかったので、それが却って記憶のひっかかりになったのかよく覚えています。私もまだこの頃は若かったものですから、随分苦労も足りなくて不始末みたいなことをしでかすと、小猿ちゃんがじいっと気の毒そうに私を見ていたりしたのを思い出します。気の優しい、神経の細かいところのある子供だったのでしょうね。

亀遊さんが、初めて見世《みせ》に出たのは十五のときだったそうですが、私の記憶ではもっと若かったような気がします。紫繻子の衿をかけた裲襠が全く借り物に見えていたのを思い出します。そのせいかどうですか、あまり売れ口のいい華魁ではなかったんです。もともと甲子屋というのが吉原では一級どころではなかったので、亀遊さんのような品のいい華魁を買いに来る客もなかったんでしょうね。

それでも甲子屋でずっと見世に出ていれば、亀遊さんなりに向いたお馴染みさんもできて、案外早く落籍されて幸せになっていたかもしれない、と私は今さらになって思うんです。それが、人間何で運命が変るものか分らないといいますが、亀遊さんが禿の振袖を脱いで、名前も「子《ね》の日《ひ》」とあらためて見世に出ると間もなく、あの大火事があったんですよ。万延元年、だから年号なんぞもはっきり覚えてるんですが、吉原が丸焼けになって、そのとき甲子屋さんの衆は深川に仮宅をしたっていいますが、きっと内所《ないしょ》の都合で甲子屋の遊女は四、五人鞍替《くらがえ》することになったんでしょう。子《ね》の日《ひ》の亀遊さんも、そのとき北品川の岩槻屋へ移ったんです。

いったい、仮にも吉原で見世を張った華魁が横浜くんだりまで流れて行くというようなことは考えられないことだったんですが、それが亀遊さんの宿世《しゅくせ》だったんでしょうね。岩槻屋さんは表向は旅籠《はたご》屋ということだったんで、女郎屋でないところから、亀遊さんは中一つ置いて横浜へ行くという妙なことにもなったんでしょう。それに岩槻屋は表と裏の違う商法《あきない》で随分身上《しんしょう》を殖やしていたんです。旦那はいずれ一旗あげる気で、女を買集めていたのかもしれません。

そのころ横浜の太田屋新田というところで沼地を埋め立てていた鈴木屋さんが、金繰りがつかなくなって岩槻屋に助力を借りにきた。それが、岩槻屋が横浜に遊廓をつくる動機《きっかけ》になったんです。だから願主は鈴木屋になっていますが、遊廓の名主は岩槻屋佐吉つまり私たちが岩槻屋の旦那と呼んでいる岩亀楼の主人なのです。旦那はどういうものか北品川の店の名で呼ばれたがっていたので、一般には岩槻屋さんと云っていました。

そんな旦那ですから、当時は何だって金の力で思うままになったので、横浜へ連れて行かれるときまったときに亀遊さんが嫌がったのは、許せない生意気な云い分に聞えたんでしょう。北品川の岩槻屋に残された遊女もいたんですのに、無理矢理首に縄をつけるようにして横浜へ引張り出されてしまったんです。内気な亀遊さんが、ますます怯えてしまったんですね、それからは、一層。

そこで岩亀楼で亀遊さんと私が再会したってわけですが、どういうわけで私がまた横浜まで来ていたかってえますと、これは火事とは関係ないんです。実は私は、吉原を駈落ちしたんですよ。

ご存知のように遊廓の掟というものは厳しくて、わけても遊女と芸者の身分というものははっきり区別されていました。内芸者は客がとれないのです。芸者は文字通り芸で立ってなければならなかったので、色里にいても堅く暮すのが建前になっていました。それがまあ私も若い頃は、これで捨てたものじゃあなかったので、華魁を買いにくる客たちの間に随分浮名も立ててました。その成行きから吉原には居られなくなったというわけです。

そういう不始末で廓から出された者は、素姓を隠さなくっちゃ二度同じ勤めはできないものなんですが、岩亀楼は何しろ急な店開きだったので、人手の足りないところから、私なんぞも派手に三味線ひいてお座敷で稼げるようになったんですよ。

子《ね》の日《ひ》華魁が、亀遊と名を変えて岩亀楼に現われたときには、二人とも吃驚しましたねえ。私は火事のちょっとばかし前に吉原を逐い出されたんですから、亀遊さんとの対面は足掛け二年ぶりでした。

「まあ、お園さん」

「華魁じゃありませんか」

亀遊さんが涙ぐむものだから、私も柄になく目頭が熱くなっちゃいましてねえ。思わず手をとり合ったものでした。

「ねえ、お園さん。私は怖くってしようがないの。窓の外も見ないようにしているの」

「どうしたんですねえ」

「横浜ってとこ、怖いじゃないの。異人さんが歩いてるっていうでしょう」

「まあ、華魁はまだご覧にならないんですか」

亀遊さんは答えずに、

「お園さん、らしゃめんって何のことか知っていて?」

「異人さんの囲い者のことでしょう?」

「いいえ、本当の意味」

「ああ」

「私、ここへ来てすぐ知ったんだけど、おおいやだ、鶴亀鶴亀」

らしゃめんというのは獣の名で、船乗りなんかが航海中に気の立つのを鎮めるために犯すことがあるものなんだそうです。そんなことで異人に犯されるものとして、洋妾と書いてらしゃめんというのだとは、私は吉原にいた頃に客から聞かされたことがあります。異人は人に非ず、畜生と同義だといって、肩怒らして説明する浪人らしい御武家がありましたが、吉原には滅さと異人のお客が来ないので、仲々私たちにはぴんと来なかったのですが。

でも、異人さんを嫌ったという華魁の話は、一度か二度は聞いたことがあります。安政四年の暮頃に新吉原の桜木《さくらぎ》という遊女が、阿墨《あめり》利人《かじん》に万金を積まれても嫌だと首も袖も振ったという噂がひろまっていました。新吉原には仲の町張りの一級の華魁はいないので、さて何屋が抱えていた遊女なのか、私は知りませんし、その桜木華魁を見たこともないのですが、その人が詠んだという歌は、今でもはっきり覚えています。ええ、私は物覚えのいい方ですし、これでも文字も読めるからなんですが、歌を書いて見せてくれたのは、やはり御武家の客でしたねえ。ひょっとすると、らしゃめんの講釈をなすった方と同じ方だったかもしれません。ああ、思い出しました。あれは大橋先生とその御一門です。

大橋訥庵と申せば尊皇攘夷の儒者なんでしょう? いいえ、芸者に似合わぬ学があるというんじゃありません。遊女はともかく、遊廓の内芸者ってものは、純粋に芸と座持ちだけの世渡りでしたから、そのときどきの流行《はやり》もんは知ってこなさなきゃなりません。安政の頃から勤皇の志士とかいう勢いのいい殿方が遊廓にも多くなって、とんだ助六があっちにもこっちにも見えたものなんです。私たちは勤皇も佐幕もなくって、ただお客大事ですから、勤皇方のお武家が見えりゃ、随分替唄の都々逸も歌いましたよ。

　大橋先生というのは、浪人を引き連れて歩いていても金離れの方が悪くないので、いいお客でした。佐野屋さん、ええ江戸で十人の中に入る大商人《おおあきんど》の、あの佐野屋さんの御養子だとかで、その後押しで思誠塾をひらき、あの頃は塾の名は天下に轟いていたんだそうですよ。江戸から遠い国々から先生に憧れて入門する若い者も多くって、お盛んだったのでしょう。連日のようにお伴つきで吉原においでになってました。

　四十過ぎの苦味走ったいい男だものですから、お金もあるし、引く手あまただったんですが、やはり天下国家に志ある殿方は、一人の女には溺れないものなんでしょうか、同じ吉原でも茶屋を一軒とは限らずに、しょっちゅう河岸を変えてばかりいました。だから、私がお見受けしたのも、ほんの一、二度です。

「おい、三味線」

　これが私なんぞを呼ぶときの呼び方で、つまり女の名なんぞ一々覚える気がないんでしょうね、三味線を持ってれば、三味線と呼ぶだけです。さしずめ亀遊さんなんぞは、

「おい、子供」

と呼ばれた口でしょう。

「はい、はい」

　名前なんてのは符牒《ふちょう》なんですから、どう呼ばれたってかまわないようなもので、年増《としま》と呼ばれなかっただけでもめっけものです。私が応えると、

「いい歌を教えてやろう、節は三下り《さんさが》だ」

「ヨオ、ヨオ、待ってました」

　絃《いと》を三下りに直している間に、懐紙《かいし》と矢立てを揃えて前に置いて、書いて下さった歌なんですよ、私が覚えているのは。

　　　露をだに、
　いとふやまとの女郎花《をみなえし》、
　　　ふるあめりかに袖はぬらさじ。

「あら」

「知ってもいよう。遊女桜木の詠んだ歌だ」

「まあ、そうなんですか、これが」

　桜木とかいう華魁が、なんでも立派な歌を詠んだそうだという噂はきいていました。確かに絃《いと》に乗せても仲々悪くありません。ただ難を云えば、調子に遊女らしい艶がなくって私には不思議でしたが、こちらはお客大事ですから、

「随分結構な歌ですねえ」

「立派なものだろ？　遊女といえどもこれほど見上げた心根を持つ。これこそ日本女郎《やまとおみな》というものだ」

　御注文の節をつけて私が歌うと、

「三味線、お前の声は仲々いいぞ」

　と下手な褒め方をして下さって、

「もう一度。おい子供、お前たちも歌え」

　幾度も幾度も繰返させられました。

　そのお座敷がお開きになって皆さん登楼《あが》っておしまいんなったあと、私の姉芸者がこんなことを云っていたのを思い出します。

「変だねえ、あの歌は五、六年前にもきいたことがあるよ」

「本当ですか」

「私は、あんたと違って物覚えの悪い方だから……、けど節は違っても歌は同じで、華魁の名は松葉屋の……、何といったっけか……、そうだ花園太夫さんだ……」

　姉芸者の言葉は彼女のいう通りひどく不正確なものなんです。華魁の太夫という位は、吉原では宝暦の頃からなくなっているんですから、あの頃から逆に数えれば嘉永年間に、花園という遊女はいたかもしれませんが、それが太夫と呼ばれた筈はないのです。でも松葉屋というのは今もある有名な引手茶屋ですから、まるまる嘘とも思えません。第一、他の記憶は不確かでも、芸者が歌の文句をそうそう別のものととっ違えていう筈はないので、

姉さん芸者の云った本筋は間違いないんじゃないでしょうか。

「その頃も今みたいに流行《はや》りましたか、その歌」

「てんで。だってあんた、まだあの頃は吉原だって静かなものだったもの。浪人衆がうろうろしてたのとは客種が違っていたわよ。町方の粋な旦那方が多くって、なつかしいねえ、あの頃が」

　いつの時代でも年寄りはそうだったんでしょうか、姉さん芸者には安政の御代は騒々しすぎたらしいのです。梅田雲浜が捕われた、獄死したなんてことも私たちの耳にまで入っていましたし、江戸市中ではお士《さむらい》の抜刀事件が頻りと起っていて、薩摩や長州なんて耳立つなまりのお士が、お茶屋に見えながら私たちをそっちのけで天下国家を難かしく論じていたり、そりゃ昔の吉原の悠長なところは消えてなくなっていたかもしれません。

　客種が変ると、遊女もお客の好みに整えるのが、やはり吉原の伝統ですから、尊皇攘夷論者の見える店には桜木という名の華魁が必ず一人は居るようになりました。安政四、五年頃で私の記憶だけでも、江戸町一丁目の相模屋、二丁目の東屋、角町松嶋屋、京町二丁目佐野屋、京町一丁目江戸屋、それから尾張屋にもいたと聞いています。この六、七人の桜木さんには、一人も仲の町張りの高い遊女がなく、みんな見世女郎ですから、懐ろのあまり豊かでない浪人相手の女だということが分かりますでしょう。

「ふるあめりか」の歌は、芸者たちがそういうお客への御機嫌うかがいでよく弾いたものなんですが、このときもあんまり流行らなかったんじゃないでしょうか。浪人衆には三味線に乗る喉を持った人が少なかったし、つまり粋じゃなかったからですねえ。もっとも私はこの年の吉原はよく知らないんです。私は安政六年の春に吉原を追い出され、それから一年は品川の叔母を頼って逼塞《ひっそく》して暮してましたから。御大老の井伊様が桜田門で浪人に刺されなすった頃には、私は仕事探しで血眼になってましたっけ。

　近所の人の口から岩槻屋さんが横浜へ遊女屋を出すと知り、落ちついでで横浜まで都落ちするのも悪くないだろうと思い立ったのも、一つには喰うに困ったからでもありますが、町方に漂っている不安に耐えきれなかったからで、遊廓に入りこめば御時世がどう変っても私なんぞは生きて行かれると考えをきめたからなんです。そこが女の浅知恵で、攘夷党のお士は、異人さんの多い横浜では一層物騒だということには思い到らなかったんですねえ。亀遊さんは、横浜へ来たのが十六の年ですから、世間の不安でものを異人さんへの怖ろしさ一途に煮つめてしまったんじゃなかったでしょうか。禿《かむろ》という物心ついた頃に、桜木の歌なんかきかされて、子供心に灼きついた異人恐怖みたいなものが、思わぬ廻りあわせで横浜の遊女屋に出ることになって、一層ひどくなったのに違いありません。旦那に頼んで日本口の遊女になっているのに、あんなに怖がっていたのはただごとじゃなかったと思います。

　怖いもの見たさ、っていう言葉がありますように、亀遊さんは日本人のお客から寝物語に自分からもいろいろ異人さんの生活をきこうとしたらしい。客の方では亀遊さんが聞き出しながら怖がるので、輪をかけて話を大仰にするということもあったんじゃないでしょうか。

「お園さん、異人さんと寝た女は躰が裂けるんだって。だから唐人口の遊女は、もう日本人相手が勤まらないんだって」

「それほどのことはないでしょうけどねえ」

「いえ、本当だって。昨夜のお客は洋妾《らしゃめん》と浮気してがっかりしたって云ったわよ」

「悪《わる》ですねえ」

「そのお客は、異人さん相手の商売《あきない》をしているんだって。異人さんの言葉なんか、ぺらぺら云うのよ。異人さんは三度の食事に刃物をふるって肉を切るんだって。血がその度にどろりどろりと食卓《ちゃぶだい》に流れるんだって」

「おお、いやだ」

「怖いでしょう？　私も怖くって、もう嫌です、やめて下さいって耳を押えていたらね……、お園さん」

「どうしました？」

「私みたいのが、異人さん好みだって。ちょっと眼が吊《つ》ってると、異人さんは大気に入りで、見たらもう逃がさないって」

　切長の眼が怖がると言葉通り吊上るので、私もはっとしました。そういえば唐人口で売れっ妓の遊女は、たしかに眼尻が吊上っています。

「華魁、いいかげんにおしなさいねえ。怖い話や嫌な話を、無理して聞くことはないじゃありませんか」

　私は、やれやれと思って傍を離れましたが内心は心配でたまりませんでした。岩亀楼には随分多勢の遊女がいますけれど、芯から異人さんの好きなのはいないまでも、これほど怖がってる女もなかったからです。これが気《き》鬱《うつ》の病《やまい》かなんぞになったら、亀遊さんのあのほっそりした躰は忽ち萎《な》えてしまうでしょう。

　が、私の心配通りになってしまったんです。亀遊さんは岩亀楼に来て二月《ふたつき》足らずで夏の風邪をひき、それを芯に芯にとひきこんで、すっかりこじらせると、三月《みつき》というものは全く枕から頭の上らない重病人になってしまいました。

　櫛笄《こうがい》を髪に差し、華やかな裲襠《うちかけ》を着て、酒宴の席に侍《はべ》り、浮かれて暮している遊女の生活も、健康なうちこそ花なので、病気になった華魁ほど惨めなものはありません。亀遊さんは小さな北向きの窓が一つあるっきりの、中二階の行燈部屋に移されて、まるで死ぬのを待つような扱いを受けました。できたばかりの岩亀楼ですから朋輩同士の付き合いも深まってなく、亀遊さんを見舞にくる遊女はあまりなかったようです。通うようにして慰めに行ったのは、私だけだったんじゃなかったでしょうか。亀遊さんが深川のお医者の娘だということなんか、こんなとき両方でする身の上話で知ったのです。

　でも、医者の娘でも七つ八つで両親が他界しては、投薬の知識も養生の仕方も知らないのは無理がありません。結構な家に生れながら、この日も射さない天井の低い暗い部屋の中で、薄い蒲団にくるまって身動きもならないでいる亀遊さんを見ると私は不憫でたまりませんでした。

　夜は行燈も置いて貰えず、まっ暗な中で寝ている亀遊さんのために、私は起きぬけから絵草紙なんぞを持って、冷えた焼芋だとか煮抜き卵などを抱いて行燈部屋へ上って行ったものです。亀遊さんは長い髪を枕にもつらせて、どんどん首も顔も痩せて行くので私は気が気じゃありませんでした。

「早くよくなって下さいねえ、華魁。そしたら暇を見て、海でも見に出かけましょうよ、気が晴れていいですよ」

「ああ、そうねえ、海は見たいけど。でも浜のあたりは異人さんが多いでしょう？」

　まだこんなことを云ってる亀遊さんが哀れでもあり、馬鹿々々しくもあり、私は思わずきついことを云ったりしたものです。

「華魁は異人さんとは無関係なんですよ。何をいつまで一つのことを云うんですか」

　私が大声を出したものだから、亀遊さんは眼を瞠《みは》って驚いて、それから蚊の鳴くような細い声で、

「わかったわ、お園さん」

　あやまるように云うんです。随分前から男をとらされて、商売をしている亀遊さんが、まるで頑是ない子供のように思えました。私も声を荒げたのを直ぐ後悔して、

「面白い絵草紙を手に入れたんですよ。読んだげましょう、ねえ」

　と、話を変えて亀遊さんの気も変えようと、朗らかに読みあげてきかせたりしたものです。

　ええ、亀遊さんは平仮名だけはどうにか拾

いよみできたかもしれませんが、全くの無筆でした。七つからの遊女屋奉公では、芸者と違って何かを習うということもなかったのでしょう。勝気な気性とは凡そ正反対な弱虫さんでしたから、自分から文字でも習おうという気はなかったんだろうと思います。

でも絵草紙を読んであげると、静かにして聞いていました。可哀そうに誰からか本を読んできかせてもらうなんてことは、親と死に別れてからはなかったんじゃないでしょうか。

ある日、そうですね、亀遊さんが寝こんでから二月も経っていたでしょうか、いつものように部屋に上って行くと、亀遊さんの枕許に瓦版《かわらばん》が一枚置いてありました。字の読めない亀遊さんだし、身動きならない病人が買いに出られる筈もないので、

「珍しいものがありますね、華魁。誰かお見舞に見えたんですか」

と訊きますと、

「ええ、藤吉どんが」

「あらまあ、そうなんですか?」

私はそれきり、藤吉どんと亀遊さんが何をきっかけにして知りあったのか訊きませんでした。廓には似合わない人柄に見えても、藤吉どんは案外気の優しい人だったのでしょう。華魁が中二階で寝たまんまだときいて、見舞に来ないではいられなかったんでしょう。でなくて日本口の遊女と、異人さん相手の通訳とが知りあうきっかけなんぞ、同じ岩亀楼の中でもあることじゃありません。

それでも見舞品に事欠いて瓦版《かわらばん》を持ってきたなんぞは、いかにも藤吉どんらしいと私は可笑《おか》しく、手にとってみていますと、

「お園さん、外は怖いことばっかりねえ」

と亀遊さんが云うんです。

「え、どうして」

「藤吉どんが、それを読んでくれたんだけど、吉原《なか》より横浜《はま》の方が人殺しも多いみたい。私はもう癒るより死んだ方がいいわ」

瓦版には浪人の刃傷沙汰がでかでか出ていました。昔の瓦版には盗賊のことや心中なんかが書き立てられていたんですが、こんなものの変り様は、このまま世の中の変り様で、確かに横浜じゃあ、始終とはいわないまでも攘夷党の人たちが暴れまわっていたのです。

それにしたって、病人に何もそんなことわざわざ知らせなくてもいいと思い、私は翌日でしたか、お座敷で藤吉どんに会ったときには注意してやりました。

「藤吉どん、亀遊華魁にお見舞有りがとうよ。だけど、病気の華魁に斬ったはったの瓦版はよくないねえ。持ってくもんには気をつけなさいよ」

藤吉どんは吃驚《びっくり》したのか、赤くなって、

「へえ、へえ、気をつけます」

と手を突かんばかりに恐縮していました。

あんまり赤くなっちまったので、おや、この人は亀遊さんに気があるんだろうかと思ったほどです。

それからは、別に変ったこともなくて、亀遊さんは峠を越したものか日増しに元気になって行き、前には勧めても食べなかった煮抜きなんぞも私が持って行くと喜んで食べるようになりました。何のきっかけからか、自分から癒る気を起したんじゃないでしょうか。癒るより死んだ方がいいなんて、もう口走ることもなくなりましたし、前のように滅入った調子でなくなったので、見舞に行く私もどのくらい気楽に部屋に入れるようになったか分りません。

「お園さん、らんぽって何のことか知っているかい?」

なんて私に判じ物を仕掛けてきたりするようになってきたものです。

「いいえ。何のことですか」

「私がこの頃元気になったのは、らんぽのおかげなんだよ」

「なんです、切支丹《きりしたん》のおまじないですか」

私が冗談を云うと、亀遊さんは機嫌を悪くして、

「おまじないなんて、迷信ですよ」

と怒ったように云うんです、峠を越して癒ると自分で思ったからでしょうか、亀遊さんは大分私にも強く出るようになっていました。それにしても、いきなりらんぽといわれたって、私に分る筈がありません。

よくよく訊いてみますと、それは蘭法《らんぽう》だということが分りました。亀遊さんは、蘭法医学の薬を飲んでから、めきめき回復したというんです。

「へええ、まあ」

「一晩びっしょり汗をかいたら、それきり芯熱がとれた具合なの。奇態なほど利くんだわ。お父さんがらんぽを知ってたら、私も不幸せにはならなかったんだとつくづく思ったのよ」

「誰がそんなお薬を下すったんです」

「お園さん、誰にも内緒よ」

亀遊さんが声をひそめて藤吉どんの名を云ったときには私は吃驚しました。

どこまで本当か分りませんが、亀遊さんの話すには、藤吉どんは大きな志を抱いて横浜へやって来たんだそうです。すでに日本で学べるだけの蘭学は修めたので、あとは和蘭陀《おらんだ》か阿墨利《あめりか》へ渡りたい。その費用と機会を求めて、岩亀楼《がんきろう》に入りこんだというところらしいのです。

「へええ、人は見かけによらないものですねえ」

「そんなことないわ。あの人は、確かに目の光が違ってよ」

亀遊さんも、藤吉どんの話をするときは目の光が違っていたように思います。

だけど、こう申しても病人の華魁と藤吉どんの間に何かあったとは考えられません。私は、亀遊さんが何にせよ心に張りをもって、ともかく病気に勝とうとしているだけでも結構なことに思いました。

岩槻屋の旦那に会ったときに、

「亀遊華魁は随分元気におなりですよ」

と、旦那も無論喜ぶだろうと思って云ったのでしたが、

「そうだってねえ、ほっとしたよ」

喜んではいるんですが、喜び方が違っていました。

「死なれたんじゃ元も子も無いからな。今度は働いて貰わなくっちゃならない。唐人口は嫌だなんぞと我儘は云わせないよ」

秋の終る頃、亀遊さんは床上げの祝いもぬきで見世《みせ》に出されました。少なくなった髪に赤熊《しゃぐま》を一杯入れて結いあげた頭に櫛笄やかんざしを差すと、細く痩せた首が折れるんじゃないかと心配するようでしたが、病み上りの亀遊さんは紫繻子の衿をかけた派手な裲襠《うちかけ》を着ると、ぞっとするほど美しく見えました。吉原にいた頃に、こんなにどきっとさせるものを持っていたなら甲子屋も手放さなかっただろうと思うほどでした。

岩槻屋の旦那も無慈悲にいきなり唐人口には落せなくなったんだと思います。そのかわり異人さんも混ったお座敷に日本人の敵娼《あいかた》で出ることは拒めないようにさせられていました。私はちょっと心配でしたが、亀遊さんは素直に出ていました。藤吉どんから阿墨利《あめりか》の文明開化など聞かされて考えが変っていたのかもしれません。お客にもよく勤めるようになっていました。病み上がりなのに、お茶をひくことはなかったように思います。病気で店にできた借金を、年季に加算されないようにしようと思ってたんじゃないでしょうか。

異人さんの混るお座敷では、藤吉どんと顔を合わせるわけですけれども、私が気をまわしすぎたかもしれませんが、二人とも辛そうに見えましたねえ。病気が癒ればこの二人は、こういう機会より他に顔を見る機会はないわけですが、一方はお客の一夜妻で、藤吉どんは異人さんの通訳なんですから。

それを見ているのが辛いからばかりでなく、私も亀遊さんに始終ついているわけにもいかなくて、伊留宇須《いるうす》さんに見染められたのにはどういう経緯があったのか、それは知らないんです。鴇母《やりて》のお咲婆さんの話ですと、伊留

宇須さんは亀遊さんに一目惚れして、その夜の亀遊さんのお客に女を替えてほしいと云い出したんだそうです。伊留宇須さんと取引のある男でも、これはあまりいい気持のする話じゃありません。通訳の藤吉どんは懸命になって、亀遊さんが唐人口の遊女じゃないことを説明したんだそうです。その晩は、ともかく藤吉どんが車輪でその場を納めたんですが、日をあらためて伊留宇須さんが、今度は一人で岩亀楼にあがってきて、主人に会いたいというわけです。どういうものか藤吉どんを毛嫌いして、この日は岩槻屋の旦那と直談判で、

「わたし、きゆうさん、すき。わたし、買います。あなた、きゆうさん、売ります。往来、往来」

と云ったんですって。やっぱり薬屋でも商売人だから、売り買いの言葉ぐらいの日本語は知っていたんですねえ。「往来」というのは、阿墨利語で「めでたしめでたし」みたいな言葉ですって。私たちもお座敷で、よく使いました。

岩槻屋の旦那は咄嗟《とつさ》に算盤を弾いて、月雇いにして五十両、一年先払いではどうかと云ったそうです。傍に居たものは息を呑んだでしょうよ。だって洋妾《らしやめん》は月に二十両、十五両、十両の三等級があって、やはり遊女の鑑札を受けていたものなんで、一級の洋妾の倍以上の値をつけるのは法外な話だったからです。

ところが伊留宇須さんは旦那の手を握って大喜びして、

「往来、往来」

を連発したそうです。もう金額なんて問題じゃなかったんでしょうね。岩槻屋の手許には、六百両という大金が転がり込むことになったんですから、旦那も大機嫌で、伊留宇須さんと一緒になって、

「まったく往来、往来でさあ」

と云ったといいます。

これから後のことは、もう云うまでのことはないと思うんです。私は藤吉どんと亀遊さんが駈落ちするなら手伝おう、心中するなら意見しよう、そう思っていました。だけど一向にその気配がなかったんです。

私以外には誰も二人のことに気がついてる者はなかったと思うんですが、亀遊さんも藤吉どんも顔を合わせようとはしなかった。おそらく私の考えでは、藤吉どんの大志というものが二人の仲を裂こうとしてたんじゃないでしょうか。駈落ちしても、心中しても藤吉どんの志は曲げられることになります。亀遊さんはそれを思って、自分からは何も訴えなかったんじゃないでしょうか。そして藤吉どんは、一度も抱いたことのない女で、しかも遊女相手では、という逡《ためら》いがあったんじゃないでしょうか。私は、志のある男が、女にはむごいものだということを随分見てきて知っています。天下国家ばかりでなく、一人の男なら何か大きな生きる目印《めじるし》があるもので、それのない男ほど女には溺れこみます。

藤吉どんが、そういう男だったのが亀遊さんの幸せだったか不幸せだったか、それは分りません。仮に藤吉どんと駈落ちしたところで、御飯も炊けなければ針も持てない、字も読めない亀遊さんが、どうして暮しを立てたでしょう。二人で不幸せになるよりも、一人で死ぬより他に亀遊さんには道がなかったんだと思います。

それに、洋妾に一度でもなった女は、唐人口の遊女同様、岩亀楼に戻っても、年季があけて世に出ても、もう一生は非人なみに格下げされることにきまっていました。異人嫌いでなくても、誰だって逃げたい生業《なりわい》だったんです。亀遊さんにしたら、死ぬより他はなかったでしょう。

ただ、亀遊さんが旦那のお達しに駄々もこねず、静かに変りなくしていたものだから、私でさえそのことを深く心配せずに、周りが手抜かりになってしまっていたんですねえ。

ところで、岩亀楼が大騒ぎになったのは、

ただ女郎が自殺したという理由からばかりではなかったのです。

前にも申しましたように、浪人運動の大層さかんな時でしたから、異人に買われるのが嫌で、それで自殺したなんていうことが世間に知れたら、浪人どもの騒ぎはますます大きくなるでしょう。唐人口の遊女を抱えている岩亀楼などは、さしずめ白刃をふりかざした攘夷党の浪人に取囲まれて、火をつけられることだって考えられないことではなかったのです。まったくあの頃の攘夷党といったら、中には筋の立った学者や人格者もいたんでしょうが、末や端は刃物を持った無頼者《ならずもの》に過ぎませんでした。何をしでかすか分ったもんじゃなかったんです。

ですから番所の知らせで駈けつけたお役人も、このことは秘し隠しにして、事が大きくならないようにと、調べも碌にせず埋葬する許可を下したのだと思います。何しろお葬式は、亀遊さんの死んだ翌日の朝だったんですから。

お寺は廓《くるわ》から近い吉田新田の常性寺です。日蓮宗のお寺で、その境内にある墓地へ、亀遊さんは本名のちゑという名で納まったんですが、浪人が聞いて集まって来やしないかと、坊さんも旦那方も大層気をつかって、妙にそわそわしたお葬式でした。私なんぞは、それが本当に悲しくってねえ、

「華魁、ご免なさいよ、ご免なさいよ」

って呟きっぱなしでした。

大きな甕《かめ》に仏さまは納めてありましたが、まさかと思っても浪人たちが墓をあばいて騒いでは大変だというんで、墓穴は深く深く掘りました。あの辺り一帯は沼地を埋めたてたところですから、掘るほどに水が湧いたんですねえ、甕を穴に入れたとき、どぼん……と音がしました。その音をきいたときは、なんともいやな気持でした。躰中が寒くなったのを覚えています。

藤吉どんも葬式には来ていましたが、あの水音をどう聞いたでしょうか。あんな哀れな、佗しい音はそれから以後も私は聞いたことがなかったと思います。

葬式の帰るさ、私は藤吉どんに一言云ってやりたいことがありましたが、喉許まで来ても口から先に出ませんでした。それは、

「藤吉どん、これであんたの志は立派に立つというもんですねえ」

という言葉だったんですが、考え込んで、一人で廓へ帰って行く藤吉どんの後ろ姿を見ていると、藤吉どんが悪かったわけでもないのに、こんなむごいこと云うもんじゃないと思い止まりました。亀遊さんにしてみれば、死ぬより道のないときに、せめて藤吉どんでもいたことが、死んで行く身の慰めにはなったのかもしれません。

無事に葬式が終って、帰り道の一人々々には、それぞれ藤吉どんや私の他にも思うことがあったでしょうが、誰一人としてそのときに、亀遊さんが後にああも有名になろうとは思わなかったと思います。

亀遊さんが亡くなったのは、つまり文久二年の二月なんですが、岩亀楼じゃひた隠しにするという努力は払っても、葬式が終ればほっとして、もう何もかも済んでしまったものと思っていました。遊女の葬式の哀れさは、何も亀遊さんに限ったことではないし、心中の道連れにされたり、首を吊って死んだりということは、廓では珍しいことじゃなかったので、私どもも亀遊さんを思い出しても、ああ気の毒な華魁だったと云うくらいのもので、それ以上のことはなかったんです。私もまあ、血の海の中の亀遊さんを見てましたから、その分記憶は深いものがありましたがねえ、後になって世間がああ騒ぐとは思いもよりませんでした。

「異人嫌いの亀遊、本邦婦女列伝の一」という刷り物が出たのと、あの瓦版の出たのとは、殆ど同時だったような気がします。亀遊さんの死んだ年、というより、亀遊さんが死んで三月もたっていたでしょうか。

瓦版には、つい昨日起った事件のような扱いで、横浜の遊廓岩亀楼の遊女亀遊は、日本口の女郎であるにも拘らず、伊留宇須に万金を積まれたが、紅毛碧眼に身を汚されるよりはと親より伝わる懐剣で喉を突いて死んだ。遺書には水茎の跡も見事に、一首の和歌も添えられていた——。とこういう具合だったのです。刷り物の方にも、遺書が全文出ていて、どちらも忽ちに売り切れて、版元では急いで亀遊さんの浮世絵を刷り出して後を補うという騒ぎだったそうです。

　そのときの瓦版は私も持っておりますから、遺書のところだけでもお見せしましょう。ちょっと長いのですけれども、私の話した亀遊さんを御存知の方々には面白いかもしれません。

　世に苦海に浮沈するもの幾千万人と限りも候はず、我が身も勤する身の習ひとて、父母の許し給はぬ仇人に肌ゆるすさへ口惜しけれど、唯々御主人の御恩を顧み、ふたつには身の薄命とあきらめ侍りしが、その基ははかなき黄金てふもののあるが故ならめ、この金は遊女の身を切る刃に候まま、その刃の苦海を離れ弥陀の利剣に帰しまゐらせ度、主人に辞して亡き双親《ふたおや》に仕へ参らせ候得ば、黄金の光をも何かせむ、おそろしく思ふうらみの夢さめよかしと、誠の道を急ぎ候まま、無念の歯がみを露《あら》はせし我死骸を、今宵の客に見せ下され、かかる卑しき浮かれ女さへ、日の本の志は係《か》くぞと知らしめ給はるべく候。

露をだに
いとふ倭《やまと》の女郎花《をみなえし》
ふるあめりかに袖はぬらさじ。

　初めてこれを読んだとき、私は亀遊さんが死んでいたとき、傍に遺書があったろうかと、ぼんやり考えてしまったくらいです。あのとき、私は腰を抜かしていましたから、記憶だって怪しいものだと云われてしまえばそれまでですけれども、亀遊さんは書かれてあるように懐剣で死んだのではなくて間違いなく剃刀《かみそり》で死んだのですし、第一、あの人は武士の娘ではないんですから懐剣なんか持ってる筈がありません、遺書があったら、初めから問題になったでしょうし、私どもが知らない筈もありません。歌はもとより亀遊さんの詠んだものでなく、嘉永の頃の花園太夫か安政の頃の桜木花魁かが詠んだことになっている歌です。でも、それは亀遊さんが自分の心を有りものに託して死んだのかもしれないという考え方はできるでしょう。ただ、亀遊さんは遊芸のたしなみもあまりなくて、歌なんかきれいに違わず覚えられるような人じゃなかったんで、私には信じ難いのです。

　信じられないと云ってしまうなら、無筆だった亀遊さんが、書き置きを残すなんていうことが抑々《そもそも》摩訶《まか》不思議なんです。第一、遊女が書いたにしては学があって、立派すぎるほど立派な遺書じゃありませんか。あのひっそりとした弱虫の亀遊さんから、こんな武張った文章が、どうやって引出せたものでしょう。

　瓦版が出て、亀遊さんと岩亀楼の名が、いやが上にも高くなった頃、私は藤吉どんとそのことで二人っきり話をしたことがあります。

「華魁の部屋に私の次に飛込んできたのは、藤吉どん、あんたじゃなかったっけねえ」

「さあ。そうかもしれません。あのときは夢中だったから」

「有名な遺書ってもの、あんたは見た覚えがある？」

「いいえ」

「ない筈さね、華魁にあんな立派なもの書けるわけがない」

「…………」

「私はねえ、藤吉どん。あれを書いた人は分ってるつもりなのよ」

「あ、姐《ねえ》さん。そいつは云わない方がいい」

あたりに誰も居ないのに、壁に耳だといって藤吉どんは私の口を封じたんです。

「どうしてさ。私があんただと云う筈はないのにさ」

「私が書く筈はないでしょう。通訳は攘夷党の目の敵なんですからね、華魁を攘夷女郎に仕立てるわけがない」

「……思いがけないことになったわねえ。お店の様子もすっかり変っちまって」

「異人のお客はぱったり来なくなって、こちとらは上ったりです。実は姐さん、そろそろ時機も来たと思うんで、私は近々船に乗ることになっています。誰にも云わずに消えますが、姐さんにはお世話になりましたから……」

「船に乗って、どこへ行くの?」

「阿墨利国《あめりか》です」

「そう……」

藤吉どんの志通りの道が、いよいよ開けるというんですから、おめでとうというべきだったかもしれません。御無事で行っておいでなさい、錦を飾って帰って下さいよ、ぐらいのことは普通なら云えた筈なんです。お上《かみ》の許可なしで外国へ出るんですから、大っぴらには祝えないまでも、そっと一言なにか云ってあげなきゃいけなかったのかもしれません。

でも、「ふるあめりか」の歌を残して死んだことになっている亀遊さんと、そのあめりかへ出かけて行く藤吉どんと、並べて思ってしまうと、私には何も云えなかったのです。藤吉どんも詳しい話はしませんでした。この頃になって私が思いますのは、ひょっとして藤吉どんは、あのとき伊留宇須さんに連れられて阿墨利国《あめりか》へ渡ったんじゃなかったかということです。あの藤吉どんならば、却ってありそうなことのように私には考えられるんです。

藤吉どんが岩亀楼に姿を見せなくなってからも、亀遊さんは有名になる一方でした。岩槻屋の旦那は唐人口の遊女が売れなくなったのでぶつぶつ云いながらも、一方では手ぬかりなく新しい客種の喜ぶ趣向を考えていました。

お客は三人に一人の割で必ず、

「攘夷女郎の死んだ部屋はどこだい」

「亀遊の部屋を見せろよ。そこで飲もうじゃないか」

などと云い出していました。横浜《はま》で女郎買いをするなら岩亀楼に行こうと、まあ瓦版は大層もない宣伝をしたことになります。

旦那にしてみれば客寄せの種になる部屋なんですから、あの北向きの粗末な部屋じゃ艶消しだと思ったんでしょう。奥の立派な座敷に、「亀勇」と名札を打ちつけて、お客はそこへ通しました。その部屋は唐紙から壁張付から調度の蒔絵まで何もかも扇づくしの模様になっている部屋で、それまでは扇の間と呼んでいた引付の座敷です。引付の部屋で死んだとなれば、亀遊さんは異人さんのお客の目の前で派手に喉かき切ったことになりますが、もうこうなればその方がよくっても悪くはなかったんでしょう。

亀遊を亀勇に変えたところなど、岩槻屋の旦那は知恵者でしたねえ。私どもまでそれを見ると、あの遺書を残し、あの歌を詠んで死んだ攘夷女郎がいたような気になりますもの。

その部屋で賑やかしく飲むお客は、私たちから亀勇の思い出ばなしを聞きたがり、そうすると芸者の私どもは、言葉の調子で随分でたらめも喋りました。亀遊さんに心の中で謝りながら、私は第一番に飛込んできたときの話を何度喋ったか分りません。

「そりゃ武士の娘に相応わしい最期でしたよ。懐剣をこう握ってね。膝と足首はさらしで縛ってありましたから、倒れても乱れってものがなかったんです。向い血を浴びて、異人さんの顔は鬼でしたよ」

異人さんの前に出てから膝や足首を縛れる筈もないのに、お客は感心して聞いてました。でも私は我ながら浅ましくって、そんな夜は深酒しましたねえ。人の機嫌をとり結ぶなんて商売は、もう孫子の代までさせたくありません。

　その秋も終って、大分寒くなった頃でしたが、扇の間であった法事のことも私には忘れられません。いえ、法事といっても、亀遊さんの供養じゃなかったんです。

　遊廓で法事をするなんて、いずれ浪人さん方の御趣向に違いなかったんですが、岩亀楼を選ぶにはそれだけの理由があったと思います。浪人とは云っても、横浜《はま》にいるごろつき侍とは大分格が違っていて、紋付き羽織に小《こ》大名《だいみょう》の縞の袴なんて形の方々が大方だったのです。御年配もあり若い方もいました。全部で、二十人はいたでしょうか。それぞれ敵娼《あいかた》と一緒になると、廊下にはみ出てもまだ窮屈で、出るのは堅い話ばかりですし、私などは三味線の御用もないまま身動きならずに坐っていました。

　どうやらお集まりの方々が私淑していた偉い先生が、獄死かなんかなすったらしいという様子が分ってきました。尊皇攘夷だということも、すぐ分りました。

「しかし二十年に亙る先生の運動も、例えば一人の亀勇が出たことでも分るように、ようやく実を結んできたのですから、倒幕の日も近いでしょう」

「生麦《なまむぎ》事件のときの幕府の醜態はどうだったか、思い返しても苦々しい」

「大橋先生ありせば、と思うことどもが続きますなあ」

　おや、と私は思いました。尊皇攘夷で大橋なら、私の記憶ではすぐ繋がるものがあります。で、すぐ隣にいたお客さまに、そっと訊いてみました。

「大橋先生って、大橋訥庵先生のことじゃありませんか」

　相手はさっと色をかえて警戒しました。

「そうならどうだというのだ」

「いえ、私は吉原にいた時分、大橋先生には大層ごひいきにして頂いたものですから」

「ほほう」

　私の年格好を見ると、顔を開いてその方は一座の方々に紹介なすったものです。

「方々、この女は大橋先生の吉原時代をよく知っておるそうだ」

「それは奇遇だ」

　私は興に乗る気で、つい昔話から口をすべらしていました。

「先生が色紙を書いて下すったこともございます。吉原の火事で焼いたのが惜しくってならないんですがねえ、でも歌の文句は覚えておりますんですよ。先生が節をつけて、よく歌いなすったものですから、お客さま方も、よく御存知かしれません」

「それは一段と面白い。先生の御供養にもなることだ。女、歌ってみろ」

「歌え、歌え」

　私は三味線を三下《さんさが》りに直しながら、心の中ではいたずらっ気が跳びはねてましたね。だって、大橋訥庵の一門なら、亀遊さんの辞世のからくりは先刻御承知なんだから、私にここで素っ破ぬかれたらどんな顔をするかと思うのは人情じゃありませんか。

「よござんすか。ちょいと先生の声色にしてみましょうか。……つゆ、をだに、いとうやまとの、おみなえし……」

　案の定、皆がはっと顔を見合わせました。歌が、ふるあめりかにかかるかかからないかに、若いのが一人立上って怒鳴りました。

「やめろ、やめんか」

　人混みを踏越えて私の肩をつかみました。

「外へ出ろ、外へ。ええ、出ぬか」

　私は吃驚して、まわりも吃驚して、誰も止めに出るものもなく、廊下から外へ引きずり出されて行くと、背後から、

「片山ッ。手荒なことはするなッ」

　という声が飛んできました。

　紅葉が散り始めている庭の植込みの中で、私はやっと突き離され、若い男は刀の柄に手をかけたままで、

「貴様、その話をこれまでに幾人に喋ったか、云ってみろ」

　というのです。

「誰にもいったことありません」

　震えながら答えて、私は藤吉どんに口を封じられたときのことを思い出していました。あのときは、こんな怖い目に遭うとは思いもよりませんでした。

「片山、斬るな」

　中年のお侍が、このとき歩いてきて、私と片山という男との間に入りました。ずっと分別のありそうな、見るから学者らしい御人体でした。

「女、少し悪戯《いたずら》が過ぎたようだな」

「ご勘弁下さい。私は何も知りません」

「うん。よし、最前の歌は私が買おう。いいな」

「は、はい」

「売った以上は、お前は歌えんぞ。話を喋ることもできないのだ。分ったな」

「一言でも喋ってみろ、命は無いぞ」

　睨み据えられたときの怖ろしかったこと——私はそのまま命が縮んだようで、投げられた二分銀二枚を帯の間に押し込むのもそこそこで、そのお座敷にはとうとう戻らずに逃げ出しました。

「何がどうしたのよオ、お園さん」

　などと朋輩に訊かれることがあっても、いうどころじゃありません。明治維新《ごいっしん》からこっち今日までも、私はこのことは一度だって一口でも洩らしたことはないんです。

　岩亀楼亀勇の名は、その後も一層さかんでした。小学校の教科書にも出たとかいう話ですねえ。公方《くぼう》さまが大政を奉還なすって、攘夷党は一敗地にまみれてからでも、亀勇さんの名声は失われないようです。花園太夫も桜木華魁も、死ぬまでして異人さんを嫌わなかったのに、亀遊さんは喉を切って死んだんですから、十幾年持って廻ったあの歌も、やっと相応な主《ぬし》が見つかったんでしょう。

　しがない遊女の一人や二人、天下国家のためにはどう死に様を変えて伝えてもいいと考える人たちがいたのだと私は考えますが、どういうものでしょうかねえ。私には難かしい事のよしあしは分りませんが、蠟燭《ろうそく》の火が消えるように寂しく死んで行った亀遊さんを、一人だけでも静かに思い出してあげたいもんだって思ってます。常性寺の裏で、墓穴に「どぼん……」と水音たてて沈められた亀遊さんが、私にとっては、やはり本物の亀遊さんなんですから。

　私ですか、私はあの日脅かされてからってもの、お座敷に出ても怖ろしくて仕方がないものですから、到頭芸者商売から足を洗って、地道ですが堅気さんの女房になったんですよ。そのおかげで長生きして、開化の御時世も拝めました。そう思うにつけてもなんですねえ、亀遊さんにも岡蒸気を一度でも見せてあげたかった。死なずとも、なんとかなったんじゃないかって気が、今になってみるとしないでもないですよねえ。

　藤吉どんですか、これはあれっきりです。噂もきいたことがありません。

『華岡青洲の妻　有吉佐和子選集第十一巻』
一九七〇年六月二〇日発行
新潮社

附録　大谷藤子著作目録（第12講より）

＊単行本については、出版社のみ記している。

西暦（元号）	月	タイトル	収録	巻・号	単行本出版社
一九二四年（大正一三年）	一一月	或る夜	白鍬		浦和高校内瑤沙社
一九二六年（昭和元年）	二月	哀	瑤沙		浦和高校内瑤沙社
一九二八年（昭和三年）	四月	逝ける九條武子夫人	婦人公論	第一三巻第四号特別号	
	一〇月	二つの心	創作時代	第二年第一〇号	
	一一月	私のこと	創作時代	第二年第一一号	
一九二九年（昭和四年）	一月	待たれぬもの	創作月刊	第二巻第一号	
	三月	西大谷より	心の花	第三三巻三号	
	四月	薄暮	創作月刊	第二巻第四号	
	四月	神経質な教へ子	女人芸術	第二巻第四号	
	五月	指	文芸尖端	第一巻第一号	
	六月	焦点	文芸尖端	第一巻第二号	
	七月	氾濫	文芸研究		
	九月	五厘切手	女人芸術	第二巻第九号	
	一〇月	町の一風景	女人芸術	第二巻第一〇号	
	一〇月	父と娘	文芸尖端	第一巻第五号	
	一一月	村の端	文芸尖端	第一巻第六号	
一九三〇年（昭和五年）	三月	転形期	女人芸術	第三巻第三号	
	五月	慈善	文芸尖端	第二巻第二号	
	七月	広島女人聯盟支部講演会	女人芸術	第三巻第七号	
	八月	貴き御事業	女人芸術	第三巻第八号	
一九三一年（昭和六年）	六月	母の自殺	若草	第七巻第六号	

西暦（元号）	月	タイトル	収録	巻・号	単行本出版社
一九三一年（昭和六年）	七月	貸衣装店の秘密	犯罪科学	第三巻第七号	
	一〇月	待たぬもの	婦人サロン	第三巻第一〇号	
一九三二年（昭和七年）	一月	接吻とコカイン	文学時代	第四巻第一号	
	四月	過ぎて行く	文学時代	第四巻第四号	
	八月	子供の足（コント）	婦人サロン	第四巻第八号	
	一一月	ますみ	火の鳥	第六巻一一月号	
一九三三年（昭和八年）	六月	母の自殺	若草	第七巻第六号	
	八月	「薔薇は生きている」評	火の鳥	第七巻八月号	
	九月	伯父の家	日暦	第一号	
一九三四年（昭和九年）	一月	二人の心	日暦	第三号	
	一月	信次の身の上	文学界	第二巻第一号	
	二月	大谷藤子刀自題歌	佐々木信綱編『麗人九条武子』		弘文社
	四月	一つの展開	文芸	第二巻第四号	
	六月	母の立場	文芸通信	第二巻第六号	
	七月	新しき希望	文学界	第一巻二号	
	八月	半生	改造	第一六巻第九号	
	九月	アンケート いつも思ってゐること	文芸通信	第二巻第九号	
	九月	私事一つ	文芸	第二巻第九号	
	九月	加奈子	文芸評論	第一巻第七号	
	一〇月	武田さんのこと	輝ク	第二〇号	

西暦（元号）	月	タイトル	収録	巻・号	単行本出版社
一九三四年（昭和九年）	一〇月	その夜	児童	第一巻第五号	
	一〇月	泥濘	日暦	第六号	
	一〇月	母親	若草	第一〇巻第一〇号	
	一一月	各地通信	輝ク	第二一号	
	一一月	武甲山麓	婦人文芸	第一巻第五号	
	一一月	アンケート	文芸通信	第二巻第一一号	
一九三五年（昭和一〇年）	一月	須崎屋	改造	第一七巻第一号	
	一月	母の手紙	婦人文芸	第二巻第一号	
	二月	アンケート	文芸通信	第三巻第二号	
	三月	千葉亀雄氏、川端康成氏	文芸通信	第三巻第三号	
	三月	アンケート	文芸通信	第三巻第三号	
	三月	長野婦人	日暦	第八号	
	三月	私の貢　叔父の病気	若草	第一一巻第三号	
	五月	ある老婆の為に 第一回	日暦	第一〇号	
	五月	アンケート	文芸通信	第三巻第五号	
	五月	妬心	若草	第一一巻第五号	
	八月	野上彌生子氏	婦人文芸	第二巻第八号	
	八月	願ひ一つ	文芸通信	第三巻第八号	
	九月二一日	季節に誘はれて（上）	東京朝日新聞		
	九月二二日	季節に誘はれて（下）	東京朝日新聞		
	一〇月	誤算	婦人文芸	第二巻第一〇号	
	一〇月	立ち去る日	文学界	第二巻第九号	
	一一月	その年の秋	作家群	第三巻第八号	
	一二月	血縁	中央公論	第五〇巻第一二号	

西暦（元号）	月	タイトル	収録	巻・号	単行本出版社
一九三六年（昭和一一年）	三月	僕の警句	文芸	第四巻第三号	
	四月	順三郎	人民文庫	第一巻第二号	
	四月	近況雑筆	日暦	第一六号	
	四月	「日暦」創刊前後	文芸通信	第四巻第四号	
	五月	若もの一席話	人民文庫	第一巻第三号	
	五月	由利	日暦	第一七号	
	六月	若もの一席話	人民文庫	第一巻第四号	
	六月	村の夜鷹	文芸	第四巻第六号	
	六月一三日	憩い	読売新聞		
	七月	宇野千代氏について	人民文庫	第一巻第五号	
	八月	顔	改造	第一八巻第八号	
	八月	近況雑筆	日暦	第一八号	
	八月	小さい生活　別れ	婦人公論	第二一巻第八号	
	八月	伸子—中篠百合子氏作—	文芸	第四巻第八号	
	八月	魅力といふこと	文芸通信	第四巻第八号	
	九月	孤相	人民文庫	第一巻第七号	
	九月	投稿作品評	婦人文芸	第三巻第九号	
	一〇月	母親	若草	第一〇巻第一〇号	
	一一月	矢田津世子氏に	文芸通信	第四巻第一一号	
	一二月	『故旧忘れ得べき』読後に	人民文庫	第一巻第一〇号	
	一二月	アンケート	文芸	第四号第一二号	
	一二月	ある女の牌	若草	第一二巻第一二号	
一九三七年（昭和一二年）	一月	働く女性は斯く視る	人民文庫	第二巻第一号	
	一月	少女讃	むらさき	第四巻第一号	

西暦（元号）	月	タイトル	収録	巻・号	単行本出版社
一九三七年（昭和一二年）	三月	アンケート 私の一番言ひ度いこと	文芸通信	第五巻第三号	
	三月	叔父の病気	若草	第一一巻第三号	
	三月一〇日	うわさ	東京朝日新聞		
	四月	新宿点描	文芸	第五巻第四号	
	五月	贋礼流行について	人民文庫	第二巻第六号	
	五月	妬心	若草	第一一巻第五号	
	六月	血族	輝ク	第五一号	
	六月	晩鶯の声を聞く頃	若草	第一三巻第六号	
	七月	旅立ちをひかへて	輝ク	第五三号	
	七月	春日雑記	日暦	第二〇号記念号	
	九月	秋草物語 その朝のこと	若草	第一三巻第九号	
	一一月	北満の旅 移民村を訪ねて	改造	第一九巻第一三号	
	一二月	哈爾濱の一夜	人民文庫	第二巻第一五号	
	一二月	世間絵ばなし	婦人倶楽部	第一八巻第一四号	
一九三八年（昭和一三年）	一月	発作	文芸	第六巻第一号	
	二月	満洲の印象一つ二つ	海	第八巻第二号	
	四月	或る妻	文学界	第五巻第四号	
	八月	谷間ひの湯の宿	随筆雑誌三十日	第八号	
	一〇月	葉書随筆	文芸	第六巻第一〇号	
	一二月	ある女の牌	若草	第一二巻第一二号	
	一二月	鎮守の森	月刊文章	第四巻第一一号	

西暦（元号）	月	タイトル	収録	巻・号	単行本出版社
一九三八年（昭和一三年）	一二月	須崎屋			版画荘
一九三九年（昭和一四年）	一月	嫁ぐ前	会館芸術	第八巻第一号	
	一月	北満の街北満の村	観光東亜	第六巻第一号	
	一月	霙	婦人公論	第二四巻第一号	
	三月	山村の母達	改造	第二一巻第三号	
	四月	秩父山村の近況	新満州	第三巻第四号	
	六月	晩鶯の声をきく頃	若草	第一三巻第六号	
	七月	山の家	文芸	第七巻第七号	
	八月	グラビアわが友	新女苑	第三巻第八号	
	八月	座談会 婦人の観た満洲開拓地	大陸開拓・土の花嫁		中央情報社
	九月	その朝のこと	若草	第一三巻第九号	
	一〇月	新しき出發	大陸開拓文芸懇話会編『大陸開拓小説集 第1』		春陽堂
	一〇月	心の用意	月刊文章編輯部編『わが小説修業』		厚生閣
	一一月	姉の碑	文学界	第六巻第一一号	
	一一月二五日	船橋聖一氏著『木石』について	日本学芸新聞	第七五号	
	一一月	山村の母達	川端康成等編『日本小説代表作全集』第3		小山書店
	一二月	冬近い日に	文芸	第七巻第一二号	
一九四〇年（昭和一五年）	一月	車中の人	観光東亜	第七巻第一号	
	三月	矢田津世子氏著家庭教師	輝ク	第八二号	

西暦（元号）	月	タイトル	収録	巻・号	単行本出版社
一九四〇年（昭和一五年）	三月	鎮守の森	月刊文章編輯部編『短篇四十人集』		厚生閣
	五月	コント・松井房子	映画ファン	第五巻第五号	
	六月	高田馬場にて	書物展望	第一〇巻第六号	
	七月	恩讐記　師の言葉	婦人公論	第二五巻第七号	
	八月	お幾の立場	改造	第二二巻第一四号	
	一一月	隣りの人	純文学雑誌詩原	第一巻第九号	
	一一月一〇日	村上信彦著『音高く流れぬ』	日本学芸新聞	第九七号	
	一二月	出郷記	若草	第一六巻第一二号	
	一二月		青花集		時代社
一九四一年（昭和一六年）	一月	河島夫人の話	肥料		
	一月一四日	生活の変化	読売新聞		
	二月	早春の人	婦人公論	第二六巻第二号	
	三月	一月日記抄	文学者	第三巻第二号	
	三月	雛祭りまで	文芸	第九巻第三号	
	四月	婦人としての心の道	漁村		
	五月	私事雑感	現代文学	第四巻第四号	
	六月	晩春の喜び	会館芸術	第一〇巻第六号	
	六月二五日	望月百合子『大陸に生きる』	日本学芸新聞	第一一一号	
	九月	お留守番	小学四年生	第一九巻第六号	
	九月	信次の身の上	農民文学懇話会編『農民文学代表作集 上巻』		教材社

西暦（元号）	月	タイトル	収録	巻・号	単行本出版社
一九四一年（昭和一六年）	九月		山村の女達		昭和書房
	一〇月	良人の影像	婦女界	第六四巻第四号	
	一〇月	哈爾濱の思ひ出	満州観光（聯盟報）	第五巻第一〇号	
	一二月	隣組の婦人達へお願ひ	東京府総務部振興課編纂『隣組婦人読本』		東京府総務部振興課
一九四二年（昭和一七年）	二月	或る女の話	改造	第二四巻第二号	
	二月	さくの話	知性		
	二月	『わが愛の記』の山口さとのさんを訪ねて	婦人倶楽部	第二三巻第二号	
	三月	初冬の記	随筆四季	第四輯	
	三月	お人形の話	少国民の友	第一八巻第一二号	
	三月	良人の影像	軍事保護院編『軍人援護文藝作品集 第1輯』		軍事保護院
	五月	岩佐中佐の母堂を群馬県に訪ねて	婦人倶楽部	第二三巻第五号	
	六月	ひさ子の黒犬	少国民の友	第一九巻第三号	
	七月	満ソ国境の兵隊さん感激訪問	婦人倶楽部	第二三巻第七号	
	七月二四日	満ソ国境にて（上）	読売新聞		
	九月	満洲のお友だち	少国民の友	第一九年第六号	
	九月	旅客機に乗る	少女倶楽部	第二〇巻第九号	
	九月	鴻ノ巣女房——矢田津世子著	新創作	第四巻第九号	

西暦（元号）	月	タイトル	収録	巻・号	単行本出版社
一九四二年（昭和一七年）	九月	空の軍神加藤少将の御家庭訪問感激記	婦人倶楽部	第二三巻第九号	
	一〇月	甥	文芸	第一〇巻第一〇号	
	一二月	出郷記	若草	第一六巻第一二号	
一九四三年（昭和一八年）	一月	秩父のお正月	知性	第六巻第一号	
	三月	若みどり	新女苑	第七巻第三号	
	八月	満州のお友達			金の星社
一九四四年（昭和一九年）	一月	茂を送つて	刑政	第五七巻第一号	
	四月	矢田津世子さんを憶ふ	文学報國	第二一号	
	八月	開拓村にて	風土研究會編『満州の印象』		吐風書房
（康徳一一年）	一〇月	咲子	満洲良男	第一五六号	
一九四六年（昭和二一年）	二月	夕闇の道	婦人文化	第一巻第二号	
	三月	母の眼がね	少女の友	第三九巻第三号	
	四月	谷間の店	人間	第一巻第四号	
	五月	流れ	青春	第一巻第二号	
	六月	曾根の鼻	新女苑	第一〇巻第六号	
	六月	「煙管」読後	文明	第一巻第四号	
	七月	助役の娘	紺青	第一巻第一号	
	七月	堅人	政経春秋	第一巻第七号	
	七月	流れ雲	ロゴス	第一巻第三号	
	八月	二つの箱膳	小説と読物	第一巻第五号	
	八月	石島	新人	第二六巻第五号	
	八月	鏡	ロマンス	第一巻第三号	
	九月	暗い部屋	女性公論	新秋号	
	九月	庭椿	女性線	第一巻第五号	

西暦（元号）	月	タイトル	収録	巻・号	単行本出版社
一九四六年（昭和二一年）	九月	岩瀬の眼医者	座右宝	第四・五号合併号	
	一一月	妻	婦人画報	第四一巻第一一号	
	一二月	夕暮れ	月刊にひがた	第二巻第一三号	
	一二月	別れた人	新読物	第一巻第四号	
一九四七年（昭和二二年）	一月	道連れ	新樹	第二巻第一号	
	一月	黒い襞	婦人文庫	第二巻第一号別冊付録	
	一月	美しい魂の希求	美貌	新年号	
	一月	霧の中	女性改造	第二巻第一号	
	一月	『谷間の店』			民友社
	二月	嫉妬	女性ライフ	第二巻第二号	
	二月	月影	トップライト	第二巻第二号	
	二月	若草日記：少女小説			偕成社
	三月	お節句の日	こども朝日	第七巻第五号	
	三月	冬の風	思索	第五号	
	五月	電話	紺青	第二巻第五号	
	五月	秘密	女性展望	第二巻第一号	
	六月	二つの灯	芸苑	第四巻第四号	
	七月	朱塗りの小筥	新少女	第二巻第四号	
	八月	老夫婦	月刊読売	第五巻第八号	
	八月	白い花	新風	第二巻第八号	
	九月	地の苔	文明	第二巻第六号	
	九月	黒い襞	平林たい子等著『惜春譜自選集』		金文堂
	一〇月	影	生活文化	第八巻第八号	

西暦（元号）	月	タイトル	収録	巻・号	単行本出版社
一九四七年（昭和二二年）	一〇月	若草日記　少女小説			偕成社
	一〇月	太吉夫婦	『現代農民小説集　第2集』		
	一〇月	お節供の日	朝日新聞社こども朝日編『落穂ひろい　こどものための文学』		朝日新聞社
一九四八年（昭和二三年）	二月	妻の日記	新文化	二月号	
	二月	刺草	文壇	第二巻第二号	
	二月	早春の人			喜久屋書店
	四月	よもぎ餅	婦人	第二巻第四号	
	五月	黒い襞			生活社
	六月	未亡人	月刊静岡	第三巻第五号	
	七月	薤露の章	明日	第一〇号	
	七月	羞らひ	美貌	第四巻第七号	
	八月	母の顔	少女の友	第四一巻第八号	
	九月	川田夫婦	月刊さきがけ	第九号	
	九月	約束	新文化	中堅作家創作号	
	一〇月	心の日記	令女界	第二六巻第一〇号	
	一一月	若草日記			偕成社
	一二月	高潮	『女流作家小説集』		毎日新聞社
一九四九年（昭和二四年）	一月	嫉妬	日本小説	第三巻第一号	
	二月	ゆく春の物語：少女小説			金の星社
	三月	雨傘	生活文化	第一〇巻第三号	
	三月	良妻	婦人ライフ	第一巻第三号	

西暦（元号）	月	タイトル	収録	巻・号	単行本出版社
一九四九年（昭和二四年）	四月	空花	女性改造	第四巻第四号	
	四月	散歩の折りに	婦人文庫	第四巻第四号	
	四月	某月某日	文芸往来	第三巻第四号	
	七月	友の病床記	厚生時報	第四巻第七号	
	七月	娘たち	びじっと	第二巻第四号	
	七月	須崎屋	広津和郎等編『現代文学代表作全集　第8巻』		万里閣
	九月	花さそう嵐：少女小説			偕成社
一九五〇年（昭和二五年）	三月	母の調べ			ポプラ社
	四月	煙草	美しい暮しの手帖	第七号	
	六月	伯母の夢	少女の友	第四三巻第六号	
	八月	素晴らしい日曜日	ひまわり	第四巻第八号	
	九月	私の出発	月刊オール文芸	第一巻第二号	
一九五一年（昭和二六年）	三月	妻の戒名	改造	第三二巻第四号	
	五月	明かるい女工員の生活	家の光	第二六巻五号	
	五月	点滴	人間	第六巻第五号	
	八月	良人の秘密	芸術生活	第四二号	
	九月	三輪車	日暦	第二二号	
	九月	隣の夫妻	明窓	第二巻第六号	
	九月	妻の戒名	日本文芸家協会編『創作代表選集　第8巻』		大日本雄弁会講談社
	一二月	毒だみ	日暦	第二三号	
一九五二年（昭和二七年）	三月	地下道付近	日暦	第二四号	

西暦（元号）	月	タイトル	収録	巻・号	単行本出版社
一九五二年（昭和二七年）	三月	パチンコ	明窓	第二巻第一二号	官庁会計実務通信講座編集部
	五月	矢田津世子のこと（1）	日暦	第二五号	
	五月	春の灯	ひまわり	第六巻第五号	
	六月	新家庭	通信協会雑誌	四九三号	
	七月	女性線	週刊サンケイ	第一巻第二二号	扶桑社
	七月	矢田津世子のこと（2）	日暦	第二六号	
	七月	須崎屋	日本近代文学研究会編『現代日本小説大系 第55巻』		河出書房
	八月	女性線	週刊サンケイ	第一巻第二八号	扶桑社
	一一月	ある結婚	誠文堂新光社編『女の一生』		誠文堂新光社
	一二月	釣瓶の音	改造	第三三巻第一八号	
	一二月	女性線	週刊サンケイ	第一巻第四四号	扶桑社
	一二月	胸おどる幸福	旅	第二六巻第一二号	
一九五三年（昭和二八年）	一月	年中正月	明窓	第三巻第一〇号	
	五月	靈泉寺温泉	温泉	第二一巻第五号	
	五月	女性線	週刊サンケイ	第二巻第一七号	
	五月	私の好きな詩	婦人生活	第七巻第六号	
	六月	受賞	明窓	第四巻第三号	

西暦（元号）	月	タイトル	収録	巻・号	単行本出版社
一九五三年（昭和二八年）	一〇月	私の顔・作家	家庭よみうり	三五八号	
	一〇月	灯のゆくえ			ポプラ社
	一一月	梨の花	小説公園	第四巻第一一号	
	一一月	半生	新人文芸	第四巻第一〇号	
一九五四年（昭和二九年）	一月	別れ話	小説新潮	第八巻第二号別冊	
	三月	娘地獄の村々を訪ねて	キング	第三〇巻第四号	
	三月	昔の着物	装苑	第九巻第三号	
	三月	母紅梅			ポプラ社
	一一月	巷で	日暦	第三二号	
一九五五年（昭和三〇年）	一月	女性と探偵小説の座談会	探偵小説雑誌	第一〇巻第一号	
	二月	巷で　2	日暦	第三三号	
	二月	お節句の日	坪田譲治等編『二年生の少女童話』		金の星社
	四月	巷で　3	日暦	第三四号	
	六月	八人の中の三人	新日本文学	第一〇巻第六号	
	八月	鳴海碧子	婦人生活	第九巻第八号	
	一一月	安泰	小学館の幼稚園	第八巻第八号	
	一一月	巷で　4	日暦	第三五号	
一九五六年（昭和三一年）	二月	心の宝石	婦人生活	第一〇巻第二号	
	四月	かくれんぼ	小学館の幼稚園	第九巻第一号	
	七月	巷で　最終回	日暦	第三七号	
	一〇月	虫・牛	日暦	第三八号	

西暦（元号）	月	タイトル	収録	巻・号	単行本出版社
一九五六年（昭和三一年）	一〇月	須崎屋	日本近代文学研究会編『現代日本小説大系』第57巻		河出書房
一九五七年（昭和三二年）	一月	人間の智慧	経営セミナー	第二巻第一号	
	二月	心の宝石	婦人生活	第一一巻第二号	
	七月	父の言葉	人生手帖	第六巻第七号	
	一一月	心の宝石	婦人生活	第一一巻第一一号	
一九五八年（昭和三三年）	三月	須崎屋	現代日本文学全集 第87		筑摩書房
	四月	お節句の日	壺井栄等編『少女童話 3年生』		金の星社
	五月	六匹の猫と私			竜南書房
	六月	心の宝石	婦人生活	第一二巻第六号	
	七月	暮らしの随筆	婦人生活	第一二巻第七号	
	八月	サーカスの芸人たち	婦人之友	第五二巻第八号	
	九月	従兄のこと	学鐙	第五五巻第九号	
一九五九年（昭和三四年）	二月	ひとにきらわれることをするな	文理書院人生手帖編集部 編『人生の道標 若い友への手紙』		文理書院
	四月	おじさん	日本児童文芸家協会編『おはなし読本 学年別童話集 6年生』		東光出版社
	八月	はがき書評	出版ニュース	第四五七号	

西暦（元号）	月	タイトル	収録	巻・号	単行本出版社
一九五九年（昭和三四年）	八月	青い果実			角川書店
	一〇月	三度目の手紙	婦人之友	第五三巻第一〇号	
	一〇月	『チョーマの少年時代』	阿部知二、国分一太郎編『子どもに聞かせたいとっておきの話 第4集』		英宝社
	一一月	読書さまざま	学鐙	第五六巻第一一号	
一九六〇年（昭和三五年）	五月	奥秩父礼讃	ハイカー	第五五号	雲華社
	六月	断崖			
	八月	山峡で	学鐙	第五七巻第八号	
一九六一年（昭和三六年）	六月	急死	日暦	第五〇号	
	八月	「日暦」のこと	新潮	第五八巻第八号	
	九月	お風呂と窓ガラス	笑の泉	第一七〇号	
	一二月	蜂の巣	学鐙	第五八巻第一二号	
	一二月	去年の今ごろ	風景	第二巻第一二号	
	一二月	最後の客	日暦	第五一号	
一九六二年（昭和三七年）	九月	さち子のこと	学鐙	第五九巻第九号	
一九六三年（昭和三八年）	四月	坂道	学鐙	第六〇巻第四号	
	四月	女人芸術	文芸	第二巻第四号	
	一一月	判決まで	新潮	第六〇巻第一一号	
	一二月	失われた風景	学鐙	第六〇巻第一二号	
一九六四年（昭和三九年）	二月	結婚披露宴	日暦	第五五号	
	四月	私の広告	文芸朝日	第三巻第四号	

西暦（元号）	月	タイトル	収録	巻・号	単行本出版社
一九六四年（昭和三九年）	五月	女の作家の弁	新潮	第六一巻第五号	
	八月	伊沢家の人	婦人之友	第五八巻第八号	
	八月	一人暮らし	学鐙	第六一年第八号	
	一二月	女流歌人特集 竹村節子「暁方の星」女流歌集評	短歌	第一一巻第一二号	
一九六五年（昭和四〇年）	二月	遺産相続	学鐙	第六二巻第二号	
	八月	谷間の村で	学鐙	第六二巻第八号	
	一〇月	高見さんと「日暦」	本の手帖	第五巻第八号	
	一二月	高見さんのこと	日暦	第五八号	
一九六六年（昭和四一年）	二月	精神病と遺伝	学鐙	第六三巻第二号	
一九六七年（昭和四二年）	八月	田舎町で	学鐙	第六四巻第八号	
	一二月	ひとり暮らし	日暦	第六一号	
一九六八年（昭和四三年）	四月	好きな場所	風景	第九巻第四号	
	四月	記憶ちがい	新潮	第六五巻第四号	
	七月	黄昏	日暦	第六二号	
	一一月	最後の客 大谷藤子小説集			広済堂出版
一九六九年（昭和四四年）	二月	歯医者嫌い	学鐙	第六六巻第二号	
	三月	児童文学からみた川端康成 川端康成氏のこと	児童文芸	第一四巻第四号	
	八月	再会	新潮	第六六巻第八号	
一九七〇年（昭和四五年）	四月	川風	学鐙	第六七巻第四号	
	七月	自分だけに見えるもの	早稲田文学	第七次第二巻第七号	
	九月	疑惑	婦人之友	第六四巻第九号	
	一〇月	流雲	新潮	第六七巻第一〇号	
一九七〇年（昭和四五年）	一二月	再会			中央公論社
一九七一年（昭和四六年）	七月	北鎌倉へ行く	日暦	第六五号	
一九七二年（昭和四七年）	八月	出会い ある老婆と解放	海	第四巻第八号	
	一一月	郷愁	新潮	第六九巻第一二号	
一九七三年（昭和四八年）	五月	パチンコざんげ	婦人公論	第五八巻第五号	
	六月	私の叔父	海	第五巻第六号	
	六月	鉱泉宿	小説サンデー毎日	第五巻第六号	
	六月	戦争中のこと	壷井繁治編『回想の壷井栄』		壷井繁治
	七月	さがしもの―矢田津世子の本	風景	第一五巻第七号	
	七月	回想の女友達⑦矢田津世子	婦人公論	第五八巻第七号	
一九七四年（昭和四九年）	三月	悔恨	新潮	第七一巻第三号	
	九月	森茉莉さん	新潮	第七一巻第九号	
	九月	最後の客	女流文学者会編『現代の女流文学 第1巻』		毎日新聞社
	一一月	鎮魂	新潮	第七一巻第一一号	
	一二月	冬のこと	婦人公論	第五九巻第一二号	
一九七五年（昭和五〇年）	七月	歳月	風景	第一六巻第七号	
	一〇月	姉とその死	新潮	第七三巻第一〇号	
	一一月	風の声	新潮	第七二巻第一一号	

西暦（元号）	月	タイトル	収録	巻・号	単行本出版社
一九七六年（昭和五一年）	五月	村の夜鷹	臼井吉見等編『土とふるさとの文学全集2』		家の光協会
	七月	慾の道	婦人公論	第六二巻第七号	
一九七七年（昭和五二年）	一一月	颪の声			新潮社
一九七九年（昭和五四年）	一二月	妻の戒名	現代短編名作選3（1951-1952）		講談社
一九八五年（昭和五五年）	六月	大谷藤子作品集			まつやま書房
二〇〇〇年（平成一二年）	一一月	青花集	近代女性作家精選集41		ゆまに書房
二〇〇三年（平成一五年）	五月	谷間の店	尾形明子、長谷川啓監修『戦後の出発と女性文学第1巻（昭和20～21年）』		ゆまに書房
	五月	霧の中／冬の颪	尾形明子、長谷川啓監修『戦後の出発と女性文学第2巻（昭和22年）』		ゆまに書房
	五月	よもぎ餅	尾形明子、長谷川啓監修『戦後の出発と女性文学第3巻（昭和23年）』		ゆまに書房

作成：柿崎虎央・柳志賢・小平麻衣子

小平麻衣子（おだいら まいこ）
専門は近代日本文学。慶應義塾大学教授。博士（文学）。文学におけるジェンダーやセクシュアリティを、さまざまなメディアや文化の広がりのなかで研究している。
著書に『女が女を演じる——文学・欲望・消費』（新曜社、2008年）、『21世紀日本文学ガイドブック7　田村俊子』（共著、ひつじ書房、2014年）、『夢みる教養——文系女性のための知的生き方史』（河出書房新社、2016年）、編著に『文芸雑誌『若草』——私たちは文芸を愛好している』（翰林書房、2018年）、論文に「林芙美子・〈赤裸々〉の匙かげん——『放浪記』の書きかえをめぐって」（『早稲田文学』2017年9月）など。

小説は、わかってくればおもしろい
——文学研究の基本15講

2019年3月22日　初版第1刷発行
2024年2月28日　初版第6刷発行

著　者————小平麻衣子
発行者————大野友寛
発行所————慶應義塾大学出版会株式会社
〒108-8346　東京都港区三田2-19-30
TEL〔編集部〕03-3451-0931
〔営業部〕03-3451-3584〈ご注文〉
〃　03-3451-6926
FAX〔営業部〕03-3451-3122
振替　00190-8-155497
https://www.keio-up.co.jp/
装　丁————岡部正裕（voids）
印刷・製本——三協美術印刷株式会社
カバー印刷——株式会社太平印刷社

Printed in Japan　ISBN978-4-7664-2591-8